AF536496

FRIEDRICH A. MAIER

Familienastrologie

Standardwerke der Astrologie

FRIEDRICH A. MAIER

Familienastrologie

Systemische Deutungsbilder für das eigene Horoskop

ISBN 978-3-89997-207-8
2. Auflage 2023
Deutsche Erstausgabe

Umschlag: Judith Machnow, Tübingen
Foto © istockphoto.com
Druck: Finidr, Český Těšin

Zu beziehen über:
Chiron Verlag, Postfach 1250, D-72002 Tübingen
www.chiron-verlag.de

Inhalt

Einleitung

Das vorliegende Buch soll weitere Orientierung geben innerhalb eines noch relativ jungen Deutungskonzepts, das viele Erfahrungswerte nach wie vor erst sammeln muss, aber heute schon den psychologischen Ansatz der Horoskopanalyse auf einer tieferen Ebenen bereichernd zu ergänzen vermag: die »systemische Astrologie«. Wobei wir uns hier vor allem mit systemischer Familienastrologie beschäftigen werden, einfach deshalb, weil für das System Familie bislang die meisten Erkenntnisse vorliegen. Das heißt, wir betrachten in diesem Buch vorwiegend das System der Familie/Sippe, gespiegelt im persönlichen Horoskop.

Grundsätzlich sieht die »systemische Astrologie« das Horoskop als Abbild eines dynamischen Energiesystems, das sich auf den verschiedensten Ebenen im Leben eines Menschen verwirklicht. Dabei kennzeichnen die Planetensymbole durch ihre Anordnung die Interaktion der Kräfte dieses Systems. Woraus folgt, dass das Horoskop als Symbolsystem natürlicherweise auch die Berufs- und Arbeitswelt des Einzelnen repräsentiert, seinen Beziehungskontext oder auch die Wirkungsebene »Körper und Gesundheit«. Kurzum, es begleitet ihn gewissermaßen in jedem Augenblick seiner Erfahrungen.

So vielfach die Realitätsebenen sind, die durch das Horoskop angesprochen werden, so unterschiedlich sind bisher auch die Ansätze in der astro-systemischen Arbeit. So arbeiten zum Beispiel, wenn ich das richtig verstanden habe, Brigitte Hamann und Christopher A. Weidner unter anderem mit »Lebensziel-

Aufstellungen«, in denen IC und MC durch Repräsentanten als Orte aufgestellt werden. Ich selbst stelle die Planeten als Archetypen in den Mittelpunkt. Aus meiner Sicht sind sie vor allem Symbolträger von »Gottheiten«, großen mythischen Kräften, die das Leben der Menschen seit alters her bestimmen. Diese »Gottheiten« sind zu ehren. Wenn wir dies tun, können wir sie bitten, uns ihre Dienste zur Verfügung zu stellen. Wir erkennen sie dann wieder, wenn sie zu gegebener Zeit in die Rollen bestimmter früherer oder gegenwärtiger Personen schlüpfen. Auf diese Weise lassen sie uns manchmal Zusammenhänge erkennen, die uns bisher verborgen blieben; Verdrängtes kommt ans Licht, Verstrickungen mit der Vergangenheit werden vielleicht sichtbar, und – wenn die Götter (oder etwas noch Größeres dahinter) uns gnädig sind – gelöst und geheilt.

Diese demutsvolle Annäherung habe ich von dem Münchner Psychologen und Astrologen Erich Bauer übernommen. Erich Bauer hatte in den 80er Jahren seine eigene »Familienastrologie« entwickelt, die zunächst im Wesentlichen mit astrodramatischen Rollenspielen arbeitete. Anfang der 90er Jahre kam er dann mit der systemischen Aufstellungsarbeit von Bert Hellinger in Kontakt. Fasziniert von dessen Vorgehensweise, die Bindung, Ordnung und Ausgleich zu zentralen Themen erhob, verband er seinen Ansatz und die Bilder des Astrodramas mit den Strukturen des Familienstellens. Er fand heraus, dass die Planeten in der Gruppenarbeit mit dem Horoskop immer auch konkrete Personen aus der Sippe repräsentierten, und zwar gemäß einer bestimmten Ordnung (die Ordnung des Olymp), die gewürdigt und eingehalten werden muss. Wobei, wie ich betonen möchte, die Familienmitglieder im Außen in Wahrheit letztlich nichts anderes als Projektionen unserer innerseelischen Anteile sind. Das heißt: Unsere Familie und Sippe spiegelt immer auch unsere innere Persönlichkeit wider. Ich selbst lernte die Arbeit Erich Bauers während einer Fortbildung kennen und schätzen. Im Laufe unserer Zusammenarbeit entstand erstmals der Begriff »systemische Astrologie«.

Die familienastrologischen Aufstellungsseminare bei Erich Bauer bilden zudem die Basis meiner Herangehensweise, eine Basis, die sich im Laufe der vergangenen 19 Jahre durch eigene Erfahrungen mit Aufstellungen und durch systemische Beratungen konkretisiert und erweitert hat. Daraus entstanden sind Deutungsvorschläge zu jeglichen Planetenkombinationen. Diese Vorgaben sollten aber keineswegs lehrbuchhaft und schon gar nicht unreflektiert übernommen werden. Sie sind allenfalls Hypothesen, denen der Leser nachgehen kann. Ihre individuelle Wahrheit offenbart sich nur in der praktischen systemischen Arbeit, also vorzugsweise in Horoskopaufstellungen bzw. in der Einzelarbeit mit Symbolen und Figuren. Dieses Buch erhebt deshalb auch keinerlei Anspruch auf eine irgendwie geartete wissenschaftliche Relevanz (unter den gleichen Bedingungen gleiche Resultate), der ein stringentes theoretisches Modell zugrunde liegt. Es ist für Praktiker gedacht und nährt sich allein aus der astrologischen Symbolsprache und konkreten Erfahrungen. Diese Erfahrungen führten aufgrund ihrer Wirkungen in Aufstellungen und in der Einzelarbeit zu plausiblen Deutungsbildern in unterschiedlichen Varianzen, jedoch keinesfalls zu einem Regelwerk oder zu allgemein gültigen Kausalzusammenhängen. Daher sollten die Deutungsbilder niemals a priori übernommen werden, sondern durch die konkrete Wahrnehmung und Erfahrung immer wieder neu »gemalt« werden.

Dies schließt nicht aus, dass sich dem astrologiekundigen Leser beim Studium der Deutungsbeispiele manch überraschende Einsichten offenbaren, welche die klassische und psychologische Astrologie so nicht zu leisten vermögen. Auf diese Weise wird sein Beratungsspektrum auf ungeahnte Weise erweitert und bereichert. Andererseits können neu gewonnene Sichtweisen den Klienten dazu bewegen, zum Beispiel lange nicht gesehene Verwandte zu besuchen, von ihnen Auskunft zu erbitten über frühere, verschwiegene Ereignisse in der Familie – oder endlich einmal Ahnenforschung zu betreiben. Das persönliche Horoskop bekommt dann ein verändertes, lebendiges Gesicht.

Aber auch der Astrologe selbst lernt, sein eigenes Geburtsbild auf einer ganz neuen Ebene zu verstehen. Auch er wird vielleicht angeregt, sich mit verdrängten Familienereignissen auseinanderzusetzen. Als nächsten Schritt böte sich für Berater wie Klienten eine klassische Familienaufstellung an.

Bleibt zu ergänzen: Entscheidend für die astro-systemische Arbeit ist das Annehmen der Bezüge (der Planetenbeziehungen), die unsere Persönlichkeit bilden. Wir können diese Bezüge nicht wie in einer üblichen Systemaufstellung beliebig umarrangieren und neue Bilder schaffen. Wir können sie nur aus einer vielleicht verzauberten, oft lebensfeindlichen Form in eine »höhere« Form transformieren, also auf eine höhere Bewusstseinsebene heben bzw. in eine höhere Frequenz bringen. Dies tun wir, indem wir die Ordnung wieder achten bzw. verleugnete oder aus blinder Loyalität geopferte Anteile wieder zu uns zurückholen.

Im ersten Teil dieses Buches beschreibe ich zunächst die Charakteristika von Systemen generell. Die nächsten Kapitel widme ich der »systemischen Familienastrologie« und ihren Deutungsmustern. Schwerpunkte bilden hier die Stellungen von Sonne und Mond in den einzelnen Tierkreiszeichen und die systemischen Hintergründe der Häuser und speziell des Aszendenten. Der folgende Abschnitt beinhaltet den eigentlichen Kern dieses Buches. Hier findet der Leser u.a. systemische Deutungsbilder zu allen möglichen Horoskopkonstellationen. Zudem beschreibe ich kurz, welche Rolle Chiron und Lilith im systemischen Kontext spielen können, und wie uns Transite helfen. Den Abschluss bilden einige grundsätzliche Überlegungen zur Aufstellungsarbeit mit dem Horoskop.

Ich danke vor allem Erich Bauer, durch den ich die faszinierende und bewegende Sichtweise der systemischen Familienastrologie erstmals kennen lernen durfte. Vor allem seine Analyse der Sonnenstände in den Zeichen haben mich fasziniert. Vieles davon ist in die eigene Betrachtung mit eingeflossen. Dankbar bin ich auch Ingrid Zinnel, deren Ausführungen über »Familienkonstellationen im Horoskop« (siehe Literatur) ich wertvolle Hinweise entnehmen konnte. Insbesondere gilt mein Dank Wilfried Schütz, dessen spiritueller Ansatz der Astrologie mir zusätzliche, ergänzende Zusammenhänge erschloss. Schließlich danke ich allen Teilnehmern meiner Kurse und auch den Klienten in den Einzelsitzungen, die meinen Erfahrungsschatz immer wieder tief bereichern.

München, im Januar 2012 *Friedrich A. Maier*

Was ist ein System?

Definition

In allgemeinster Definition ist ein System (griech. *systema* = Zusammengesetztes) eine aus Elementen materieller oder geistiger Art geordnet zusammengesetzte Ganzheit. Sowohl die allgemeine Systemtheorie als auch die Kybernetik beschäftigen sich mit den Funktionen und strukturellen Gesetzmäßigkeiten, die für alle Systeme gelten – unabhängig von ihrer Beschaffenheit. Allen systemtheoretischen Überlegungen liegt jedoch die Erkenntnis zugrunde, dass *ein System in seiner Ganzheit sich qualitativ neu und anders verhält als die Summe seiner isoliert betrachteten Einzelelemente.* Der im Rahmen der Familientherapie verwendete Systembegriff indes ist eher mit dem der Kybernetik identisch: Er enthält allgemeine Systemmerkmale wie *interne Regelungsmuster, die Verarbeitung und Speicherung von Informationen und vor allem die Fähigkeit zur selbstregulierenden Anpassung.*[1]

Konstruktivismus und Systemtheorie

Sie bilden das Arbeitsgerüst aller systemischen Therapien: der Konstruktivismus und die Systemtheorie. Beide wissenschaftstheoretischen Konzepte berühren und ergänzen sich vielfach, weisen aber im Grunde doch andere Schwerpunkte auf. So be-

1 Definitionen entstammen dem Buch von Eva Madelung: *Kurztherapien. Neue Wege zur Lebensgestaltung*, 1996.

fasst sich der Konstruktivismus vor allem mit den Ergebnissen der Neurophysiologie, der Wahrnehmungspsychologie und der Physik. Er beschäftigt sich primär mit der Frage »Wie entsteht Wirklichkeit?« bzw. mit der Frage nach der Wahrnehmung von Wirklichkeit; dies im Zusammenhang von Beobachter und Beobachtetem, die voneinander abhängig sind. Letztlich heißt das: Der Mensch konstruiert sich seine Realität selbst. Die Systemtheorie hingegen bezieht sich auf die wechselwirkenden Interaktionen verschiedener Teile eines biologischen oder sozialen Organismus. Sie versucht zu erklären, wie Mitglieder eines Beziehungszusammenhangs (Systems) zusammenwirken und sich verständigen. Und sie weist darauf hin, dass das Ganze stets mehr ist als die Summe seiner Teile. Der Begriff »Systemtheorie« ist eng verbunden mit der Arbeit des Anthropologen Gregory Bateson[2] und der »Gruppe von Palo Alto«, der u.a. Bateson selbst, seine Frau Margaret Mead, Jay Haley, John Weakland und Paul Watzlawick angehörten. Bateson arbeitete eng mit dem Hypnotherapeuten Milton Erickson zusammen. Von ihm erhielt er auch Anregungen für sein Konzept des »Double Bind« (siehe auch nachstehenden Absatz).

Die paradoxe Struktur der Wirklichkeit

Das Postulat einer »konstruierten Realität« führt in der Therapie zu unterschiedlichen Schlüssen. Wenn wir diese »Konstruktion« als individuelle Leistung sehen, haben wir alles selbst in der Hand = Ich kann alles, wenn ich will, oder: Ich bin alles. Ist die Konstruktion der Wirklichkeit indes kollektiv, habe ich keinerlei Einfluss und bin dem Schicksal »hilflos ausgeliefert« = Ich kann nichts tun, oder: Ich bin nichts. Die dritte Möglichkeit lautet: Ich anerkenne die Konsequenzen einer von mir selbst gestalteten Wirklichkeit, aber ebenso das Eingebunden sein in

2 Gregory Bateson: *Ökologie des Geistes*, Frankfurt, 3. Auflage 1990.

einen größeren, kollektiven und schicksalhaften Zusammenhang. Dies ist die paradoxe Gegebenheit menschlicher Existenz. Anders gesagt: Ich bin sowohl frei als auch (ein)gebunden, in diesem Sinne sowohl »Täter« als auch »Opfer«. Diese paradoxe Struktur der Wirklichkeit bezeichnet Paul Watzlawik als »pragmatisches Paradox«.[3] Im therapeutischen Kontext verweist auch der Begriff »Double Bind« auf diesen Widerspruch. Auswirkungen finden sich oft bei Kindern, die in innere Solidaritätskonflikte gegenüber Elternbotschaften geraten (zum Beispiel: »du kannst, wenn du nur willst« vs. »du darfst nicht«).

Die oben beschriebene »paradoxe Struktur der Wirklichkeit« ist Bestandteil jedweder systemischen Theorie und Therapie. Denn diese geht davon aus, dass der Mensch eingebunden ist in ein System, das er anerkennen muss. Zugleich hat er jedoch die Möglichkeit, seine Einstellung oder Stellung in diesem System neu zu entscheiden und zu arrangieren. Dieses Axiom ist aber auch Wesenskern einer richtig verstandenen, verantwortlichen Astrologie, primär der systemischen Astrologie. Auch hier ist der Einzelne aufgefordert, zum einen die Ordnung und Einordnung in einen größeren, schicksalhaften Kontext anzunehmen, zum anderen innerhalb dieses Bezugs seine Fähigkeiten und Anlagen so gut wie möglich zu entwickeln und nicht Verpflichtungen zu opfern, die mit ihm selbst nichts zu tun haben. Dies aber, das zeigt das Leben, kann man nicht einfordern. Wenn es gelingt, ist es ein Geschenk. Das heißt: Das Größere ist größer.

Kurztherapien – gibt's nicht

Systemisches Vorgehen wird in der entsprechenden Fachliteratur oft als »Kurztherapie« bezeichnet, da sich hier, so die übliche Meinung, meist nur durch wenige Interventionen oder entschei-

3 PAUL WATZLAWIK: *Menschliche Kommunikation. Formen, Störungen, Paradoxien*, Bern 1969.

dende Einsichten eine neue Perspektive des Beziehungszusammenhangs ergeben kann. Mit Betonung auf »kann«. Ansonsten erscheint mir der Begriff ziemlich irreführend, weil er der Lebensrealität, die häufig langwierige Prozesse beinhaltet, nicht standhält. In diesem Sinn sind die Kurztherapien meines Erachtens auch ein Spiegelbild unserer schnelllebigen Zeit. Zur systemischen Kurztherapie gehören unter anderem die Hypnotherapie nach Milton Erickson, das Neurolinguistische Programmieren (NLP), die Ansätze von Steve DeShazer und Virginia Satir, die Vorgehensweise der Heidelberger Schule – und in diesem Kontext sicherlich auch das Familienstellen nach Bert Hellinger in seinen Anfängen.

Systemische Astrologie

Das Horoskop als Symbolsystem

Die systemische Astrologie fußt auf der Annahme, dass das Horoskop mit seinen Elementen ein dynamisches Repräsentanzsystem anzeigt, dessen unterschiedlich angeordnete Planetensymbole von Mars bis Neptun die dynamische Interaktion der Kräfte dieses Systems kennzeichnen. Da das Horoskop aber »nur« ein gleichnishaftes Symbolsystem darstellt, kann es natürlich unterschiedliche konkrete Erlebensebenen widerspiegeln, so etwa das Arbeits- und Berufsumfeld eines Menschen, seine Partnerschafts- und Beziehungsmuster, seine Körper- und Gesundheitskonstitution – oder seine Familie! Wobei bislang insbesondere das Bezugssystem Familie Hauptgegenstand der systemischen Astrologie ist, allein aufgrund der bisher gemachten Arbeitserfahrungen. Darüber hinaus kann das Symbolsystem eines Horoskops auch eine Firmenorganisation (die Firmenfamilie gewissermaßen) »abbilden« oder das kybernetische Energiemuster eines Ereignisses, wie etwa in der Stunden- oder Auslösungsastrologie.

Wird die Ordnung in einem Wirkungssystem wie z.B. der Familie oder Sippe gestört, so tendiert das dadurch bestimmte, »verschobene« Energiemuster dazu, sich stets selbst auszugleichen: ob nun zum »Guten« hin oder zum »Schlechten« (»gut« etwa im Sinne von Entwicklung, »schlecht« in Bezug auf Wiederholung alter, lebensfeindlicher Verhaltensweisen) bleibt für das System als reiner Energiematrix zunächst irrelevant. Da es aber wir Menschen sind, die sich in diesem System auf den verschiedensten Wirkebenen bewegen bzw. wir dieses System in uns tragen – das Außen als Projektion innerseelischer, miteinander verknüpfter Anteile – haben wir sehr wohl die Wahl, durch Bewusstwerdung, Erkenntnis und entsprechendes Handeln den Ausgleich im »guten« Sinne von Wachstum und Entwicklung zu beeinflussen. Ob dies allerdings gelingt, entzieht sich unserer Kontrolle. Dennoch rührt dieser Zusammenhang zugleich an eine zutiefst philosophische Frage, nämlich die, ob es tatsächlich so etwas wie eine spirituelle Kraft gibt, eine »große Seele« (Bert Hellinger), die in jedem Menschen zum Guten wirken will – im Sinne einer quasi evolutionären Entwicklung hin zu etwas »Größerem«.

Exkurs: Die systemische Dynamik des Tierkreises (Motivation und Abwehr)

Allein Anordnung und Abfolge der zwölf Tierkreisenergien erzeugen ein dynamisches Beziehungssystem, das uns grundsätzliche Erkenntnisse über Motivation und Abwehrverhalten des Klienten erlaubt. Schon durch die Verteilung der Elemente im Geburtsbild lassen sich primäre Motivationen und Abwehrstrategien erkennen. So wird zum Beispiel ein Feuertypus die »Konfrontation« mit Wasser eher vermeiden, während ein erdbetonter Mensch mit »luftiger« Sprunghaftigkeit nichts anfangen kann oder mag. Weiter erkennen wir bereits durch die Betonung einer bestimmten Tierkreisenergie (etwa durch Sonnenstand und/oder Aszendent und/oder eine Planetenhäufung = Stellium) bestimmte Grundmuster eines Menschen, wenn wir sie als Teil innerhalb eines Gesamtzusammenhangs sehen. Wichtigster Anhaltspunkt sind hier die benachbarten Zeichen. Sie folgen im 30°-Abstand aufeinander, also im Halbsextil-Aspekt (Confinis); ihre Energien sind damit eigentlich unvereinbar miteinander: Sie haben eine andere Polarität, eine andere Qualität und gehören zu einem anderen Element (so wie sonst nur noch das komplementäre Quinkunx).

Wir können zum Beispiel fragen: Warum verhält sich ein Widder-Geborener typischerweise wie ein Widder (Motivation)? Aus welchem Grund ruft er aus »Ich bin da!«, will er stets vorne mit dabei sein, die Initiative ergreifen, sich mutig durchsetzen und schnelle Entscheidungen herbeiführen? Dahinter steckt in Wahrheit die Angst, im großen Chaos unterzugehen. Ihm ist zuwider, wenn alles eins erscheint und nichts mehr unterscheidbar ist (heißt: Abwehr der Fischeenergie). Zugleich will er mit seinem Verhalten unbewusst allem entgehen, was ihn festhalten könnte: Er ist nun mal kein Sammler, der auf sichere Pfründe bedacht ist; etwas sich langsam setzen lassen – das ist nicht seine Welt (Abwehr gegen das Stierprinzip). Auf diese Weise lassen sich alle zwölf elementaren Motivationsmuster erklären. Im Kern stimmen sie immer. Dennoch bleibt es wohl unsere grundsätzliche menschliche Aufgabe, über die Grenzen unserer Abwehr zu gehen – damit wir fortschreiten können und uns weiterentwickeln. Tun wir das nicht, bleiben wir in unserem vertrauten, oft angstbesetzten Verhalten stecken. In diesem Zusammenhang muss erwähnt werden, dass Halbsextile der inneren Aspektqualität Stier-Venus/Neptun folgen (siehe Übersicht Seite 55). Auch hier erkennen wir also deutlich die Aufforderung, unsere alten Wertmaßstäbe aufzulösen, Grenzen durchlässig zu machen, was bedeutet, die alten Sicherheiten und Reviere zu verlassen. Zumal uns auch die dahinterstehenden Spiegelenergien dazu auffordern, immer wieder Neues, das Andere, den ungewohnten Schritt zu wagen (Uranus / Mars). Entsprechend wissen wir jetzt, warum es einerseits heißt, Männer (Löwe / Sonne) und Frauen (Krebs / Mond) passen nicht zusammen, andererseits aber beide nicht »ohne einander können«. Wirkliche Entwicklung für Mann und Frau erscheint in diesem Sinne also nur möglich, wenn der Mann auf die Frau und die Frau auf den Mann zugeht.

Die nächstgrößere Herausforderung im archetypischen Beziehungssystem des Tierkreises sind sicher die Quadrate. Doch immerhin weisen sie als gemeinsames Energiemuster die gleiche Zeichenqualität auf, sie sind also entweder kardinal, fix oder beweglich. Dies ermöglicht uns, das, was wir verdrängt haben, bewusst wahrzunehmen und durch Selbstverantwortung zu ersetzen (Saturn-Mond als innere Aspektqualität, siehe Seite 187). Bei Oppositionen schließlich sind nur noch die Elemente unterschiedlich. Insofern können wir mit diesen Spannungsaspekten energetisch wohl am einfachsten umgehen – wenn wir der Begegnung standhalten und unsere Projektionen erkennen.

In diesem Kontext sind auch die »Spiegelenergien« der jeweiligen Tierkreisenergien von Bedeutung[4]*; auch sie geben uns Hinweise, was wir gerne verdrängen oder gewissermaßen unsichtbar »hinter dem Spiegel« lassen würden. Beachte: Spiegelkonstellationen gibt es nur als Halbsextile bzw. Quinkunxe und, dazwischenliegend, als Quadratfiguren. Das zeigt ihren wichtigen Herausforderungscharakter, dem wir uns immer wieder stellen müssen. Darüber hinaus können wir, ergänzend zu den Confinis-Bezügen, die Spiegelenergien stets dann als weitere Zusatzinformation nutzen, wenn wir nach den Hintergründen eines bestimmten Verhaltens fragen. Das gilt für alle Konstellationen, also z.B. auch für die Sonnenstellung in den Zeichen. So stehen etwa bei Sonne im Krebs sozusagen die Energien von Pluto und Jupiter im Hintergrund.*

4 Ich betrachte hier primär die Spiegelung an der 0°-Widder / 0°-Waage-Achse, da sie analog zum Tageslauf der Sonne die (unbewusste) körperlich-seelische Seite der Existenz mit der geistig-transzendenten verbindet. In diesem Sinne spiegeln sich Widder im Fisch (zugleich benachbarte Zeichen), Stier im Wassermann, Zwillinge im Steinbock, Krebs im Schützen, Löwe im Skorpion, Jungfrau in der Waage (benachbart) und umgekehrt. Nehmen wir z.B. die Spiegelkonstellation Schütze / Krebs (bzw. im analogen Bild: Jupiter / Mond). Sie bedeutet, dass der schützebetonte Mensch in seinem Verstand »gefangen« bleiben wird, solange er nicht die Gegenwart wahr- und seine Bedürfnisse ernst nimmt.

Die systemische Familienastrologie

Der Ansatz der systemischen Familienastrologie resultiert zunächst aus den Erkenntnissen der systemischen Familientherapie, wie sie etwa durch die Heidelberger Schule geprägt wurde (Realitätskonstruktionen bzw. Landkarten und Verhaltensmuster bestimmen unsere Beziehungen, wobei Symptome »Verhaltensbeiträge zur Organisation eines Systems« sein können, z.B. wenn eine Tochter ihre eigene Entwicklung opfert, indem sie magersüchtig wird, um so Vater und Mutter wieder zusammenzubringen), des Weiteren aus dem Instrument des »Reframing« (Umdeutung eines Symptoms in einen beziehungsstabilisierenden Faktor) und schließlich aus den Familienrekonstruktionen nach Virginia Satir (jedes Problem hat einen Beziehungszusammenhang und erzeugt oft »Lebensregeln«, die der Sippe Überlebensmöglichkeiten boten und von Nachkommen weitergetragen werden, selbst wenn diese Regeln objektiv nicht mehr sinnvoll sind).

Daneben verbindet die systemische Familienastrologie das Symbolsystem des Horoskops mit bestimmten Erfahrungen des klassischen Familienstellens. Das heißt, auch sie geht davon aus, dass wir uns in unserem Verhalten wesentlich an drei Erfahrungsbildern orientieren: An der Bindung (Pluto) zur Sippe, die wir nicht leugnen können und dürfen und für die wir manchmal unbewusst Opfer bringen oder gar unser Leben riskieren, nur um die Zugehörigkeit nicht zu verlieren; an der Ordnung (Saturn, z. B. haben Frühere Vorrang vor Späteren, eine Missachtung hat oft schlimme Folgen) und am Ausgleich

(Waage-Venus). Wurde ein solcher Ausgleich einst missachtet, kann es sein, dass ein Nachkomme das Schicksal eines Früheren »nachlebt«, dem z.B. die Zugehörigkeit verweigert wurde. Warum tut er dies? Weil er glaubt, dadurch die Lücke zu füllen und etwas »gut zu machen«. Leider führt ein solcher Ausgleich nicht zum Besseren und das System beruhigt sich nicht. Die Lösung wird nur in die Zukunft verschoben.[5]Noch ein Beispiel: Wenn in einer Ehe zwischen Geben und Nehmen eine große Kluft besteht, übernehmen oft Kinder den Ausgleich.

Vor diesem Hintergrund geht die systemische Familienastrologie davon aus, dass der Mensch schicksalhaft (oder aufgrund seines Karmas) in ein bestimmtes Familiensystem hineingeboren wird, um dort eine Aufgabe oder einen Auftrag zu übernehmen bzw. seinen angemessenen Platz einzunehmen, vielleicht auch, um Ausgeschlossenes wieder zu achten, etwas fortzusetzen, was unterbrochen wurde, etwas Neues zu beginnen, etwas abzuschließen oder abzubrechen, etwas zu befrieden oder z.B. an ein altes Unrecht oder ein vergessenes Drama zu erinnern, oder aber an ein gutes Vermächtnis, das wieder entdeckt werden will (etwa ein künstlerisches Talent). Das Geburtshoroskop zeigt diesen Auftrag.

Leider nehmen viele Menschen ihren bestimmungsgemäßen Platz oft nicht wirklich ein, sondern okkupieren gewissermaßen einen fremden Platz. Sie mischen sich ein in »Beziehungen«, die sie nichts angehen, im kindlichen Glauben, dadurch ein gestörtes System zu heilen. So opfern sie diesem Bild ihren eigentlichen Auftrag oder auch bestimmte Fähigkeiten und erhalten dadurch Macht und behalten ihre Unschuld. Astrologisch gesehen verwechseln sie Pluto, die Vorstellung von Bestimmung, mit Saturn, ihrer wahren Bestimmung. Dadurch verstoßen sie gegen die Ordnung (Saturn). Ihr Opfer aus Liebe aber ist sinnlos

5 Auf die Arbeit Bert Hellingers, der diese Zusammenhänge dankenswerterweise entschlüsselt hat, soll hier nicht näher eingegangen werden. Ich verweise auf die Literatur im Anhang.

(Jupiter kann sich nicht entfalten), und die Waage neigt sich zum Schlimmeren. Durch ihre Einmischung sorgen sie nur dafür, dass Spätere das Drama wiederholen (Pluto). Der Weg ist, wieder zu Ordnung und Ruhe zu kommen, damit das Familiensystem einen evolutionären Ausgleich findet. Das aber geht nur über die Achtung aller an ihrem Platz und nicht durch Anmaßung oder Einmischung (Beachte: analog zu Skorpion/Pluto ist das 8. Haus das 2. Haus des Du).

Das Horoskop als Spiegelbild der Familie

Das Horoskop spiegelt das Familiensystem wider, in das wir zur Zeit unserer Geburt hineingeboren wurden (einschließlich der Geschwister, die vielleicht noch nachkommen, aber im energetischen Muster schon angelegt sind). Es ist damit Bindungsglied oder Brücke zwischen uns und unserem Leben jetzt – und unserer Geschichte (das, was bisher geschichtet wurde). Dabei repräsentieren die Planeten die Mitglieder unserer Familie – als Projektionen innerseelischer Anteile. Dabei ist unerheblich, wie unsere Familienangehörigen wirklich waren oder sind. Bedeutsam für uns ist das innere Bild, das wir von ihnen haben. In diesem Sinne *sind* wir unsere Familie, und wir erkennen in ihren Mitgliedern immer auch Anteile von uns selbst. Es ist deshalb wichtig zu wissen: Hassen wir jemanden in unserer Familie, so hassen wir immer auch einen Teil in uns selbst.

Noch etwas: Nicht alles und nicht jede Person in unserer Sippe hat entscheidende Bedeutung für uns. Wir müssen aber wissen: Wenn Anlagen und Fähigkeiten wichtig sind für unsere Entwicklung, dann projiziert unsere Seele diese Energien (die im Horoskop angezeigt sind), ob in »verzerrter« oder reifer Form, auf Menschen in unserem Umfeld – in diesem speziellen Fokus: auf die Familie.

Erfahrungsgemäße Zuordnungen

Die Sonne repräsentiert den Vater, der Mond die Mutter. Vater (Sonne) und Mutter (Mond) sind archaische Bildmuster, die meines Erachtens nicht beliebig vertauscht oder anders zugeordnet werden dürfen – auch wenn der Vater zu Hause die »mütterliche Rolle« übernahm, währenddessen die Mutter im Beruf Karriere machte; oder ein Kind bei der Tante aufwuchs, weil die Mutter früh verstorben ist. Die Tante versorgt das Kind zwar (Krebseigenschaften), aber sie kann *niemals* die Mutter *sein* und daher auch nicht Repräsentant des Mondes, der archetypischen Muttergöttin. In der Seele des Kindes existiert diese Mutter (Mond), und es existiert die Sehnsucht nach ihr.

Mars spiegelt in der Regel den erstgeborenen Sohn, manchmal schlüpft aber auch Jupiter in diese Rolle. Durch Fragen nach den Charaktereigenschaften der betreffenden Person, angezeigt durch Zeichen- und Häuserstellung sowie Aspektierungen, eröffnet sich indes relativ schnell die passende Zuordnung. Nicht zuletzt geben die durchschnittlichen Umlaufgeschwindigkeiten von Mars und Jupiter zur Zeit der Geburt Hinweise, das heißt, es ist auch darauf zu achten, ob die Planeten bei der Geburt direkt- oder rückläufig sind. Venus ist erfahrungsgemäß die erstgeborene Tochter. Das nachfolgende, jüngste Kind – das kann ein Bub oder ein Mädchen sein – übernimmt in der Regel die Rolle Merkurs. Merkur-Kinder sind die Kinder, die den Eltern am nächsten stehen. Auch sehen Sie ihre Aufgabe darin zu vermitteln. Insbesondere, weil das Schicksal sie meist dann in die Welt schickt, wenn die Beziehungsprobleme wachsen und die Ehe auf dem Spiel steht. Mit dieser, auf die Eltern ausgerichteten Vermittler- oder Aufräumungsrolle (er will auf diese Weise ja auch beachtet werden) ist der jüngste Nachwuchs aber schlicht überfordert. Und so gerät er in einen Solidaritätskonflikt und empfindet sich »gespalten« – hin- und hergerissen zwischen Vater und Mutter, also auch zwischen dem Männlichen und dem Weiblichen. Dies wird meist am uneindeutigen Verhalten offensichtlich.[6] Die Nähe zu Vater und Mutter ergibt sich auch aus der archetypischen Ordnung: Merkur steht als Zwillings-Merkur (Herrscher über Zwillinge) unmittelbar vor dem Zeichen Krebs (Mond, Mutter, Frau, das Weibliche) und als Jungfrau-Merkur (Herrscher der Jungfrau) direkt nach dem Löwen (Sonne, Vater, Mann, das Männliche).

Die transpersonalen Planeten Saturn, Uranus, Neptun und Pluto repräsentieren unsere Ahnen, die Früheren, die vor-geordnet sind. Wobei wir davon ausgehen dürfen, dass Saturn, Neptun und Pluto in der Regel weibliche Vorfahren darstellen (Großmütter, manchmal auch Ur-Großmütter, oder Tanten, gelegentlich auch andere Frauen, die für die Familie wichtig waren). Neptun ist zuweilen auch die unerreichbare, unerfüllte erste Liebe des Vaters (vor allem bei signifikanten Neptun/Sonne-Verbindungen!). Uranus repräsentiert üblicherweise ein männliches Sippenmitglied (Großvater, manchmal auch Ur-Großvater oder Onkel). Neben Uranus kann auch Jupiter einen geliebten Großvater oder Onkel repräsentieren.

Anmerkung: Astrologisch bleibt der Doppelplanet Pluto (symbiotisch verbunden mit seinem halb so großen Mond Charon) nach wie vor die entscheidende Wandlungskraft, wie die Lebenserfahrung zeigt – also unabhängig davon, dass Wissenschaftler (Schütze/Jupiter) ihn zum »Zwergplaneten« herabgestuft haben. Was wiederum zeigt, dass unsere Gesellschaft die durch Pluto vertretenen Energien offenbar nicht wirklich ernst nehmen und sich schon gar nicht mit ihnen auseinandersetzen mag.

Jupiter hat insofern eine Sonderstellung inne, weil er in viele Gewänder schlüpfen kann (siehe Zeus im Mythos). So vermag

6 Eine Untersuchung unter prominenten männlichen Schauspielern ergab: Erstgeborene spielen fast immer dramatische Rollen, während die Drittgeborenen in der Geschwisterreihe vor allem als Komödianten glänzen (z.B. Charlie Chaplin).

er sowohl einen meist idealisierten Vorfahren oder Verwandten zu repräsentieren (Großvater, Onkel), als auch z.B. die erste große, oft unerfüllte Liebe der Mutter (bei Mond/Jupiter-Verbindungen!) – oder aber er steht für einen Bruder in der Gegenwartsfamilie. Grundsätzlich schlägt Jupiter, und damit auch die Person, für die er steht, die Brücke zwischen persönlicher und transpersonaler Sphäre. Dies zeigt auch die Stellung des Schützen im Tierkreis (der Priester im Diesseits als Verkünder des Göttlichen, der Transzendenz). Auch herrscht Jupiter klassisch über den Schützen *und* über die Fische.

Einschub. Meiner Erfahrung nach verweisen rückläufige transpersonale Planeten im Radix (mit Jupiter) oft auf eine Ebene weit hinter den Großeltern. Ebenso lassen rückläufige persönliche Planeten vermuten, dass das damit verbundene Thema nicht mit der Jetztfamilie, sondern mit davorliegenden Geschwisterreihen zu tun hat. Der Hinweis auf fernes Geschehen gilt auch, wenn Planeten in der Nähe des absteigenden Mondknotens stehen. Hier reicht das damit verbundene primäre Ereignis meist sehr weit in die Sippengeschichte zurück.

»Männliche« und »weibliche« Planeten

Die primär männlichen »Planeten« Mars, Sonne, Jupiter und Uranus repräsentieren grundsätzlich männliche Familienmitglieder. Beliebigkeiten sind hier zu vermeiden, denn es handelt sich um archetypische Bilder. Dennoch kann natürlich auch eine Tochter mit einem früheren männlichen Familienmitglied identifiziert sein (gegengeschlechtliche Identifikation). Beispiel: Eine junge Frau sucht immer wieder riskante Grenzerfahrungen, indem sie z.B. Drachen fliegt, Fallschirm springt, frei klettert und Bungee springt. Auf diese Weise ahmt sie unbewusst ihren Großvater nach, der im Krieg als tollkühner Pilot galt und abgestürzt ist.

Bei Jupiter müssen wir wissen, dass er zwar männlich, doch im Verhalten oft nicht wirklich eindeutig zu fassen ist. So kann er als alter Herrscher der Fische durchaus auch weibliche Züge haben bzw. weibliche Attribute annehmen. Dann ist er – siehe Zeus / Jupiter im Mythos – ein Meister des täuschenden Spiels, der die Menschen »auf die falsche Fährte« zu führen vermag, damit sie sein wahres Wesen nicht erkennen. Auf diese Weise stellt er seine Mitmenschen gerne einmal auf die Probe und testet aus, ob sie ihm treu bleiben. Ich verweise hier gerne auf die archetypische Spiegelkonstellation als Schattenthema zwischen Schütze (Jupiter) und Krebs (Mond).

Die primär weiblich polarisierten »Planeten« Mond, Venus, Saturn, Pluto und Neptun repräsentieren zu allererst weibliche Familienmitglieder. Wobei Venus bei männlichen Horoskopeignern, die ohne Schwester aufwachsen, fallweise auch durch ein Mädchen in der Nachbarschaft repräsentiert sein kann. Manchmal wird die Venus auch durch eine Schwester von Vater oder Mutter (Tante) vertreten. Wobei die Venus – als Herrin der Waage – natürlich auch männlich aktive Eigenschaften hat. In dieser Funktion vermag sie »nur« das Thema Begegnung allgemein und im Besonderen die »Liebe« zu symbolisieren, die bei jedem Menschen mit bestimmten Erfahrungen verbunden ist. Im Aspekt mit Pluto z.B. (also Venus-Pluto) haben wir die Liebe unbewusst einer größeren Verpflichtung geopfert, und im Aspekt mit Neptun (Venus-Neptun) wollen wir sie aus Angst nicht wirklich leben. Dahinter steckt mit Gewissheit ein frühes Liebes- oder Beziehungsdrama, dem wir nachgehen müssen.

Merkur schließlich kann seinem Wesen gemäß, wie schon erwähnt, männlich oder weiblich polarisiert sein, d. h., er kann uns als Bruder oder Schwester, Sohn oder Tochter entgegentreten. Und er kann, wie Venus, auf verschiedenen Generationsebenen präsent sein.

Wobei zu ergänzen bleibt: Das Schicksal verweist stets auf die Anlagen, die in *diesem* Leben zum zentralen Thema werden. Sie fallen einem ins Auge. Deshalb müssen wir uns auch gezielt nur mit ganz bestimmten Personen in unserer Familie wahrhaftig und intensiv auseinandersetzen. Andere sind zwar ebenfalls bedeutsam, bleiben aber eher im Hintergrund, sind einfach da oder unterstützen uns sogar, selbst wenn wir dies als selbstverständlich erachten. Es ist demnach wichtig zu wissen, dass es nicht nötig ist, angestrengt für alle Planeten im Geburtsbild Entsprechungen zu suchen und zu finden. In Einzelsitzungen wie auch in Horoskopaufstellungen zeigt sich schnell, welche Energien wirklich angesprochen sind, um welche Themen und die damit verbundenen realen Personen es in der augenblicklichen Lebensphase des Klienten tatsächlich geht. Man sieht es an der Reaktion der Menschen.

Aspekte

Die Interaktionen (Aspekte) der persönlichen Planeten mit Saturn und den »Transsaturniern« Uranus, Neptun und Pluto geben uns wertvolle Hinweise, ob und inwieweit wir mit unseren Anlagen an bestimmte Ereignisse/Dramen oder Personen der Vergangenheit gebunden sind bzw. Identifizierungen aufweisen. In diesen Fällen nehmen wir bestimmte persönliche Fähigkeiten und Anlagen nicht wahr bzw. verzichten auf sie zugunsten anderer, meist früherer Mitglieder unserer Familie (z. B. bei Neptun-Mars), statt sie für unser eigenes Leben zu nutzen (für das sie uns mitgegeben wurden). Dies gilt primär für gespannte Aspekte, also Oppositionen, Quadrate und Konjunktionen[7], abgeschwächt in der Wirkung für Quinkunxe, Anderthalbquadrate und Halbquadrate; in Ausnahmefällen sind auch Bi-Quintile und Quintile zu beachten. Sextile und Trigone als Förderungs-

7 Beachte: Jeder Aspekt hat eine eigene, innere Dynamik, die wir ersehen, wenn wir die Technik der Häuserdrehung nutzen. So fordert uns die Konjunktion auf zur Initiative, ein neuer Zyklus soll beginnen. Das Quadrat will eine bewusste Wahrnehmung von uns (90 Grad-Winkel: Man muss den Kopf drehen), und die Opposition gibt uns die Chance, in einer direkten, offenen Begegnung etwaige Konflikte zu klären und auszuräumen; siehe dazu Tabelle Seite 153.

und Chancenaspekte zeigen, auf welche Fähigkeiten wir stets zurückgreifen können. Hier verweisen die entsprechenden Planeten auf Personen, die uns guttun und denen wir dankbar sein müssen (gerade wenn wir ihr Wohlwollen oft für selbstverständlich erachten). Zu schaffen machen uns indes vor allem die Anlagen, die wir abgetreten haben, nicht leben können oder dürfen, warum auch immer.

Projektionen

Es ist wichtig, noch einmal darauf hinzuweisen: Das Horoskop mit all seinen verschiedenen Ausdrucksformen ist kein externes, eigenständiges System und erwirkt auch nichts! Es reflektiert vielmehr die innere Persönlichkeit des Menschen, die sich auf den verschiedensten Lebens- und Wirklichkeitsebenen darstellen kann. Die Planeten und ihre Interaktionen dienen dabei als »Projektionsträger« innerseelischer Anteile und Prozesse auf die jeweiligen Systemebenen, in unserem Fall auf die Systemebene »Familie«. Das heißt, wir sollten immer wissen, dass der Klient in der Beratung wie auch in der Aufstellung zum Beispiel immer nur mit seinem inneren Saturn oder mit seiner inneren Sonne in Kontakt kommt.

Nehmen wir an, wir haben im Horoskop eine Sonne/Mond-Opposition. Im Außen und in der Aufstellung stehen sich Vater (Sonne) und Mutter (Mond) gegenüber: Sie sind in der Auseinandersetzung, wie auch immer diese aussehen mag. Das bedeutet in unserem Inneren: Unser innerer Mond ist sauer auf unsere innere Sonne, oder psychologisch gesprochen: Unser Handeln passt nicht zu unseren Gefühlen und Bedürfnissen. Für ein Kind können daraus irritierende Loyalitätskonflikte entstehen, weil es nicht weiß, wie es sich nun verhalten soll. Noch schwieriger erscheint die Situation bei einem Sonne/Mond-Quadrat. Denn hier entzieht sich der Konflikt einer offenen Begegnung. Wie auch immer, dem Kind bleibt in solchen Konflikten meist nichts anderes übrig, als sich auf die Seite des Stärkeren zu stellen. Die Seele aber geht mit dem Schwächeren. Dies wiederum erzeugt Schuldgefühle (Beachte: Quadrate weisen nach dem Prinzip der Häuserdrehung eine Saturn/Mond-Qualität auf).

Die zentrale Rolle von Saturn und Pluto

Die systemische Familienastrologie würdigt die Anbindung (Pluto) des Menschen an das System (Pluto) der Sippe (Pluto) bzw. an das Sippengewissen (Pluto), wie auch das Anerkennen dessen, was ist, also der Wirklichkeit (Saturn) und der gemäßen, angemessenen Ordnung (Saturn). Insoweit übernimmt sie wichtige Erfahrungen des Familienstellens.

Pluto

Pluto zwingt auf tief-unbewusster Ebene und unausweichlich dazu, dass das System zum Ausgleich kommt, wenn schicksalhafte »Störungen« das Überleben der Sippe bedrohen. Der Ausgleich erfolgt zu jedem Preis, der möglich ist. Oft übernehmen Spätere den Ausgleich für Frühere. Sie opfern ihren eigenen Weg (Pluto), um die Zugehörigkeit zur Herde (Stier-Venus gegenüber Skorpion-Pluto) zu erhalten bzw. nicht zu verlieren. Bei Plutoaspekten verzichten sie konkret auf das reale, erwachsene Ausleben der an Pluto gebundenen Anlage – also zum Beispiel auf ihre Sonne, ihren Mond, ihren Merkur, ihren Mars, ihre Venus oder ihren Jupiter.

Das heißt, sie opfern (Pluto) diese ihre Energien und Fähigkeiten, im kindlich-magischen Glauben (Pluto), dadurch früheres Unrecht, Unglück oder Schicksal gut machen und ausgleichen zu können. Anders gesagt: Pluto verlockt die Seele des Menschen, das Schicksal eines Früheren durch ein Selbstopfer auszugleichen. Damit wird jedoch nichts besser. Aus Unglück kann niemals

Glück erwachsen. Was aber passiert, ist: Man wird groß durch das Opfer[8].

Pluto ist der Vollstrecker. Ordnung und Gesetz scheren ihn nicht, wenn es darum geht, den Fortbestand der eigenen Sippe zu retten. Er stellt sich damit auch gegen Saturn, den Herrscher über Zeit und Vergänglichkeit. Pluto verhindert so die Bestimmung des Menschen (Saturn) zugunsten einer bestimmten Vorstellung (Pluto).

Es gibt in jeder Sippe eine Vertreterin des plutonischen Prinzips. Meist ist es eine Großmutter (seltener eine Ur-Oma), die dafür sorgt, dass die Sippe überlebt, koste es, was es wolle! Dazu gehört, dass sie – bewusst oder unbewusst – alles daransetzt, damit »das Blut rein bleibt«, was heißt, dass sie stets versuchen wird, jede Person auszusondern, die aus der Reihe tanzt und damit in ihren Augen die »Fortsetzung« der Sippe gefährdet. Indem sie sich mit dem Sippengewissen identifiziert, verzichtet sie zugleich auf ihren eigenen Lebensweg. Das ist ihr eigenes großes Opfer. Das bedeutet: Einerseits steckt hinter dieser Frau eine mächtige Kraft, ein unbedingter Überlebenswille, der sehr bedeutsam sein kann

8 Der Gedanke, sich zum Opfer bringen zu können, ist eine Vorstellung, welche die Menschheitsgeschichte in vielen Kulturen durchzieht. Im Christentum treffen wir auf dieses Bild in der Gestalt von Christus, der sich opferte, damit eine Wandlung zum Guten und Erlösung geschieht. Allgemein wird dieser Gedanke des Sich-zum-Opfer-Bringens dort sichtbar, wo jemand sich kompromisslos in den Dienst einer Sache stellt, in Erwartung eines Wunders. Dabei ist wohl der Aspekt der völligen Hingabe sehr wichtig – beim Verharren im Opferstatus haben wir die radikale Selbstaufgabe. Ein solches Opfer ist aggressiv: Jemand setzt im Bewusstsein, keine andere Wahl zu haben, alle seine Kräfte ein und gibt sich total hin. Noch klarer zum Ausdruck kommt die Aggression bei jenen Menschen, die ihr Leben opfern und dabei die Welt mit diesem Opfer auf einen Missstand aufmerksam machen. Sinngemäß nach VERENA KAST: *Abschied von der Opferrolle. Das eigene Leben leben*, Freiburg i.B. 1998, S. 95. Nachtrag des Verfassers: Das moderne Christentum ist eine Opferreligion, erst Opfer, dann Erlösung. Bleibt die Frage: ist die Welt durch das Opfer besser geworden?

für uns. Doch ist diese Kraft oft auch verblendet, nämlich dann, wenn sie die Gesetzmäßigkeit des steten Wandels im Leben nicht anerkennt und die Folgen ihres Handelns nicht bedenkt.[9]
Als Herrscher des Skorpions ist Pluto zweifellos eine ur-weibliche Energie. So wissen wir z.B., dass in den frühen Kulturen ausnahmslos Göttinnen über die Unterwelt herrschten, bei den Sumerern war dies Ereshgikal. Erst die Griechen machten aus dieser mächtigen, schrecklichen Kraft der Wandlung den männlichen Gott Hades (röm. Pluto). Dies gilt es zu bedenken, wenn Klienten von ihrem gewalttätigen Großvater berichten und sagen: Das muss Pluto sein! Wir können den Großvater in dieser Rolle testen. Führt er uns weiter, ist dies in Ordnung. Trotzdem müssen wir fragen: Warum ist der Opa so geworden? Hat ein alter Hass sein Herz gebrochen? Oder hat er eine tiefe Kränkung erfahren, die ihm, wie er glaubt, keinen anderen Ausweg lässt als den, Täter zu sein und die Kontrolle zu haben, damit er selbst nie mehr Opfer wird? Vielleicht glaubt er deshalb, für seine Taten jedes Recht zu haben (ich zerstöre, damit ich nicht zerstört werde)? Das heißt, selbst bei einem gewalttätigen Großvater sollten wir fragen, ob er nicht vielleicht nur Stellvertreter oder verlängerter Arm ist für ein dahinterliegendes, ungelöstes Lebensdrama, das mit anderen Personen zu tun hat. Ich verwei-

9 Pluto zieht seine exzentrische Bahn um die Sonne weit draußen im All, jenseits von Neptun, nur mit den stärksten Teleskopen sichtbar. Und doch ist er als astrologischer Herrscher der Tierkreisenergie Skorpion unausweichlich mit der persönlichen Sphäre des Menschen verbunden. Er verknüpft also, wenn wir so wollen, unsere persönlichen Anlagen mit frühen Mustern, die oft lange »getarnt« bleiben – und damit auch mit der Sippenseele. Zugleich verbindet er den persönlichen Kontext (Persönlichkeit / Sippe) mit einer mächtigen kollektiven Energie, die außerhalb jeder menschlichen Kontrolle liegt. Diese Energie beinhaltet das unerbittliche »Stirb und Werde«, die das Fortbestehen unseres Seins auf dieser Erde sichert. Für forschende Kollegen interessant: Pluto ist durch die Bahn des Kentauren Nessus mit Saturn, dem »Schwellenplaneten« verbunden (siehe merCur 4/97)!

se hier gerne auf die archetypische Spiegelkonstellation als Schattenthema zwischen Skorpion (Pluto) und Löwe (Sonne). Einem solchen Drama müssen wir uns behutsam nähern. Was bleibt ist, diesen Großvater in seiner Funktion (des von Pluto in den Dienst genommen seins) zu achten. Was diesen aber keinesfalls von der Verantwortung für sein Handeln entbindet. Denn wer die menschliche Ordnung außer Kraft setzt, muss die schlimmen Folgen tragen.

Ergänzung: Auch die beiden durch Saturn und Neptun symbolisierten Schicksalskräfte wurden bei den Griechen »vermännlicht«. Davor gab es nur die großen Erdgöttinnen, die über Schicksal und Zeitlichkeit der Menschen wachten; ebenso waren die Meere das Reich von mächtigen Göttinnen, bei den Babyloniern z.B. Tiamat, die große nährende, zugleich aber auch zerstörerische »Wassermutter«.

Saturn

Saturn wiederum steht für die Ordnung und das »Wesentliche« in einer Familie. Wenn wir als Nachkommen die Personen, die für diese Ordnung eintreten, nicht würdigen, wir uns also über sie erheben, sind wir selbst »in Unordnung«. Somit stehen uns auch Anlagen, die mit Saturn in Spannung stehen, nicht real zur Verfügung, d.h., wir spalten uns vom Erleben dieser Energien ab. Wir können auch sagen: der Zugang bleibt uns verwehrt. Was zunehmend problematisch wird, denn gegen Saturn zu arbeiten wird unsere Kräfte mit der Zeit erschöpfen. Was zu tun bleibt ist, die natürliche Ordnung und Gesetzmäßigkeit des Lebens (Steinbock, Haus 10, Saturn) anzuerkennen und zurückzutreten. Erst dann sind wir fähig, unser eigenes Wesen wahrzunehmen – und zwar, soweit möglich, in jedem Augenblick (Krebs, Haus 4, Mond) – und Verantwortung (Saturn) für dieses »Wesentliche«, das uns ausmacht, zu übernehmen. Dann sind wir in der Lage, unserer Bestimmung (Saturn) zu folgen.

Vielfach wird Saturn durch eine Großmutter repräsentiert, die auf die Moral achtet (oder das, was sie dafür hält), indem sie jegliche »Laster« verurteilt, aber auch jegliches »Anderssein«, das die Ordnung zu stören droht. So hält sie z.B. flüchtige Liebesabenteuer für gefährlich, gefährlich für die Frau, wie sie aus eigener, leidvoller Erfahrung weiß. Was bedeutet, dass in ihren Augen die Liebe immer und zuerst eine sehr ernste Sache sein muss, mit Anstrengung verbunden. Mit unzuverlässigen Partnern ist sie gleich gar nicht erlaubt! Dieses Verbot haben wir verinnerlicht, also sind unsere Beziehungen später tatsächlich schwierig, und nicht selten sorgen wir unbewusst dafür, dass sie immer wieder scheitern. Doch was früher wichtig war, um die Familie zusammenzuhalten, muss heute nicht mehr gelten. Die Lösung ist, dass sich die Venus vor Saturn verneigt. (»Ich ehre dich und erkenne an, was war. Nun aber bitte ich dich von Herzen, dass ich die Liebe nehmen darf, wie es stimmt für mich. Bitte gib mir deinen Segen.«) Wobei wir sicher sein dürfen: Saturn hat im Grunde nichts gegen die Liebe. Er sagt nur: Liebe darf nicht ohne Anstand und Moral sein. Andersherum wird Saturn diejenige oder denjenigen zermürben, der die Ordnungen der Liebe leichtfertig missachtet.

Zur Verdeutlichung auch hier: Saturn im Außen (die Großmutter) spiegelt Saturn in meiner Seele wider. Achte ich also Saturns Auftrag im Außen, achte ich ihn zugleich in mir. Saturn wird so zum Verbündeten, und ich bekomme Zugang zu den Energien, die er bisher verurteilt hat. Ich kann nun Verantwortung für sie übernehmen, etwa für Venus, die Liebe.

Steht Saturn im Trigon oder Sextil zu anderen Planeten oder in Erdzeichen (Steinbock, Jungfrau, Stier), so kann die »Moral« dieser Großmutter durchaus eine fördernde Kraft bzw. eine große, innere Stabilität im Gefüge der Sippe repräsentieren. Auch Saturn im Krebs sollte nicht a priori als negative Erfahrung gedeutet werden. Tatsächlich erlebte mancher Klient mit Saturn im Krebs die Oma als (alters)milde, ja fast gutmütige Frau, die ihm als Kind Halt und Sicherheit gab, und zu der man in emotionalen Krisen immer gehen konnte. Nicht zuletzt schützte uns

Saturn vor »zu viel Gefühl« in der Familie, was uns als Kind meist überforderte. Später aber, als Erwachsene, können und sollten wir den Schutzwall durchlässig machen.
Bleibt zu ergänzen: Saturn mag zwar erfahrungsgemäß in den meisten Fällen durch eine Großmutter repräsentiert sein. Doch manchmal übernimmt auch ein Großvater, zumindest auf den ersten Blick, die saturnische Rolle des Ordnungshüters, der Beschränkung, Disziplin und Verantwortung einfordert. Als alter Herrscher des männlichen Wassermanns diszipliniert er sich selbst, strebt nach gesellschaftlicher Anerkennung und verleugnet jeden »rebellischen« Gedanken. Das verlangt er auch von der Familie. Anders gesagt: Er wacht darüber, dass »geistige Grenzen« nicht überschritten werden. Solche Großväter sind dann typische, strenge Staatsdiener. »Auf den ersten Blick« meint hier, dass auch hinter Saturn in seiner männlichen Funktion oft ein »weiblicher Auftrag« steht, wobei sich Ursache und Wirkung durchdringen. Der Mythos gibt die Antwort: Saturn (griech. Kronos) ist der Sohn von Uranus *und* der großen Erdgöttin Gaia! Saturn »entmannt« den eigenen Vater – freilich nicht aus eigenem Antrieb, sondern gewissermaßen im Auftrag und als Werkzeug Gaias (seiner Mutter), die ihren chaotisch-schöpferischen und sprunghaften Gatten nicht mehr ertragen kann.

Uranus und Neptun

Uranus

Uranus steht für den Ausbruch aus festgefahrenen Familienmustern. Das Thema wird zum Problem, wenn diese unangepasste Veränderungsenergie von der Sippe nicht geduldet und ausgesondert wird, da sie – vermeintlich – das Fortbestehen der Sippe gefährdet. Das sind dann die sogenannten »schwarzen Schafe« in der Familie (Großväter, Großonkel, Onkel), wie »anders« sich diese auch immer verhalten haben mögen. Wird diese ungebundene Andersartigkeit nicht anerkannt, übernehmen Nachkommen diese Rolle: Sie flippen aus, provozieren, spielen den Tunichtgut, stellen sich selbst an den Rand der Gesellschaft oder suchen stets aufs Neue den besonderen Kick, um auf diese Weise an einen früher nicht geachteten »Außenseiter« zu erinnern.

Neptun

Neptun schließlich steht für das Heilwerden im kosmischen Sinne, für das Eingebundensein in eine Welt jenseits der materiellen Verhaftungen, für die Brücke ins Jenseits und damit auch zu den Verstorbenen. Wird diese Kraft in einer Familie verdrängt (dazu zählt auch verdrängte Trauer) und ausgeschlossen, tritt sie später oft unheilvoll in Erscheinung, indem ein Nachkomme sein Leben bzw. seine persönlichen Anlagen nicht voll annehmen kann; er folgt den Ausgeschlossenen oder den nicht genannten und gewürdigten Toten, weil er meint, dadurch etwas »heil« zu machen. Also ist hier entscheidend, ob wir die anerkennen, die ausgeschlossen wurden und um die nicht getrauert wurde.

Im Horoskop repräsentiert Neptun oft eine Großmutter (seltener eine Ur-Oma) oder eine Tante (gelegentlich auch Großtante), jedenfalls eine Frau, die im Sippenverbund verschwiegen wurde, weil sie unangepasst, irgendwie seltsam war oder gar als verrückt galt. Zuweilen war diese Frau tatsächlich in der Psychiatrie. Steht Neptun in Verbindung zur Sonne, stellt er nicht selten auch die erste, idealisierte, ersehnte Geliebte des Vaters dar, die für ihn unerreichbar blieb; er ist damit quasi das weibliche Pendant zu Jupiter, dem, in Verbindung mit Mond, göttlichen Idealmann der Frau. Oft aber entzieht sich uns Neptun, und wir können ihn nicht zuordnen. Das ist zu respektieren. Dennoch ist es wichtig, Neptuns geheimnisvolle Kräfte zu würdigen und ihnen bewusst wieder einen Platz in unserem Herzen zu geben.

Lösungen

Ziel jeder astro-systemischen Arbeit muss es ein, Wege zu finden, die es erlauben, dem Sippengewissen (Pluto) geopferte Anlagen, Fähigkeiten und Talente wieder zu uns zurückzuholen. Wir haben diese Anteile (gemeint sind primär die persönlichen Planeten Sonne, Mond, Merkur, Mars und Venus, dazu noch der Brückenplanet Jupiter) in den Dienst einer fremden Sache gestellt, weil wir glaubten, dadurch ein früheres Schicksal zu sühnen oder eine Ungerechtigkeit zu begleichen.

Das Zurückholen der abgetretenen Anteile kann aber nur gelingen, wenn wir die Früheren, die vor uns waren (symbolisiert durch Saturn, Uranus, Neptun, Pluto) achten, wenn wir ihnen ihr Schicksal und damit ihren Platz lassen und uns nicht anmaßend einmischen. Zugleich bitten wir um ihren Segen dafür, dass wir unseren eigenen Weg gehen, zum Beispiel wenn wir uns jetzt erlauben, endlich zu lieben – selbstbestimmt und nicht länger einem fremden Bild der Liebe, Ehe und Beziehung verpflichtet (Venus-Pluto).

In der Regel stellt sich heraus, dass die Ahnen bzw. die, für die wir meinten, etwas tun zu müssen, erleichtert sind, wenn wir die Verantwortung für uns selbst übernehmen und fortan für uns selbst sorgen – an dem für uns gemäßen Platz. Dann können sie in Frieden gehen. In Horoskopaufstellungen ist oft unmittelbar zu spüren, wie das Familiensystem zur Ruhe kommt, wenn unsere Vorfahren (und die sie repräsentierenden Planetengötter) in ihrem bisherigen Wirken geachtet werden und so die Ordnung wiederhergestellt wird.

Die Lösungsarbeit beginnt in der Einzelsitzung, indem wir dem Klienten seine lebenshemmenden Verstrickungen anhand des Horoskops bewusst machen. Hier können wir auch sehr gut mit einem astrologischen Tisch-Set arbeiten, bestehend aus Tierkreis, Planetensymbolen und zum Beispiel Playmobilfiguren als Stellvertreter für Familienmitglieder. Am intensivsten wirken allerdings »Familienaufstellungen mit dem Horoskop« in der Gruppe, weil Gruppenprozesse Dynamiken unmittelbar emotional erfahrbar machen. Wie in der üblichen Familienaufstellung ohne Horoskop können auch hier Lösungssätze gesprochen werden, die Erleichterung bringen und zur Befriedung des Systems beitragen.

Wichtig bleibt noch anzumerken: Die systemische Arbeit mit dem Horoskop bedingt praktische Erfahrung. Wer sie nicht hat, sollte äußerst behutsam sein mit Schlussfolgerungen. Es gilt hier das Motto (wie auch im Rahmen der herkömmlichen Familienaufstellung): Weniger ist oft mehr.

Die Stellung der Sonne in den Zeichen

Generell symbolisiert die Stellung der Sonne in den Tierkreiszeichen das Anliegen der väterlichen Linie. Sie kennzeichnet somit auch unseren wesentlichen Handlungsauftrag in diesem Leben. Je nach Zeichen beinhaltet der Auftrag, auf welche Art und Weise wir in diesem Leben handeln sollen und welche Energie immer mit unserem Verhalten verbunden ist. Wir können auch formulieren: »Wir werden ins Leben gerufen, weil ...« Die Häuserstellung der Sonne wiederum offenbart uns den Lebensbereich oder die Bühne, auf der dieser Handlungsauftrag im Alltag in Erscheinung treten und letztlich umgesetzt werden will.

Das Vaterbild im Horoskop

Die Stellung der Sonne spiegelt ebenso unser Vaterbild. Wobei wir uns hier zunächst allein auf das Sonnen*zeichen* konzentrieren, wohl wissend, dass unser Erleben des Vaters auch geprägt ist dadurch, welche Energien die Sonne »im Rucksack« trägt (z.B. bei Pluto im Löwen einen Vater, der sich verpflichtet fühlt bzw. glaubt, stets die Erwartungen anderer erfüllen zu müssen). Ungeachtet dessen tritt uns der primäre väterliche Auftrag im Sonnenzeichen entgegen – als Kind freilich meist im »Tarnanzug« und irritierend. D. h., wir werden dann in eine Familie hineingeboren, in der uns der Vater diesen Auftrag entweder in der Hemmung spiegelt oder aber kompensatorisch. Steht z.B.

die Sonne im Löwen, so können wir nicht von vorneherein von einem lebensfrohen, bewundernswerten und erfolgreichen Vater ausgehen – auch wenn dies unser seelisches Resonanzbild ist, das unser Bedürfnis widerspiegelt und das wir eigentlich als Vorbild bräuchten. In Wahrheit mag uns der Vater in unseren wichtigsten Entwicklungsphasen sogar gefehlt haben, indem er oft abwesend war oder auf andere Weise nicht »herzlich« da war für uns, so dass wir kein positives Bild des Väterlichen und des Männlichen entwickeln konnten (wie es für uns gemäß und gedacht ist). Kein Wunder, dass es uns schwerfiel, ein gesundes, kreatives Selbstbewusstsein zu entwickeln. Auch hatten wir Mühe, unbefangen zu spielen, weil wir es uns oft entsagen mussten oder es uns selbst entsagten. Wir taten dies, weil wir *keinen* Vater hatten, der uns zeigte, was Lust und Freude ist. Und so verzichteten wir letztlich aus Solidarität zum Vater auf unsere Lebendigkeit (die uns ja eigentlich zugedacht war) – weil er ja auch nicht lebendig sein konnte.

Das Gegenbild dazu ist, dass wir uns vielleicht an einen Vater erinnern, der durch Stärke und Präsenz alles dominierte, so dass wir ihm nacheifern oder ihn gar übertrumpfen wollen. Wir beschließen, dass »im Mittelpunkt stehen« das Wichtigste im Leben ist. Dabei erkaltet unser Herz. Beide Male handeln wir nicht *selbst-bewusst,* sondern ahmen das Vorbild nach.

Das gilt auch, wenn wir uns rebellisch konträr zum väterlichen Bild verhalten – weil wir »auf keinen Fall so werden wollen wie der Vater«. Tatsächlich aber holt uns das vertraute Verhalten in bestimmten Situationen ein, die wir nicht kontrollieren können, und dann stellen wir erstaunt bis entsetzt fest: »Ich wollte immer anders sein als mein Vater und merke nun: ich bin ihm ähnlicher, als ich dachte.« Haben wir z.B. unseren Löwen-Vater (Sonne im Löwen) so in Erinnerung, dass diesem die Chance auf Selbstverwirklichung und Anerkennung versagt blieb, strengen wir uns oft ganz besonders an, es in jedem Fall besser zu machen und als erfolgreicher Unternehmer zu glänzen. Doch unsere kindliche Seele sieht darin einen Verrat, also sabotieren wir uns selbst und verspielen unseren Erfolg – aus Solidarität zum Vater.

Psychologisch gesehen arrangieren wir als Kind derlei Anpassungen, weil wir meinen, dadurch letztlich doch angenommen und geliebt zu werden, dazuzugehören, oder gar nur auf diese Weise zu überleben – Muster, die als Kind wohl nützlich waren, die wir aber in unangemessener Weise oft auch noch als Erwachsene in uns tragen und die in bestimmten Situationen (die früheren in der Kindheit entsprechen) wieder ausgelöst werden.

Der (väterliche) Auftrag einer Löwe-Sonne – um im Beispiel zu blieben – ist aber, im Laufe des Lebens aus uns selbst heraus lebendig zu werden, schöpferisch, kreativ und mit offenem Herzen. In der Vergangenheit der väterlichen Linie wurde dies missachtet oder zumindest als unwichtig erachtet. Nun soll in der Familie wieder die Lust am Spiel Einzug halten.

Wir können diesen Auftrag des Lebens erfüllen, indem wir vom Vater dankbar die Sonne nehmen, achten, was er uns mitgegeben hat und das Eigene schöpferisch hinzufügen. Alles andere, die Sippen- und Schicksalsstränge, in denen der Vater vielleicht verstrickt war und ist, darf in seiner Verantwortung bleiben. Ich habe festgestellt, dass es in Aufstellungen immer sehr entlastend wirkt, wenn der Klient zum Vater (bzw. dessen Stellvertreter) sagt:

»Lieber Papa, ich wollte immer anders sein als du. Aber ich bin dir sehr ähnlich. Bitte segne mich, wenn ich ein Stück mehr daraus mache. Ich nehme jetzt deine Sonne dankbar an.«

Hat der Horoskopeigner Geschwister, so nehmen diese den Vater natürlich jeweils anders wahr. Das heißt, der Bruder oder die Schwester sehen den Vater immer durch die eigene »Brille« (ihrem Geburtsbild gemäß) – je nachdem, welchen Auftrag ihrerseits sie weitertragen sollen bzw. welchen Handlungsaspekt sie in diesem Leben ins Bewusstsein bringen oder heilen sollen und welche Hindernisse dem entgegenstehen.

Noch einmal: Das Sonnenzeichen spiegelt unseren väterlichen Handlungsauftrag, unsere konkrete Erfahrung des Vaters hingegen ist vor allem geprägt durch den »Lebensbereich«, in dem wir den Vater direkt erfahren. So verweist etwa eine Löwe-Sonne in Haus 12 darauf, dass der Vater für das Kind unerreichbar blieb, weil er z. B. physisch fehlte, während eine Löwe-Sonne in Haus 6 einen Vater spiegelt, der zwar physisch präsent gewesen sein mag, als Vorbild aber vielleicht doch nicht taugte, da er vor lauter Arbeit kaum zu Hause war. Der Auftrag, lebendig sein zu sollen, ist aber stets der gleiche.

Der gestürzte »Vatergott«

Immer wieder sagen mir Klienten: »Mein Vater war gar nicht so, wie er dem Sonnenzeichen nach eigentlich sein sollte.« Haben sie z.B. eine Krebs-Sonne, erzählen sie von einem Vater, »auf den wir Kinder uns nie verlassen konnten, wenn wir seine Nähe brauchten. Wir bekamen aber mit, wenn er ins Wirtshaus flüchtete ...«, d. h., wir haben, wie bereits angedeutet, nicht selten eher negative Erinnerungen an den Vater. Dabei vergessen wir, dass unser subjektiv später erinnertes Vaterbild sich oft deutlich von jener Wirklichkeit unterscheidet, wie wir sie als kleines Kind in den Jahren *nach* unserer symbiotischen Beziehung zur Mutter (normalerweise bis ins 2. Lebensjahr, siehe S. 47) tatsächlich körperlich erfahren haben. Vielleicht spiegelte der Vater in dieser frühen Kindheitsphase, in der wir erstmals ein getrenntes »Ich« empfinden, durchaus und real unsere wahre Natur wider. Wie er sich verhielt, empfanden wir identisch mit dem, was in uns angelegt ist. So erfährt etwa die Seele des kleinen Mädchens mit Sonne im Krebs in dieser Zeit den Papa als wunderbaren, beschützenden und fürsorglichen Menschen voller Wärme, der mit seiner Tochter hingebungsvoll kuschelt.

Doch unser Erleben verändert sich, und früher oder später wird der idealisierte Vater in unserer Seele von seinem Thron gestürzt – sei es, weil er beruflichen Stress in die Familie trägt, er krank wird, oder Verstrickungen mit der eigenen Sippe die

Oberhand gewinnen – oder auch, weil er von der Frau nicht mehr beachtet wird, sie ihn von der Seite des Kindes verdrängt und dabei abwertet (verbal oder durch Tun, ein Kind spürt das). Auch wächst die Distanz, je mehr sich unsere sozialen Kontakte ausweiten. Nicht zu vergessen: Die Jahre der Pubertät, die den jungen Menschen verunsichern und gegen die Erwachsenen rebellieren lassen, tun ein übriges, um den Vater subjektiv oft ganz anders zu erinnern, als er in der frühen Kindheit tatsächlich war[10]. Auf diese Weise verliert unser Vaterbild seine ursprünglichen Charakterzüge, und wir erleben diese Eigenheiten später nur noch verzerrt. Die Folge ist, dass auch wir selbst nicht »erlöst« annehmen können, was uns gemäß ist. Weil uns das Vor-Bild verloren ging und wir glauben, nur das müsse richtig sein, was wir erfahren haben.

Um es noch einmal zu verdeutlichen: Eine bestimmte Sonnenstellung spiegelt die dem Kind mitgegebene Lebendigkeit (Anlage). Sie impliziert ein spezifisches Interaktionsmuster zwischen Vater und Kind, das sich etwa im 2. Lebensjahr (nach der symbiotischen Beziehung zur Mutter) entwickelt. Dieses primäre Muster wird aber in der Regel, wenn wir größer werden, überlagert, und zwar dadurch, dass der Vater sich uns entfremdet (aus Gründen, die wir nicht wissen können), so dass die Interaktion im Nachhinein oft ganz anders erfahren wird.

Das heranwachsende Kind glaubt, dass dies so sein müsse.

10 Wobei die Pubertät Teil eines unerlässlichen Entwicklungsprozesses ist, der das Erwachsenwerden erst ermöglicht, unabhängig vom persönlichen Erfahrungsbild der Eltern; das heißt, der bis dahin noch »vergötterte« Vater und die bis dahin noch »vergötterte« Mutter müssen in dieser Phase des Lebens in jedem Fall in Frage gestellt und notwendigerweise vom Thron gestürzt werden, damit wir unsere Einzigartigkeit (damit auch Einsamkeit) erfahren können. Doch wir werden erkennen, dass wir als Erwachsene letztlich nur dann unseren eigenen Weg finden, wenn wir unsere Eltern würdigen als Teil unseres Selbst. Sonst bleiben wir unbewusst in nachahmender Loyalität mit ihnen verbunden, vor allem in der Ablehnung.

Seine Seele übernimmt das Verhaltensmuster des Vaters – aus Loyalität (auch wenn es nach außen dagegen opponiert). Was bedeutet, dass der Erwachsene das Leben, also seine eigene Sonne, erst wieder neu entdecken muss, unverfälscht und gemäß seiner entsprechenden Sonnenstellung. Wir können auch sagen: Die Sonnenposition reflektiert die früheste primäre Prägung durch den Vater, die mit den Erinnerungen aber nur dann übereinstimmt, wenn der Vater in seinem Verhalten dem Kind gegenüber gleich blieb. Das aber ist meist nicht der Fall. Das heißt nichts anderes, als dass die Erinnerung eines Erwachsenen an seine frühe Kindheit (hier an den Vater) oft verdrängt ist durch die Erfahrungen, die er während seines Erwachsenwerdens mit dem Vater machte. Es ist, als ob über das liebende schöne Bild ein weniger schönes mit dem gleichen Grundthema übergemalt wäre.

Dabei ist wichtig zu erkennen: Hinter dem »guten« wie dem verzerrten Vaterbild steckt das gleiche Handlungsprinzip, das wir selbst nun in dieses Leben zu bringen haben. Für unsere Entwicklung ist deshalb unabdingbar, dass wir unserem Vater für den Spiegel danken, den er uns zeigt. Nur so können wir den eigentlichen Kern unseres Auftrags (wieder-)entdecken.

In besonderer Situation stecken Menschen, die ihren Vater nie kennengelernt haben. Sie haben nur das Bild zur Verfügung, das die Mutter ihnen vermittelt, und das besteht im besten Fall aus Gleichgültigkeit, häufiger aber aus Abwertung oder gar Hass. Das heißt, diese Menschen haben keine eigene Vatererfahrung, weder positive noch negative, die sie in ihr eigenes Leben transformieren können. Sie müssen den Weg ganz alleine gehen. Oft ist es so, dass es sie erst im reiferen Alter treibt, auf Vatersuche zu gehen – im Gefühl, dass ihnen immer noch etwas Wesentliches fehlt.

Beispiele für den »Vatersturz«

1. Anne hat die Sonne im Skorpion. Als kleines Mädchen hatte sie eine sehr innige Beziehung zu ihrem Vater. Dann zog sich der Vater zurück, vermutlich aus Gründen des Selbstschutzes, weil die große Nähe zur Tochter sexuelle Gefühle auslöste (oder aus anderen persönlichen Erfahrungen). Das Kind kann den schroffen, emotionalen Rückzug nicht nachvollziehen, sagt dann später, die Beziehung zum Vater sei schlecht gewesen, der Vater habe sich herrisch und abweisend gezeigt. Die Folge ist: Das Kind entwickelt seinerseits Misstrauen anderen gegenüber, will die Kontrolle behalten und kann sich nicht öffnen. Als Erwachsener erinnert man sich meist kaum an die ersten oder frühen Eindrücke, dafür an die »verzerrten« Erfahrungen. Das heißt, es findet auch hier eine »Verstellung« des frühen (guten) Vaterbildes durch »Zeit« und »Erinnerung« statt.
2. Gerhard hat eine Jungfrau-Sonne. Als er klein war, las sein Vater ihm jeden Wunsch von den Augen ab, auch hatte er rund um die Uhr für jede Unpässlichkeit eine Lösung parat. Dies, obwohl er täglich hart für den Unterhalt der Familie arbeiten musste. Gerhard selbst aber hat kaum Erinnerungen an seine ersten Lebensjahre, doch sein Onkel bestätigte ihm das ungewöhnlich achtsame Verhalten des Vaters. Dafür ist ihm das spätere, weniger positive Bild des Vaters sehr wohl noch gegenwärtig. Der Vater wurde »entthront«, als die Mutter die Sozialisation des Kindes in die Hand nahm (Kindergarten usw.), d. h., der Vater wurde zunehmend weniger gebraucht und fühlte sich dadurch entbehrlich. Im Übrigen sind derartige soziale (manchmal von der Mutter geförderte) Distanzierungen zwischen Vater und Kind häufig maßgebender Grund für die »Entweihung« des Vaters.

Konkret hatte Gerhard also einen Vater in Erinnerung, der stets unzufrieden war, ein unangenehmer Nörgler, zugleich pedantisch, angepasst, unleidig und im Grunde nur noch für seine Arbeit lebend. Offenbar zeigte der Vater Verhaltensweisen, die sein einstiges, Gerhard zugewandtes Naturell immer mehr überdeckten. Gerhards früher, positiver Spiegel seiner mitgebrachten Anlagen im Außen, also im Vater (im besten Sinne: das Vor-Bild), kippte ab in ein negatives Zerrbild dieser Veranlagung. Die Folge war: Aus Liebe und Loyalität und weil er glaubte, nur so die frühere jungfräuliche Fürsorge wiederzubekommen, übernahm Gerhard das Verhalten seines Vaters und machte es zu seinem eigenen: Er ordnete sich unter, steckte alle Energie in die Arbeit, wurde überkritisch zu sich und anderen, kurz, er verzichtete auf die gute Umsetzung des eigenen Lebens bei gleichzeitig angemessenem Dienst am anderen (Jungfrau-Qualität). Es ist wichtig, derartige Verdrehungen zu verstehen, auch wenn sie nicht notwendigerweise erfolgen. Falls dem aber so ist, hat der erwachsene Mensch die Aufgabe, die ursprüngliche, »reine« Erfahrung in der frühen Kindheit, die verlorenging (den positiven Spiegel), wieder zu sich zurückzuholen. Wie? Indem er den Vater dafür würdigt, was er für einen getan hat, ihm aber seine Geschichte lässt, sich also nicht einmischt und ihm nicht helfen will (weil er es ja auch nicht kann). Er bittet den Vater um den Segen für sein eigenes Leben, das heißt, symbolisch um die Sonne – und nimmt sie dankbar an.

Im Folgenden werden mögliche Verdrehungen des Vaterbildes hin und wieder lediglich ergänzend skizziert. Dennoch bleibt wichtig, sich vor Augen zu halten, dass das Vaterbild der Erinnerung keinesfalls mit der ursprünglichen Interaktion zwischen Vater und Kind übereinstimmen muss. So kann aus einem zunächst positiven (oder auch kompensatorischen) Vaterbild ein negatives entstehen.

Zu beachten ist ferner: Wenn das Kind den eigenen Vater niemals kennengelernt hat, so trägt es doch ein Wunschbild in sich, weil die Seele weiß, dass es die väterlich-männliche Energie in genau dieser Ausprägung notwendigerweise braucht, um die eigene Lebendigkeit zu spüren und auszuagieren – und damit vollständig zu werden.

Es sei hier erneut darauf hingewiesen: Wie sich unsere Beziehungswahrnehmung zum Vater tatsächlich und in allen Facetten gestaltet, lässt sich nur aus dem gesamten Bezugsrahmen der Sonnenposition erkennen. Dazu gehört nicht nur die Zeichen-/Häuserstellung der Sonne, sondern auch deren Aspekte (Beziehungen) zu anderen Planeten (= Personen). Beispiel: Peter hat die Sonne im Schützen in Haus 1, im Quadrat zu Saturn in 9. Er erfährt seinen Vater (im systemischen Kontext seines Horoskops) als Menschen, der keine Chance hatte, sein Bedürfnis nach Bildung zu stillen, weil seine Mutter ihn im Geschäft brauchte (Saturn/Sonne-Quadrat) und das Geld für eine höhere Schulbildung ohnehin fehlte. Ersatzweise verschlang er Abenteuer- und Reiseromane, die in fernen Ländern spielten. Die Folge war: Auch Peter zweifelte an seinen Begabungen, versagte sich schließlich Erfolg und Glück – aus Liebe zum Vater. Derartige Verquickungen gilt es bewusst zu machen und aufzulösen.

Die Sonne in den Zeichen als Handlungsauftrag der väterlichen Linie

Sonne im Widder

Dem Leben neue Impulse geben. Ein »Krieger« (eine »Kriegerin«) ist in die Welt gesetzt. »Er/sie soll die Welt erobern, ihr den eigenen Namen aufprägen, eine Spur hinterlassen«[11] – auch gegen Widerstände. Das heißt, eine Widder-Sonne soll mutig sein, Entscheidungen treffen und sie umsetzen, ohne Wenn und Aber. Ebenso gilt es, immer wieder neue Projekte anzustoßen; für die Durchführung sind andere zuständig.

Nicht selten verweist eine Widder-Sonne (wie jede starke Widderbetonung) darauf, dass in der Familie des Horoskopeigners Ereignisse verschwiegen wurden oder etwas geschah, das in eine Sackgasse führte und nun nach einem Neuanfang verlangt. Häufig liegt die Ursache auf der Ebene des Großvaters väterlicherseits. Dann haben der Enkel oder die Enkelin zum einen die Vergangenheit aufzuarbeiten, gleichzeitig müssen sie Initialzünder sein für Neues.

Manchmal gab's auch viel Streit und Ungerechtigkeiten in der Sippe. Dann lautet der Auftrag an die Widder-Sonne, eine Auseinandersetzung, die früher nicht geführt wurde oder nicht zugelassen werden konnte, nun zu Ende zu führen. Oft tritt die Widder-Sonne auch für Gerechtigkeit und für die Schwächeren ein. In Wahrheit tut sie dies für die, die in der Vergangenheit unterdrückt wurden oder zu kurz kamen. Überdies bekommen

11 Erich Bauer: *Die Kraft der Ahnen*, München 2000, S. 90.

Widdergeborene in der Regel männlichen Nachwuchs, vor allem, wenn zuletzt fast nur weibliche Nachkommen geboren wurden. Ein Widdergeborener ist immer ein Garant für die männliche Seite[12].

Vaterbild. Sonne im Widder verweist auf einen Vatertypus, der spontan agiert, voller Tatkraft, sportlich und mutig ist. Mag sein, dass uns der Vater diese Qualitäten in der frühen Kindheit auch spiegeln konnte. Leider bleibt oft ein ganz anderer Vater im Gedächtnis, nämlich einer, der sich nicht durchsetzen kann und seine Wut nur »in sich hineinfrisst«, deshalb immer wieder z. B. unter Entzündungen, Verletzungen oder Kopfschmerzen leidet. Oder aber der Vater vermittelt den Gegenpol, nämlich das Bild eines Mannes, der ohne nachzudenken Entscheidungen fällt, mit einem »Machtwort« jeglichen Disput in der Familie beendet, sich rücksichtslos durchsetzt gegen alle Widerstände. Hat der Vater kein Ventil für seine Energie, wird er meist als unberechenbar und aggressiv erlebt, Wutausbrüche inklusive.

Manchmal sehen wir im Vater auch den Abenteurer, den Helden[13], den Sportler, mit dem wir uns messen wollen. Vor allem, wenn wir Vaters Sohn sind, wollen wir uns mit ihm im Wettkampf – bewusst oder unbewusst – auseinandersetzen.

Weil wir aber nur dieses im Grunde unstete Vaterbild kennen, glauben wir: so muss man sein! Z.B. stoßen auch wir, wie er, mit unseren Initiativen immer wieder an Grenzen, mit der Folge, dass wir schließlich unsere Durchsetzungsfähigkeit und Aggression leugnen, wenn es darauf ankommt (beides führt ja nur

12 Erich Bauer, a.a.o. S. 93.

13 Gehören wir zur Generation mit Pluto im Löwen (ca. zwischen 1939 und 1957) hatten wir mit unserer Widder-Sonne vermutlich in den meisten Fällen einen Vater, der sich im Krieg als Soldat beweisen musste und dies nicht selten auch freiwillig wollte. Ob die Geschichte gut ausging oder tragisch, wissen wir nicht. Wir können nur andere Horoskopfaktoren (z.B. eine Verbindung unserer Sonne zu Pluto) zu Rate ziehen und nachfragen.

ins Scheitern!). Oft suchen wir auch den Konkurrenzkampf mit den Eltern oder den Geschwistern, wollen dabei mit dem Kopf durch die Wand und »der Erste« sein. Falls wir aber den Kürzeren ziehen, werden wir wütend, auch wenn wir unsere Wut vor den anderen gerne verbergen. Uns ist dabei nicht klar, dass wir durch unser Nachahmen letztlich die (verlorene) Anerkennung des Vaters wiedergewinnen möchten.

Auf diese Weise ist jede Handlung eines Widdergeborenen (Sonne im Widder) mit dem Thema Durchsetzung verknüpft (kann ich mich durchsetzen, und wie?) und demzufolge, bei Widerstand, oft auch mit körperlichen Verletzungen und Schmerzen verbunden.

Sonne im Stier

Finde den Platz, der dein Leben und Tun wertvoll macht. Meist gab es hier Vorfahren, die z.B. einen Bauernhof oder Land besaßen und diesen Besitz – aus welchen Gründen auch immer (Konkurse, Vertreibungen, Verluste durch andere Ereignisse usw.) – aufgeben mussten. Deshalb pflanzen die Ahnen in uns den Wunsch nach einem Platz ein, zu dem wir gehören und an dem wir Wurzeln schlagen können. Das ist der Grund, warum Stiergeborene lange an einem Ort verweilen und dort sesshaft werden. Auf diese Weise sollen sie an die frühere Tradition der Sesshaftigkeit erinnern und diese gewissermaßen fortsetzen, und dies umso mehr, wenn die Familie zuletzt entwurzelt war und keine Sicherheiten mehr hatte.

Oft ist das Thema Besitz auch mit Macht/Ohmacht, Gewalt und Tod der Großeltern oder anderer Ahnen verbunden (Skorpion). Das heißt, Tod und Gewalt waren der Sippe wohl vertraut.

Nun hat der Stier aber den Auftrag, das Leben an sich zu achten und sich selbst, seine Existenz wertzuschätzen – unabhängig von den Manipulationsversuchen anderer und unabhängig von alten Sippenmustern. Also lautet seine Frage: Wo und wie kann ich sicher sein, Abgrenzung und Eigenwert bilden, damit keine Übergriffe (Skorpion) mehr stattfinden? Manche tun das, indem sie übermäßig Besitz anhäufen. Damit übernehmen sie aber auch die Angst, diesen Besitz wieder zu verlieren – und bleiben so weiter an die Vergangenheit gebunden.

In Wahrheit müssen Stiergeborene lernen, sich selbst, ihr Handeln und ihr Verhalten per se wertzuschätzen und diese Wertschätzung nicht von Besitz abhängig zu machen. Natürlich brauchen sie die materielle Absicherung ihrer Existenz (früher ging diese ja verloren). Aber letztlich müssen sie wissen, dass eine solide, gleichmäßige finanzielle Absicherung, die ihnen gelegentlichen Genuss erlaubt, ihnen eigentlich reicht und dass sie darüber hinaus nicht mehr brauchen. Denn alles »mehr« führt in Abhängigkeiten.

Interessanterweise bleiben viele Stiergeborene kinderlos. Weil: Kinder kosten Geld, sie sind unzuverlässig und könnten deshalb das Geschaffene und die Sicherung der Existenz gefährden. Auch stehen Kinder für Veränderung, Entwicklung und Wandel und erinnern an das Gesetz von Leben und Sterben. Das ist Stieren unangenehm, denn alles soll bleiben, wie es ist (ob Menschen mit der Sonne im Stier Kinder haben oder nicht, hängt natürlich auch von vielen anderen Horoskopfaktoren ab, z.B. vom Aszendenten, der dem Sonnenzeichen zuweilen einen vermeintlich dazu widersprüchlichen Auftrag signalisiert).

Vaterbild. Das archetypische Vaterbild vermittelt uns einen Vater, der in sich ruht, zuverlässig ist, den notwendigen Freiraum gewährt, das Körperliche und auch das Materielle für wertvoll und wichtig erachtet und zugleich Schutz bietet. In unserer ersten Lebensphase mag unsere Seele diesen Vater vielleicht auch genau so erlebt haben. Meist aber erinnern wir uns nur daran, dass der Vater (die väterliche Seite) wenig Besitz in die Familie einbrachte oder vorhandene Werte nicht sichern konnte. Vielleicht erfuhren wir ihn sogar als bedürftig und arm. Auch waren ihm Körper, Sinnlichkeit und Genuss nicht wichtig. Die Folge ist, dass wir uns selbst und unseren Körper als minderwertig erleben und später auch immer wieder Situationen aufsuchen, die uns darin bestätigen (die Seele übt Solidarität). Das heißt, wir bekommen offenbar nie, was wir brauchen und blicken dann neidvoll auf andere: Wie machen die das nur? Bei Frauen rührt das Gefühl des »weniger wert seins« oft auch daher, dass sie eigentlich ein Bub hätten werden sollen. Sie spüren, dass sie hier »fehl am Platz« sind. Wenn der Vater seinen Wert, seine Sicherheit oder seine Zugehörigkeit nicht wirklich erreichen oder sichern konnte, macht es der Sohn oder die Tochter nach. (»Lieber Papa, ich kann es nicht ungeschehen machen, aber wenigstens kann auch ich Probleme haben, meinen Platz zu finden … oder meinen Wert …, oder meine Existenz langfristig zu sichern.«) Daher ist es wichtig, den Vater als Vater zu ehren – als derjenige, der dem Stiergeborenen das Wertvollste geschenkt hat, das es auf Erden gibt: Das Leben. Das genügt.

Manchmal werden wir als Stier auch in ein Umfeld hineingeboren, in dem der Wert eines Menschen nur an seinem Eigentum gemessen wird, im Sinne von: Hast du was, dann bist zu was. Auch diese Sichtweise ahmen wir nach. Meist für lange Zeit. Irgendwann allerdings wird uns das Schicksal lehren, dass nichts von Bestand ist: Skorpion bricht ins Leben ein. Erst dann erkennen wir, was wirklich wichtig ist.

Letztlich steht hinter all unserem Handeln die Frage: Hat das, was ich tue, Bedeutung? Ist es wertvoll genug? Und das hat, dazu dürfen wir stehen, doch immer irgendwie mit Geld zu tun.

Sonne in den Zwillingen

Bleibe beweglich und schlage Brücken! Zwillinge werden von der Sippe ins Leben gerufen, wenn einer Gemeinschaft die Gefahr droht zu erstarren, sich festzufahren in bestimmten Wertbegriffen oder an verbrauchtem Besitzdenken festzuhalten. Der

Zwillingsauftrag lautet nun, allzu feste Verwurzelungen und Verhaltensweisen zu entknoten, sich wieder neugierig dem Leben in seiner Vielseitigkeit zu öffnen. Das bedeutet auch, sich vom Umfeld der Familie zu distanzieren. Auch gilt es, sich in diesem Leben nicht allzu sehr von Gefühlen leiten zu lassen oder Verpflichtungen einzugehen. Kurzum: Ziel dieser Existenz ist nicht das Festhalten, vielmehr sollen wir flexibel, vielseitig, beweglich und nicht zuletzt neutral sein in unserem Tun und Verhalten. Dazu gehört, dass wir uns mit anderen austauschen, damit wir erkennen: So viel Menschen, so viele verschiedene Sichtweisen und Wahrheiten gibt es.

Darüber hinaus gilt es immer wieder Brücken zu schlagen zwischen den Welten: zwischen oben und unten, Leben und Tod, Himmel und Hölle, Mann und Frau, männlich und weiblich. Der Zwillingsgeborene kann das, weil er weiß, dass das eine nicht besser ist als das andere und beide Seiten letztlich zusammengehören.[14]

Die Erfahrung, nirgendwo ganz zu sein, kann für den Zwilling allerdings auch recht frustrierend ausfallen, weil er nichts festhalten und sich keiner Sache wirklich sicher sein kann. Entsprechend oft fühlt er sich innerlich merkwürdig zerrissen.

Das Gefühl, sich nicht festlegen zu können (oder zu dürfen) führt dazu, dass Zwillingsgeborene oft enorme Schwierigkeiten haben, wirklich tragfähige Bindungen einzugehen. Da freilich gibt es viele Vorbilder in der väterlichen Linie.

Vaterbild. Das Bild des archetypisch-idealen Vaters ist hier das Bild eines Vaters, der offen und neugierig ist, sich zeigt, so wie er ist, unverstellt, unvoreingenommen und jedwedem Verurteilen misstrauend. Er kann deshalb gut zwischen Gegensätzen vermitteln. Auch war, so wird uns erzählt, »zu Hause immer

14 Zur Lernaufgabe von Zwillingen gehört auch zu erkennen, dass sich durch das Atmen (Zwillings-Merkur) Körper und Geist verbinden und wir dadurch Bewusstheit (Steinbock-Saturn) erlangen.

etwas los«. Viele Gäste kamen und gingen, und es wurde lebhaft kommuniziert. Was wir als Kind ausgesprochen anregend empfanden.

Doch je älter wir wurden, desto mehr spürten wir die emotionale Lücke, die unser Vater offenbar nicht auszufüllen vermochte. Und so haben wir, wenn wir zurückblicken, ehrliche Zuwendung eigentlich immer vermisst. Stattdessen erinnern wir uns daran, wie unstet, im Grunde unzuverlässig und letztlich »ungreifbar« der Vater für uns war. Vielleicht erinnern wir uns auch an einen Vater, der genau das Gegenteil von offen und vielseitig interessiert war; stattdessen verhielt er sich, zumindest in unserer Wahrnehmung, eher überkorrekt, angepasst, verschlossen, nicht eben klug. Auch sprach er wenig. Vermutlich waren es ungute persönliche Erfahrungen, die ihn verstummen ließen. Auf diese Weise erinnern wir uns an ein Vaterbild, das zwischen oberflächlicher Flatterhaftigkeit und Bewegungslosigkeit hin und her oszilliert. Kein Wunder, dass uns, je älter wir wurden, die klare Orientierung fehlte. Trotzdem verinnerlichen wir das Verhalten des Vaters, weil wir glauben, dass ein solches Verhalten »richtig« ist. Wir kennen es nur so! Jedoch, und das ist unsere Aufgabe, müssen wir wieder lernen, unsere eigene Sprache zu sprechen, indem wir beweglich, offen, neugierig und bereit sind, uns mit der Welt auszutauschen. Das können wir aber nur, wenn wir dem Vater für seinen »Spiegel« danken und ihn bitten, uns seinen Segen zu geben. Wir übernehmen die Sonne von unserem Vater und führen den Auftrag zu Ende, so wie er in uns angelegt ist.

Hinter allem Tun des Zwillings stehen die Fragen: Was muss ich noch lernen, damit ich in meiner persönlichen Entwicklung weiter vorankomme? Und: Wie kann ich mich ausdrücken, damit ich gehört werde (denn ich möchte gehört werden, damit sich »etwas bewegt«)?

Sonne im Krebs

Gründe eine Familie und baue dir ein »Nest«. Eine Krebs-Sonne wird gerufen, wenn zum Beispiel in der Vergangenheit die väterliche Sippe in alle Winde zerstreut war. Oder es wurden zu wenig Kinder geboren. Ein Thema, das bis in die Gegenwartsfamilie hineinreichen kann, indem beispielsweise unsere älteren Geschwister kinderlos bleiben oder deren Kinder schon früh starben. In all diesen Fällen wollen die Seelen der Ahnen ein krebsbetontes Kind »nachschicken«.

Manchmal wird das Krebs-Thema »Familie und Kinder« in unterschiedlicher Ausgestaltung über viele Generationen schicksalhaft weitergetragen, auch wenn zwischendurch andere, gegenteilige Energien wie etwa die des Wassermanns oder der Jungfrau, beide wenig familien- und kinderfreundlich, die Familie prägen. Nach diesen Zäsuren setzt sich dann aber wieder die Krebsenergie durch.

Beachte: Die Krebsenergie (analog Mond, Haus 4) steht an der »tiefsten« Stelle des Tierkreises, das heißt, wenn wir den Tageslauf der Sonne betrachten, ist es jetzt Nacht. Dort »unten« liegt archetypisch nicht nur die Wiege der Familie, sondern auch der Schoß, die Quelle dessen, der man ist und sein wird, des beseelten und bewussten Seins. Deshalb bedeutet der Verlust der Familie immer auch »Verlust der Identität«. Das ist der Grund, warum gerade Krebsgeborene der Familie besondere Würdigung entgegenbringen sollen.

Vaterbild. Der idealtypische Krebsvater ist »der fürsorgliche Vater«, der Familienmensch, dem die Familie und das eigene Zuhause über alles gehen. Nicht selten aber erinnern wir uns an unseren Vater als wenig fürsorgliche Person. Eher schon erlebten wir ihn vor allem mit sich selbst beschäftigt (oder in einem Beruf, in dem er andere »versorgte«) und daher kaum fähig, sich um unsere Bedürfnisse, konkret: unseren Erlebnishunger, zu kümmern. Die fatale Folge ist, dass wir uns nun selbst für die

Bedürfnislosigkeit entscheiden bzw. dafür, unseren Wunsch nach Lebendigkeit nicht wahrzunehmen. Das heißt, wir versagen uns das Erleben und verharren stattdessen in einer unerfüllten Sehnsucht nach Versorgung und Geborgenheit. Natürlich kann es auch sein, dass wir einen weichen, überaus sensiblen und verletzlichen Vater in Erinnerung haben, einen, der uns allzu sehr behütet hat, weil er uns vor dem »Leben draussen« schützen wollte. Auch dann wagen wir nicht, unserem Bedürfnis nach Lebendigkeit (die einen letztlich auch angreifbar macht) in diesem Augenblick Ausdruck zu verleihen. Wie auch immer, da wir das Väterlich-Männliche nur durch den Blick auf unseren Vater kennen, werden wir im Grunde wie er: Nur mit uns selbst beschäftigt, dabei übersensibel, sehr leicht verletzbar und im Nu beleidigt (auch wenn wir es nicht zugeben). Wir verharren so lange in diesem Verhalten, bis wir unserem Vater dankbar sein können für seinen Spiegel und für all das, was er für uns getan hat. Danach bitten wir ihn sinnbildlich (oder im Ritual) um die Sonne, damit wir fortan selbst für unser Erleben und unsere Bedürfnisse einstehen können. Dann erst sind wir bereit, angstfrei und gut für unsere Familie und für andere zu sorgen.

Jede Handlung eines Krebsgeborenen wie auch sein Verhalten kreisen immer wieder um die Themen Familie, Kinder, Fürsorge und schließlich um die Frage: Wo bleiben meine Bedürfnisse? Darf ich sie haben, ohne Schuldgefühle (weil ich mich ja eigentlich um das Thema Familie kümmern sollte, vor allem, wenn es mir nicht beschieden war, eine eigene Familie zu gründen)? Das gilt auch, wenn wir, aus welchen Gründen auch immer (etwa bei einem Wassermann-Aszendenten), Distanz zu unserer Herkunft aufgebaut und uns eine Ersatzfamilie gesucht haben: Die Fragen bleiben.

Sonne im Löwen

Werde lebendig! Wann immer ein Löwe (eine Löwin) geboren wird, besteht in der Sippe der Wunsch, verlorene Lebendigkeit wieder ins System zu bringen, das heißt, der männlichen Grundenergie wieder Ehre und frischen Glanz zu verleihen. Nicht selten gab es ruhmreiche Ahnen (manchmal noch vor der Generation der Großeltern), deren besondere Energie und Schaffenskraft nun wieder aufleben soll. Damit ist zugleich die Aufforderung verbunden, Führungsaufgaben zu übernehmen, jemand zu sein, um den »andere kreisen«. So sagt sich der Löwe: Mein Name soll unvergessen bleiben!

Nicht zuletzt deshalb will der Löwe Nachwuchs. Vor allem begehrt er Söhne, die den eigenen »Glanz« oder den eigenen »Lebensstolz« weitertragen. So zeugt der Löwemann mindestens einen Sohn, und die Löwefrau schenkt wenigstens einem Sohn das Leben. Sie holen damit nach, was in der Familienvergangenheit vielleicht zu kurz gekommen war.

Grundsätzlich ist die männliche Urkraft, also die Fähigkeit Leben zu bewirken, das Größte, was ein Mensch erreichen kann und zugleich das Selbstverständlichste. Wird diese männliche Kraft abgewertet oder verleugnet (z.B. wenn in der Vergangenheit Zeugung und Vaterschaft unterschlagen wurden), leidet das Sippengewissen und versucht den »Verrat an der heiligen Sache« aufzudecken. Das heißt: Wurde in der Vergangenheit ein Vater (das Männlich-schöpferische) nicht anerkannt, hat der Löwe nun den Auftrag, diese Anerkennung zu vollziehen, um so dem Vater, dem Männlichen, dem Schöpferisch-Lebendigen wieder die Ehre zu geben.

Wird dem Löwegeborenen indes das Glück eigener Kinder verwehrt (vermutlich weil andere Familienthemen stärker wirken), steckt er all seine Energie stellvertretend zum Beispiel in ein eigenes Unternehmen, das er liebt wie sein eigenes Kind. Zumindest zielt sein Handeln darauf ab, irgendwann und irgendwie eine Führungsposition zu übernehmen, die ihm erlaubt, in eine Quasi-Vaterrolle hineinzuwachsen. Manche verfallen freilich auch der Spielleidenschaft (sorglos spielen wie die Kinder, sich zugleich sonnen im Glanz der Casinos!). Und selbst wenn sie verlieren: Am Spieltisch fühlen sie sich gesehen und großartig!

Vaterbild. Archetypisch spiegelt die Sonne im Löwen den lebensfrohen, herzlichen Vater, der es liebt, mit seinen Kindern zu spielen. Er reflektiert das Urbild männlichen Schaffensdrangs wie auch das Bild des Oberhauptes der Familie, um den sich alles andere dreht.

Leider haben wir einen solchen Vater meist nicht in Erinnerung. Entweder weil wir den Vater niemals wirklich kennen gelernt haben, oder aber, weil seine Karriere ihm über alles ging und er deshalb häufig abwesend war. Vielleicht war er auch krank, oder er konnte seine Lebendigkeit, Kreativität und Schaffenskraft aus anderweitigen Gründen nicht verwirklichen. Jedenfalls hatten wir als Kind kaum Gelegenheit, mit dem Vater zu spielen und so diese freudvolle, kreative Lebensenergie kennenzulernen. Also versagen wir uns selbst diese Lebendigkeit bzw. bremsen unsere Schaffenskraft – gewissermaßen aus Solidarität zum Vater.

Oft empfinden wir aufgrund unserer Erfahrungen auch Verachtung für den eigenen Vater. Deshalb ist der Zugang zur männlichen Energie und Kreativität auch nur möglich, wenn wir uns auf den Platz des Kindes zurückbegeben, den Vater als Erzeuger unseres Lebens ehren und ihn um den Segen (die Sonne) für unser eigenes Lebensfeuer und den eigenen lebendigen Ausdruck bitten.

Vielleicht haben wir den Vater auch als »Übervater« erlebt, der mit seiner Präsenz die übrigen klein hielt, der uns immer wieder vorlebte, wie man seinen Willen durchsetzt, oft ohne Rücksicht auf andere. Auch zeigte er uns durch sein Verhalten und Tun, wie man in dieser Gesellschaft etwas erreichen kann. Also strengen wir uns an, aufzutreten wie der Vater, ihm ebenbürtig zu werden oder ihn gar zu übertreffen – damit wir seine Anerkennung bekommen und wir mit ihm »spielen« dürfen! Wir machen uns selbständig, gründen ein Unternehmen und setzen alles daran, die Rolle des Machers oder Rudelführers einzunehmen. Doch der permanente Drang, uns beweisen zu müssen, lässt unser Herz und die innere Wärme erkalten. Manchmal gelingt es uns auch einfach nicht, trotz all unseres Einsatzes, in eine bewunderte Führungsposition zu kommen. Dann leben wir in dem innerlich unbefriedigenden Zwiespalt zwischen dem, was wir wollen, und dem was wir bekommen.

In jedem Fall führt der Weg zu unserer eigenen Schaffenskraft und Energie nur über die Ehrung des Vaters, der uns zeugte. Nicht mehr und nicht weniger. Denn solange wir nur seinem Vorbild nacheifern, um letztlich seine Anerkennung zu bekommen – solange können wir das eigene Leben nicht voll und ganz annehmen (letztlich entwürdigen wir damit zugleich den Vater). Das heißt, erst wenn wir uns von dieser seelischen Solidarität und Bindung lösen, sind wir frei für unser »eigenes Ding«. Dafür genügt, dass wir dem Vater für das Leben danken, das er uns weitergab. Dann bitten wir um seinen Segen und empfangen die Sonne aus seinen Händen. Es ist immer wieder berührend, dieses im Ritual nachzuvollziehen.

Jedes Verhalten und Tun eines Löwen kreist um die Themen: Wie kann ich lebendig werden und bleiben? Wie kann ich schöpferisch sein? Werde ich gesehen? Habe ich wirklich Lust und Freude an dem, was ich tue?

Sonne in der Jungfrau

Das Leben zur Reife bringen! Menschen mit Sonne in der Jungfrau (und mit anderer, starker Jungfrau-Prägung) werden in die Welt gesetzt, weil ein »pflegeleichtes« Kind gebraucht wird, das zugleich die Botschaft eingeimpft bekommt: Werde früh selbständig bzw. übe dich früh in Selbstorganisation! Schon im Kindesalter sind also Reife und Entwicklung gefragt. Anders gesagt: Eine starke Jungfrau-Energie wird dann in ein Horoskop »gelegt«, wenn bei den Ahnen der Wunsch nach einem Nachkommen vorherrscht, der das Leben möglichst bald und von sich aus »auf die Reihe bringt«.

Häufigster Grund dafür ist, dass unter unseren Vorfahren vielfach chaotische Verhältnisse herrschten oder die Geschehnisse aus dem Ruder zu laufen drohten. So wissen wir in der Rückbetrachtung oft nicht, wer zu wem gehört. Dieses Chaos soll nun geordnet werden. Und sei es zum Preis, dass wir dem Automatismus einer Familiengründung ausweichen und auf Kinder verzichten. Manchmal auch deshalb, weil es in der Vergangenheit schicksalhafte Ereignisse im Zusammenhang mit Zeugung, Schwangerschaft und Geburt gab. Starb zum Beispiel ein Kind kurz nach der Geburt, so ist das im Sippengewissen ein Zeichen für eine eingeschränkte Lebensfähigkeit. Der Auftrag an uns Jungfraugeborene besteht nun darin, vorübergehend (in dieser Existenz) auf Fortpflanzung zu verzichten, bis diese Fähigkeit zur Lebensbewältigung jungfräulich gestärkt ist. Die Botschaft heißt: Bitte einmal aussetzen!

Wenn wir als Jungfraumenschen dennoch Kinder haben, dann oft nur deshalb, weil wir auf diese Weise dem Wunsch des Partners und *seiner* Linie dienen. Allerdings können wir mit dem Kind auch dem Wunsch der *eigenen* Sippe nachkommen, die Dinge wieder zu ordnen (was nur scheinbar dem oben Gesagten widerspricht) – etwa wenn in der Vergangenheit die Frauen allzu sehr dominierten. Dann sollen jetzt die Männer gewissermaßen wieder aufholen, damit ein neues Gleichgewicht entstehen kann (in der Waage). Was bedeutet, dass zum Beispiel Jungfrau-Männer wie Franz Beckenbauer nur Söhne zeugen.

Generell ist für uns Jungfrauen sehr wichtig, wenn wir »einer Sache dienen« bzw. einem inneren Handlungsauftrag im weitesten Sinne folgen dürfen. Oft, aber nicht zwangsläufig, sind wir deshalb auch in helfenden oder sozialen Berufen tätig. Unsere Aufgabe lautet dann, den Weg des Dienens letztlich zu vervollkommnen – für uns und für andere. Um irgendwann selbst erlöst zu werden (gegenüber der Jungfrau liegen die Fische!).

Die Jungfrau-Qualität kennzeichnet die Brücke von der unteren (Nacht)Hälfte des Horoskops (sie steht für Aufbau und Erhalt der Familie und die persönliche Sphäre) in die Taghälfte hinein. Somit steht sie für einen Moment des Anhaltens und des Darüber-hinaus-Schauens, zur Vorbereitung auf das Andere, Größere. Unser Auftrag lautet also: Bereite den Weg vor für Erfahrungen, die über den persönlichen Bereich und die Familie weit hinausreichen.

Vaterbild. Das primäre, jungfraugefärbte Vaterbild symbolisiert einen praktischen Vater, der die Familie im Alltag durch alle Höhen und Tiefen steuert und uns Kinder auf das Leben »draußen« so gut wie möglich vorbereitet. Leider haben wir mit der Sonne in der Jungfrau allzu oft einen Vater in Erinnerung, der nur für seine Arbeit lebte und deshalb kaum Zeit für uns hatte. Auch erinnern wir uns daran, dass nur als gut empfunden wurde, was auch nützlich war. Machten wir als Kind etwas nicht »richtig«, wurden wir kritisiert oder gar bestraft (etwa mit Spielverbot), vor allem, wenn wir uns selbst oder Gegenstände im Haus schmutzig machten. Alles musste ordentlich und sauber sein. Die Grenze zur Neurose war da oft hauchdünn.

Vielleicht haben wir auch einen Vater vor Augen, der im Grunde lebensuntüchtig war, sich also immer nur den Wünschen anderer unterordnete, zu Hause wie in der Arbeit, der darüber möglicherweise sogar krank wurde (insbesondere am Darm).

Da wir keine anderen männlichen Handlungsvorbilder haben und als Kind zugleich loyal sein wollen, um geliebt zu werden, machen wir es später unbewusst mehr oder weniger »so, wie der Vater«. Wir engagieren uns in Dienstleistungsberufen bzw. in sozialen Berufen, passen uns in der Arbeit an, obwohl wir wissen, dass sie unsere Lebendigkeit untergräbt. Auch kritisieren wir gerne andere – und vor allem uns selbst, und vergessen darüber das Spiel.

Die Lösung lautet: »Lieber Vater, du hast es so gemacht, du konntest nicht anders. Ich habe jetzt die Wahl und sorge von heute an zuerst für mich, dann habe ich auch die Kraft, für andere da zu sein. Bitte gib mir deine Sonne, ich mache sie nun zu meiner eigenen …«

Letztlich steht hinter all unserem Handeln die Frage: Ist das, was ich tue, nützlich? Und vor allem, wem dient es?

Sonne in der Waage

Frieden schaffen und ausgleichen! Eine Waage wird geboren, um auszugleichen. Sie wird ins Leben gerufen, wenn in der Sippe schon lange Unfrieden und Streit herrschen oder wieder aufs Neue auszubrechen drohen. Friede soll sein, um den Preis, dass »das Eigene« zurückstehen muss. Als Waage-Geborene tun wir zum Beispiel alles, damit Vater und Mutter sich wieder vertragen. Wir fühlen uns aufgerufen, der Liebe zu helfen, damit sie nicht »zerbricht«. Meist aber scheitern wir an diesem Anspruch, und die Eltern trennen sich trotzdem. Doch unser Dilemma ist damit nicht verschwunden, denn wir tragen die Spannung des Ungleichgewichtes weiter in uns. Der Grund ist: Wie alle Kinder *sind* wir unsere Eltern – und haben damit auch deren Sippenvergangenheit in uns. Wenn nun die beiden Verwandtschaftslinien im Außen zerstritten sind, leidet unsere innere Waage-Seele manchmal so, dass sogar psychische Störungen entstehen. Insofern ist für uns nichts dringlicher als der Wunsch, beide »Systeme« – das System des Vaters und das der Mutter – wieder friedlich zu stimmen. Dies objektiv, ohne eine Seite zu bevorzugen (die Waage ist ein Luftzeichen!). Das macht im tieferen Sinne verständlich, warum Waage-Geborene oft Schwierigkeiten haben, sich festzulegen – weil sie glauben, sich dadurch schuldig zu machen.

Eins ist für uns Waage-Menschen außerordentlich wichtig: Wir wollen Gerechtigkeit schaffen! Dies vor allem dann, wenn früher im Umfeld der Familie insbesondere im Zusammenhang mit Liebesbeziehungen großes Unrecht geschah. Dann entsteht in uns eine Idee, wie wir das Defizit oder Unrecht im persönlichen und familiären Bereich (unterhalb der Horizontlinie) ausgleichen könnten. Und dies mit großer Vehemenz, die manchmal auch über das Ziel hinausschießt. Deshalb bemühen sich viele von uns mit aller Kraft, unerfüllte Wünsche zu befriedigen. Das kann sogar dazu führen, dass wir uns unbewusst zum Inzest oder zum Missbrauch zur Verfügung stellen. Meist tun wir das für Mama. Grundsätzlich gilt: Weil wir mit unserer Waage-Sonne bereit sind, in der Liebe etwas auszugleichen, sind wir in der Regel liebreizend und verführerisch. Gerade Waagen tun alles »aus Liebe«.

Vaterbild. Die Sonne in der Waage beschreibt idealtypisch den attraktiven Vater, der die Künste liebt, für ein ästhetisches Ambiente sorgt, den wir als Kind vor allem für seine ausgleichende, gerechte und feine Art schätzen und lieben.

Das Schicksal führt uns jedoch oft in Situationen, in der die Liebe, die wir dem Vater entgegenbringen, vermeintlich nicht gesehen wird. Und so sind wir vom Vater enttäuscht. Dahintersteckt, dass der Vater selbst, aufgrund eigener Enttäuschungen, unfähig zur Liebe ist.

Leider erfahren wir gerade dann Liebesentzug, wenn wir Liebe dringend bräuchten. Die Folge ist, dass wir später bei jeder Begegnung Angst haben. Die Frage, die wir uns immer wieder stellen, lautet: Warum liebt uns niemand? Sind wir zu böse? Sind wir nicht schön genug? Das Ungleichgewicht zu anderen ist in unseren Augen einfach zu groß. So kann es sein, dass die fehlende Liebe (obwohl wir alles versucht haben) uns aggressiv werden ließ. Auf diese Weise zahlen wir es der Welt zurück, dass sie für uns keine Liebe übrig hatte.[15]

Vielleicht erlebten wir aber auch einen Vater, der uns Ästhetik und Luxus als *alleiniges* Lebensprinzip vermittelte. Wir wuchsen auf in einer behüteten Umgebung, wurden verwöhnt mit allem, was man sich nur denken kann. Wir mussten uns daher nie wirklich zwischen zwei Dingen entscheiden, weil wir alles haben konnten. Das führte in uns selbst zu einem großen Anspruch an die Welt. Wir meinen, wenn wir selbst alle Künste der Verschönerung einsetzen, dann werden alle unsere Bedürfnisse stets befriedigt. Wir verwechseln das mit Liebe. Das Dumme ist nur, dass andere niemals unsere Bedürfnisse wirklich befriedigen können. Weil wir nur uns selbst trauen, und uns deshalb niemals auf »das andere« wirklich einlassen. Die wirkliche Begegnung, die Chance, den anderen wahrhaft kennenzulernen, bleibt uns verwehrt – und damit die Liebe an sich.

Die Lösung lautet: »Lieber Vater, ich bitte dich um deinen Segen, dass ich in meinem Leben Liebe haben darf und dafür, dass ich meine Partner genauso schätzen kann, wie ich mich selbst schätze.«

Sonne im Skorpion

Tue alles für das Fortbestehen deiner Familie – ohne dich aufzugeben! Kommt ein Skorpion auf die Welt, so hat er den Auftrag, den »Geist« der (väterlichen) Sippe zu hüten und weiterzutragen. Er ist quasi Träger dieser Ahnenkraft. Oft geht die Geburt eines Skorpion-Kindes mit dem Tod eines nahen Verwandten einher, beispielsweise stirbt der Großvater, und ein halbes Jahr später wird ein Kind geboren. Auch findet sich erfahrungsgemäß in der väterlichen Linie des Skorpiongeborenen

15 siehe auch WILFRIED SCHÜTZ: *Das Menschenspiel. Ein Lehrbuch der spirituellen Astrologie*, S. 140.

fast immer ein tragisches Schicksal bzw. ein Drama mit tödlichem Ausgang. In jedem Fall ist für eine Sonne im Skorpion das plutonische Gesetz des »Stirb und Werde« unabdingbare Verpflichtung: Ich mag sterben, doch mein Blut, meine Gene gebe ich an die Nachfahren weiter. Das Individuum vergeht, die Sippe bleibt, und koste es das Leben des Einzelnen. Anders gesagt: Das Überleben der Sippe hat zu jedem Preis Vorrang vor dem Leben des Einzelnen, gleich dem unabänderlichen Gesetz der Natur.

Dies bedingt, dass Skorpione alles daransetzen, Nachwuchs zu bekommen, koste es, was es wolle; das heißt, sie sind bereit, dafür einen hohen Preis zu bezahlen. Oft ist es so, dass sich ihr Wesen merklich verändert, wenn das Kind dann da ist – weil sie den Auftrag erfüllt haben. Auch der Partner ist nun nicht mehr wichtig, das Kind ist die Hauptsache. Nicht selten mit der Folge, dass sich Skorpione von einem Tag auf den anderen vom Partner trennen.

Wir können auch sagen: Skorpionkinder werden in die Welt gerufen, wenn das Ahnenselbst der Sippe um das Überleben ihrer Gene bangt, etwa weil es in der Vergangenheit eine hohe Sterblichkeitsrate gab. Der Auftrag lautet dann: dem Tod (mit dem Skorpione ohnehin sehr vertraut sind) etwas entgegensetzen![16]

Das hat Konsequenzen: So sind Skorpione (das gilt auch für Menschen mit einem Skorpion-Aszendenten) extrem wählerisch, was ihre Partner betrifft. Träger ihrer Gene soll nur der werden, den sie für würdig befinden! Das heißt, für sie ist entscheidend, dass nur bestes Blut in ihren Kindern fließt. Dahinter steckt der Wunsch, in erster Linie »wertvolle« Nachfolger zu sichern. Wo aber ist die Weitertragung der eigenen Gene am sichersten? In der eigenen Familie. Das ist der Grund, warum bei Skorpionen, gedrängt durch ihre Sippenseele, im Hintergrund immer wieder die Gefahr eines Inzests schlummert. Tat-

16 vgl. Erich Bauer, *Die Kraft der Ahnen*, München 2000, S. 177.

sächlich spüren Skorpiongeborene, wenn sie ehrlich in sich hineinhören, sehr wohl diese Angst vor inzestuöser Nähe, und sie ahnen vielleicht, es könnte »etwas gewesen sein« in der Kindheit oder während sie aufwuchsen (was aber am besten unter der Tarnkappe verborgen bleibt). Sich diesem äußerst heiklen Thema zu stellen, ist nicht einfach.

Gerade für Skorpione ist außerordentlich wichtig, dass sie sich mit dem verpflichtenden Sippenauftrag ihrer Ahnen auseinandersetzen. Das heißt auch, den Ahnen zu sagen: Es ist an der Zeit, sich für *anderes* Blut, *andere* Menschen und *andere* Erfahrungen zu öffnen – damit das Leben sich aus eingefahrenen Bahnen heraus- und weiterentwickeln kann. Nur dann können Skorpione auch wirklich ihren ureigenen Weg gehen. Das ist besonders bedeutsam, wenn sich in ihrem Horoskop das Skorpionische und das Wassermännische »bekämpfen«.

Solches kennt vor allem die Pluto/Uranus-Generation, die zwischen 1963 und 1967/68 geboren wurde (siehe unter Pluto-Uranus, Seite 248). Sie steht, verkürzt gesagt, vor der Aufgabe, das Wassermännische (die Sippenflucht) zu würdigen und zugleich das Skorpionische (die Arterhaltung) zu »heiligen«. Meist siegt hier Pluto. D. h., man kann sehen, dass in dieser Generation viele Frauen im Zweifel das Uranische (= Ur-Männliche, den Ur-sprung) dem Skorpionischen (Pluto = Verpflichtung gegenüber der Sippe) geopfert haben. Das Kind (Arterhaltung) ist das alles Entscheidende, der Mann (Vater) letztlich unwichtig! Daher findet man gerade in dieser Generation außergewöhnlich viele alleinerziehende Mütter! Im Vorgriff auf die systemische Deutung der Aspekte (ab Seite 150) sei noch erwähnt: Die Trennung der Frau vom Mann geht oft von der Mutter der Mutter aus, die sagt: »Der taugt nichts, schmeiß ihn raus! Du hast ein Kind, das ist das Wichtigste.« Und schließlich: »Auf mich kannst du dich verlassen, auf den nicht!«

Friede findet die skorpionische Seele, wenn sie in Gedanken vor die Ahnen tritt, etwa vertreten durch diese Großmutter, und sie bittet, den wassermännischen Fremdling aufzunehmen –

damit in die symbiotische Sippengeschichte »frische Luft« kommt und Entwicklung überhaupt möglich wird. Wir können auch sagen: Letztlich ist dem Skorpion-Menschen aufgetragen, für das Recht auf »frisches Blut« einzutreten. Nur dann kann er seine Selbstbestimmung finden, ohne dass er die Bindung an seine Ahnen und deren Schicksal leugnen muss.

Beachte: Ein Seitensprung ist in den Augen des Skorpions immer ein Verrat am eigenen Blut, umso mehr, wenn aus ihm ein Kind entspringt. Und dennoch ist dieser Seitensprung oft notwendig, weil offenbar nur er das Leben durch die Blutauffrischung weiterbringt, ansonsten droht die eigene »Rasse« zu degenerieren.

Manchmal bekommen Skorpione auch keine Kinder. Dahintersteckt in der Regel ein Drama aus der Vergangenheit, das Nachwuchs »verbietet«. Zum Beispiel, wenn die Sippe im Bild ihrer Seele so degeneriert ist, dass sie nicht mehr lebensfähig erscheint. Auch das gibt es.

Vaterbild. Im archetypischen Idealfall haben wir hier einen Vater vor uns, der unbeirrbar und selbstbestimmt durchs Leben geht, charismatisch auf uns und seine Umwelt wirkt, natürliche Stärke und Autorität ausstrahlt, gleichzeitig den Wandel alles Lebendigen bejaht und sich ihm anvertraut. Er fordert uns, und wir fühlen uns ihm tief verbunden. Meist aber erlebten wir in der Realität bereits in unserer Kindheit und Jugend einen Vater, dem wir in Hassliebe verbunden sind. Konkret erinnern wir uns vielleicht an einen Menschen, der alles stets unter Kontrolle haben wollte, zu Manipulationen und manchmal auch zu gewalttätigen Ausbrüchen neigte. Oder wir sehen einen Vater vor uns, der sich als Opfer empfand und den Herausforderungen und Wechselfällen des Leben ohnmächtig gegenüberstand. In jedem Fall blieb die Lebendigkeit auf der Strecke! Kein Wunder, dass unser Vater z.B. an Bluthochdruck erkrankte oder einen Herzinfarkt erlitt, an dem er vielleicht sogar starb. Beides, das unbedingte Verlangen nach Kontrolle, als auch die Unterdrückung der eigenen Lebensfreude (die, wie er glaubte, immer in den Schmerz führt) sind letztlich Ausdruck dafür, dass der Vater das Drama, die leidvollen Erfahrungen seiner Sippe, um keinen Preis noch einmal erleben wollte. Das heißt, Kontrolle als auch die Rolle der Ohnmacht, dienten als Schutz!

Wichtig für uns ist, das Schicksal des Vaters und seine Verstrickung darin bei ihm zu lassen. Dann können wir ihn um den Segen bitten für den eigenen, so weit wie möglich selbstbestimmten Lebensweg. Das bedeutet auch: Den Wandel, die Veränderung, die das Leben ausmachen, mit ganzem Herzen anzunehmen. Vieles ist oft anders, als wir lange glaubten.

Jede Handlung eines Skorpions ist mit den Themen »Stirb und Werde«, Erbe und Vererbung verbunden. Im guten Sinne sucht er in allem, was er tut, tiefe Bindung, Verpflichtung und die unerhörte Intensität des Lebens.

Sonne im Schützen

Gutmachen, was falsch lief. Schützen sollen zusammenfügen, was einst getrennt wurde – um dem Leben einen höheren Sinn zu geben. Sie werden in die Familie gerufen, um verwundete und gespaltene Seelen in den Sippenlinien wieder miteinander zu versöhnen. Und sie machen sich auf, um würdelos Verstorbenen ihre Würde zurückzugeben. So sind Tote erst geehrt, wenn sie durch eine Zeremonie verabschiedet wurden.

Kam jemand in der Vergangenheit aus Dummheit, Pfusch, Intoleranz, religiös-moralischem Eifer zu Schaden, empört sich das Herz des Schützen! Das gilt vor allem, wenn Kinder früh sterben, weil z.B. die ärztliche Kunst oder Wissenschaft versagte und das Leben würdelos vergeudet wurde. Anders gesagt: Die aufklärende und heilende Kraft eines Schützen ist immer dann gefragt, wenn ein Leben sinnlos verwirkt wurde. Daher ist für Schützen die Religion stets eine Versöhnungsreligion. Es ist deshalb auch immer sehr bewegend, wenn Klienten am Ende einer

Sitzung oder Aufstellung für unglücklich verstorbene Seelen eine Kerze anzünden – ein Akt der Würde, der in eine andere Welt weist, in der Frieden herrscht.

Erich Bauer vermutet, dass »jedes Horoskop mit einem starken Schützeeinfluss auf eine Vergangenheit zurückweist, in der das Unsägliche geschehen ist, nämlich der Tod im Zusammenhang mit der Zeugung von neuem, jungem Leben. Wenn die Natur derartig versagt, erwacht die Suche nach dem Himmel, nach Gott, tiefer Einsicht und Religiosität«.

Unsäglich ist beispielsweise, wenn eine Frau ein Kind verliert, etwa weil es totgeboren wird, oder nach der Geburt stirbt (wobei das damit einhergehende Drama meist verbunden ist mit »Sünde«, Unverständnis, Intoleranz und Verdrängung). Auch wenn eine Frau in der Schwangerschaft stirbt, hat das Leben aufs Extremste versagt. Dann kommen oftmals Schütze-Männer auf die Welt, welche die Schuld auf sich nehmen: weil die Frau als Folge des »triebhaft-niederen« Sexualaktes zu Tode kam! Im »Guten« sühnen diese Männer, indem sie Psychologen, Ärzte oder Priester usw. werden. Sie kümmern sich vor allem um das Wohl und die persönliche Entwicklung anderer, aus dem Gefühl heraus, dafür sühnen zu müssen, dass früher im Lebensspiel versagt wurde. So versagen sie sich selbst dieses Lebensspiel und die Brücke zum vollen Leben. Häufig verzichten sie auf die Zeugung eigener Kinder. Das ist ihr Beitrag (sprich: Opfer), um etwas gutzumachen. Leider wird dadurch nichts gut.

Als »Ritter der Wahrheit« will der Schütze das Licht in die »Dunkelheit« tragen. Sein Problem ist seine Anmaßung, die Welt retten zu wollen und damit selbst göttlich zu sein. Daran muss er scheitern. So ist der Schütze zwiegespalten im Geistigen, gleich dem Zwilling im Körperlich-Instinktiven: Er will retten und verstehen, doch er wird niemanden retten können und er wird niemals wirklich verstehen. Diese Ambivalenz zeigt auch das Symbol seines Zeichens: Der Pfeil, der gen Himmel zeigt, wird durch das Kreuz auf der Erde gehalten. Und so wird der Schütze in seinem Bemühen, Schlechtes durch Gutes auszugleichen, zu versöhnen und das Vergangene zu heilen (etwa als Therapeut), immer wieder zur Demut geführt (Schütze im Quadrat zur Jungfrau), an die Relativität aller Dinge und den »Teufel im Detail« erinnert (Opposition Zwillinge) und unverhofft mit dem Unerklärlichen konfrontiert (Quadrat Fische).

Schützen deuten auf die Wunden, die in der Vergangenheit durch Verbohrtheit, Unverständnis, Intoleranz gegen dem »Anderen« bzw. durch würdelose seelische oder physische Gewalt geschlagen wurden. Was ihnen zutiefst widerstrebt, denn sie wollen Geschehenes wahrhaft verstehen und mit Sinn versehen. Für sie muss alles Leben gewürdigt werden. Daher ist es für sie auch eine besondere Tragödie, wenn Menschen in Kriegen sterben (wobei das, siehe oben, für jeden unsinnigen Tod gilt). Denn Kriege sind für Schützen ohne jeden Sinn und Verstand. Daraus rührt auch ihre Scheu vor jedweder Aggression. Aggression erscheint ihnen zu triebhaft-böse und hat in ihren Augen schlimme Folgen.

Doch mit dem Verstand kann der Schützegeborene niemals irgendetwas gutmachen. Das ist sein schmerzliches Missverständnis. Sein Weg führt nur über die Wahrnehmung dessen, was ist (Krebs), das Annehmen auch der Abgründe, woraus schließlich Einsicht entsteht und das Einverstandensein mit einer tieferen Wirklichkeit. Dann kann Heilung geschehen (Jupiter als alter Herrscher der Fische).

Wobei der Schütze die Radikalität des Skorpions, an dessen Grenze er steht, am meisten fürchtet: Dort geht es um Leben und Tod, um das Überleben des Kollektivs, das auf Einzelschicksale keine Rücksicht nimmt. Der Schütze hingegen sehnt sich nach einer übergeordneten, sinnhaften Wirklichkeit des Menschseins, die darüber hinausführt (es muss doch mehr geben?). Es ist dies zugleich die Suche nach dem Sinn des eigenen menschlichen Handelns, nach Unvergänglichkeit und der eigenen Göttlichkeit.

Anders gesagt: Für den Schützen ist das Leben heilig. Und wenn es schlimm entgleitet, weint der Gott in ihm. Als Idealist kämpft er stets gegen das »niedere« Böse. Er möchte das Leben besser machen, und auch wenn er scheitert – er versucht es wieder und wieder. Doch ohne die Achtung des Kreuzes (Saturn), der irdischen Realität, wird sein Bestreben erfolglos, frustrierend und letztlich heillos bleiben.

Vaterbild. Im besten, ursprünglichen Sinne erleben wir einen Vater, der uns die Welt zeigt, wie sie ist, Toleranz vorlebt und unsere Begeisterung zu wecken versteht. Sein Wissen und Wesen setzt er ein, um unsere Entwicklung zu fördern. Manchmal entstammt er auch einem anderen Kulturkreis, der uns für das Fremde öffnet. Doch selbst wenn wir als kleines Kind einen solchen Papa hatten: Unsere Erinnerung ist oft eine andere. So empfanden wir den Vater meist als eher ungebildet, ohne zu begreifen, dass er nie die Chance hatte, eine höhere Schule zu besuchen. Dieses »Versagen« ließ ihn vielleicht zur Flasche greifen, und wir verachteten ihn dafür. Vor allem, wenn wir selbst das Gymnasium besuchen und studieren konnten. Wir sahen dabei nicht, wie sehr der Vater verzichtete, um uns zu geben, was ihm versagt blieb. Möglicherweise haben wir aber auch ein »kompensatorisches« Vaterbild, nämlich das eines Vaters, der Lehrer war oder Wissenschaftler oder Pfarrer – oder gar (etwa in Verbindung zu Pluto bzw. Haus 8) ein religiös-weltanschaulicher Eiferer. Folge ist, dass auch wir in uns den Auftrag spüren, studieren zu sollen – um über das Gewöhnliche hinauszuwachsen. Wobei wir besser sein (= mehr verstehen) wollen als der Vater. Das aber steht uns nicht zu. Umso bitterer ist es, wenn wir erkennen, dass wir das Leben mit dem Verstand niemals begreifen können, da es nach anderen Gesetzen wirkt. Die Lösung kann nur lauten: »Lieber Vater, ich achte den Sinn deines Lebens und damit auch den Sinn meines Lebens, selbst wenn ich vieles nicht verstehen kann. Ich bin nicht besser als du. Bitte gib mir deinen Segen!«

Jede Handlung eines Schützen ist mit der Frage verbunden: Ist das, was ich tue, sinnvoll? Sinnvoll für mich und für alle anderen?

Sonne im Steinbock

Das Leben seiner Bestimmung zuführen. Steinböcke werden ins Leben gerufen, wenn der »höhere Zweck« in einer Sippe verloren ging, bestimmten Machtprinzipien und Vorstellungen weichen musste oder versucht wurde, dem Schicksal bzw. der eigenen Bestimmung verantwortungslos auszuweichen. Dann soll der Steinbock-Geborene das Leben wieder in eine höhere Ordnung einfügen und dabei Bewusstheit und Klarheit gewinnen. Deshalb werden Menschen mit Sonne im Steinbock früh in die Verantwortung geführt. Und sie tragen auch schon früh Verantwortung, wenn die Erwachsenen dazu tatsächlich oder vermeintlich nicht in der Lage sind. Bereits als Kind spüren sie: Das Leben ist kein Spiel, es dient einer größeren Aufgabe! Auf diese Aufgabe werden sie vorbereitet!

Zu bestimmten Zeiten ist das Steinbockprinzip in einer Sippe besonders wichtig, nämlich dann, wenn »Berge« bestiegen und überquert werden müssen. Dahinter steckt der Antrieb, in der Gemeinschaft Bedeutung erlangen zu sollen. Vielleicht weil in der Vergangenheit jemand darin versagt hat oder seinen Status nur für den eigenen Ehrgeiz missbrauchte.

Entscheidend ist ebenso der Wunsch nach einer natürlichen Ordnung, die früher missachtet oder außer Kraft gesetzt wurde. Dieser Ordnung hat sich in diesem Leben alles andere zu fügen. Vor allem auch, weil sie als Schutz vor zu viel Gefühlen dient, Gefühlen, die in der Vergangenheit Unsicherheit und Chaos verursachten. Folglich sind Gefühle unter »Verschlag« zu halten. Man darf ihnen nicht die Oberhand überlassen. Daraus ergibt sich das primäre Motiv einer Sonne im Steinbock, das da lautet, die Familie wieder zu stabilisieren.

Wenn wir als Steinbock geboren werden, sind wir also in besonderer Weise gerüstet, einem emotional unsicheren Leben zu trotzen.[17] Das gilt vor allem dann, wenn in unserer Familie je-

17 Erich Bauer, *Die Kraft der Ahnen*, München, S. 177.

mand Selbstmord beging oder auch nur den Versuch eines Suizids unternahm – dies aus einem Affekt heraus oder aufgrund überbordender Gefühle, die außer Kontrolle gerieten. Das heißt, unsere Steinbock-Energie wird gerufen als Abgrenzung und Schutzschild gegen zu viel Krebs, zu viel Gefühl, zu viel Familie, zu viel Mütterlichkeit und Fürsorge.

Dieser Schutzmechanismus war in der Kindheit wohl auch notwendig, denn nicht selten wurden unsere emotionalen Bedürfnisse missbraucht, etwa wenn uns danach war, vertrauensvoll und ohne Argwohn zu kuscheln, diese Nähe aber von Erwachsenen aus Eigeninteresse ausgenutzt wurde, vielleicht sogar in Form von Übergriffen. Aus dieser Erfahrung heraus erlassen wir für uns selbst ein inneres Gebot: Sei beherrscht, behalte immer die Übersicht, denn zu viel Gefühl ist gefährlich! Man kann auch sagen, unsere Steinbockenergie wird in die Welt gerufen, wenn in der Sippe eine emotionale Pause angebracht ist, stattdessen klare Verhaltensmerkmale und Verantwortlichkeiten Vorrang haben sollen.

So lernen wir als Steinbock-Kind vom ersten Atemzug an, weder unseren Gefühlen noch denen anderer ohne weiteres zu vertrauen. Wir müssen erst prüfen, ob das Gefühl echt ist und Bestand hat – und das kann lange dauern. Auch lernen wir, unsere Gefühle und wahren Wünsche erst einmal zu tarnen, damit niemand sie missbrauchen kann.

Vaterbild. Das archetypische, ideale Vaterbild einer Sonne im Steinbock zeigt einen Vater, der geradlinig seine Pflicht erfüllt, Verlässlichkeit und Sicherheit ausstrahlt. Er ist verantwortungsbewusst der Familie gegenüber und sich selbst treu. Das mag in unseren ersten Lebensjahren auch so gewesen sein. Später jedoch erfahren wir den Vater meist nur noch als Autoritätsperson, streng, maßregelnd, strafend, unnahbar, unsere Bedürfnisse ignorierend, weil ihm die berufliche Karriere weitaus wichtiger ist. Oder aber wir erinnern uns an einen Vater, der – ganz im Gegenteil – meist sehr unzuverlässig war, wenig geradlinig, und ohne Kontur (Vaterbild in der gehemmten Form). In diesem Fall aber weist unsere Sonne im Steinbock in der Regel zusätzliche entsprechende Aspekte auf, z.B. eine Konjunktion mit oder ein Quadrat zu Neptun.

Aus Solidarität zum Vater, weil wir nichts anderes kennen, und auch, weil wir meinen, auf diese Weise seine Zuwendung zu erhalten, ahmen wir das väterliche Verhalten nach. Das sieht oft so aus, dass wir, wie er, ehrgeizig nach Anerkennung streben. Nicht nur das. Wir glauben, es auch besser zu machen als er. Und wenn wir in unserem Ehrgeiz und Streben nach Bedeutung scheitern, sind ohnehin die anderen schuld (Wir *dürfen* ja nicht versagen!).

Die Lösung kann hier nur sein, dass wir wieder kleiner werden und unserem Vater für seine Art der Pflichterfüllung danken, weil wir wissen, dass er das Beste für uns tat, so gut er es vermochte. »Nun aber bin ich erwachsen. Ich nehme von dir das Leben in großem Ernst entgegen und führe es weiter in eigener Verantwortung. Bitte segne mich.«

Wie immer ein Steinbock handelt – stets fragt er: Was ist richtig? Was ist falsch? Darf ich tun, was ich tue? Wo muss ich Verantwortung übernehmen, wo nicht? Und schließlich: Wie finde ich zu meiner wahren Bestimmung? Damit wird jedes Urteilen in »richtig« und »falsch« obsolet. Dann geht es nur noch um die Annahme des eigenen Schicksals.

Sonne im Wassermann

Breche aus! Menschen mit Sonne im Wassermann werden gerufen, wenn insbesondere die väterliche Linie erstarrt ist in Tradition, moralischen Grundsätzen und überholten Strukturen. Nicht selten prägten Macht-/Ohmachterfahrungen, Tod und Drama, manchmal sogar Inzest (Skorpion/Pluto) die Vergangenheit. Umso mehr soll jetzt die »Macht des Blutes« gebrochen werden. Das heißt, der Wassermanngeborene muss die alten »Programme« und Muster aufbrechen und hinter sich lassen. Er hat das »Andere«, »Außergewöhnliche«, »Fremde«, »Neue« zu suchen, um es zu leben.

Diesen »Aussteiger« gab es auch schon früher. Doch weil dieser Verwandte den Sippenkodex vermeintlich gefährdete, wurde er bestenfalls ignoriert oder gleich aus der »Herde« verbannt und somit zum schwarzen Schaf, zum Sündenbock. Die Verweigerung der Zugehörigkeit führt dazu, dass nun der Wassermann-Nachkomme die Rolle des »Querkopfes« übernimmt. Auf diese Weise achtet er durch das eigene »andersartige« Verhalten, oft gepaart mit Bindungsunfähigkeit, unbewusst den früheren Außenseiter.

Dabei bleibt dem Wassermann keine Wahl als dieses »andere« zu leben. Er hat den Auftrag, auszubrechen, ein Nestflüchter zu sein! Selten bleibt er deshalb an dem Ort, an dem er geboren wurde. Und immer wieder zieht er um. Bleibt er länger an einem Platz, fühlt er sich unwohl. Auch den Partner findet er möglichst fern der heimatlichen Wurzeln, in anderen Landstrichen und unbekannten Gefilden (im Gegensatz zum Skorpion, der den Partner am liebsten in der vertrauten Nähe sucht). Durch diese Distanz zur eigenen Herde erhöht er die Chance, dass das Erbgut aufgefrischt wird und sich vermischt.

Grundsätzlich lässt sich ein Wassermann ungern festlegen. Er mag keine zu engen (insbesondere körperlich-sexuellen) Bindungen und braucht keine »verschworene Familienbande«. Er verzichtet deshalb oft auch auf Kinder. Ohnehin will er auf der Erde nur begrenzt als Gast sein – und sich daher auch nicht in den Nachfahren verewigen. Es ist sein individuelles und autonomes geistiges Sein, das unsterblich ist. Auf diese Weise erhebt er sich zugleich über die körperliche, triebhafte Natur des Menschen, damit auch über die banalen, »schmutzigen« Vorgänge von Zeugung, Schwangerschaft und Geburt, die mit den irdischen, instinktiven, erdhaften Gegebenheiten wie auch dem Naturgesetz von Leben und Tod zu tun haben (Achse Stier – Skorpion). Daher kann er einer Adoption auch leichter zustimmen als einem eigenen Kind. Oder er zieht die künstliche Befruchtung vor.

Natürlich gibt es auch Wassermänner, die Kinder haben, etwa wenn ihr Horoskop zusätzlich starke Wasser-Betonungen aufweist (bei Mond im Krebs z.B. ist von mütterlicher Seite der »Kinderwunsch« übermächtig). Dann erfüllen sie gerne den Wunsch der Frau, gehen dann aber auf Distanz.

Bei Wassermännern verlieren sich die Wurzeln der Herkunft oft im Dunkeln. Schon auf der Ebene der Großeltern herrscht Unklarheit, wer von wem abstammt. Nicht selten gab es in der Vergangenheit ein »untergeschobenes« Kuckuckskind, bei dem niemand wusste, wer der Vater ist. Oder es gab unehelich gezeugte Kinder, die dann von Dritten aufgenommen wurden. Derartige Geschehnisse haben durchaus ihren Sinn, denn diese Kinder repräsentieren das Neue, Andere, Unerwartete, das jede Sippe braucht, um nicht zu degenerieren. Leider hat man diese Kinder verachtet, statt ihnen dankbar zu sein.

Werden Wassermänner geboren (das gilt auch für Menschen mit einem Wassermann-AC), so sind sie häufig tatsächlich Nachfahren solcher Kuckuckskinder. Sie übernehmen dann dieses Gefühl einer unklaren Herkunft. So glauben sie zuweilen: »Mein Vater ist gar nicht mein Vater!« oder: »Man hat mich vielleicht im Krankenhaus vertauscht!« Das führt dazu, dass sie sich merklich anders verhalten als etwa ihre Geschwister. Durch dieses »Anderssein« würdigen sie das frühere Kuckuckskind.[18] Manchmal kappen sie das Band zum Vater »für immer«, weil sie ihm die Vaterschaft offen absprechen. Gerade dadurch aber binden sie sich an jene »Fremdlingsperson« aus der Vergangenheit. Frei werden sie so nicht!

Manchmal wagt es auch der Wassermann selbst nicht, »aus dem Rahmen« zu springen. Dann wird meist später eines seiner eigenen Kinder auffällig, quasi stellvertretend.

Grundsätzlich kümmern sich Wassermänner in der ersten

18 Speziell bei Uranus/Mars-Verbindungen ist das Thema unterschwellig latent. In der Familie wird dann immer mal wieder die Vermutung genährt: Ist der erstgeborene Sohn (Mars) von einem anderen Mann?

Hälfte ihres Lebens wenig um die Familie. Meist suchen sie erst nach dem 41. oder 42. Lebensjahr (wenn der Uranus im Transit eine Opposition zu seiner Radixposition bildet) nach ihren Wurzeln und erkennen sie an.

Bleibt zu ergänzen: Zuweilen identifiziert sich ein Wassermann-Kind auch unbewusst mit einem Freund der Mutter, der »anders« ist, ein Freigeist, der als Vorbild dient. Der eigene Vater wird »abgetrennt«. Das heißt, es ist dann wichtig, auch das nicht verwandtschaftliche Umfeld der Eltern in die systemische Betrachtung mit einzubeziehen.

Vaterbild. Idealerweise haben wir hier einen Vater, der uns vermittelt, wie wichtig unser ureigener individueller Ausdruck ist; und dass wir uns niemals einem fremden Willen unterordnen sollten. Der Vater machte mit uns die verrücktesten Sachen, und wenn wir uns verkleiden durften, waren wir glücklich. Auch waren wir stolz auf Papa, weil er sehr beliebt war und bei uns zu Hause immer viele Freunde zu Besuch waren. Er liebte es, wenn zahlreiche Leute am Tisch saßen und er Groß und Klein mit seinem Humor und seinen Geschichten zum Lachen brachte.

Meist verblassen solche Erinnerungen, wenn wir größer werden. Stattdessen bleibt uns ein Vater im Gedächtnis, der – aus welchen sozialen Zwängen heraus auch immer – stets auf Achse und nie wirklich präsent war, wenn wir ihn und seine Nähe brauchten. Wir haben das Bild eines Hallodri und Seitenspringers vor Augen, der sich »abseilte«, wenn es in der Familie Probleme gab, Ernsthaftigkeit und Verantwortung gefordert waren, einen Vater also, auf den man sich nie wirklich verlassen konnte. Dennoch haben wir diesen Mann auf einen Sockel gehoben, auf dem wir ihn natürlich nie erreichen konnten. Die andere Seite ist, dass wir uns vielleicht auch an einen Vater erinnern, der in seinem Job immer der Beste sein wollte. Dies, indem er sich *besonders* angepasst, im Übermaß fleißig und ehrgeiziger als andere zeigte, nur um aus dem Rahmen des Normalen zu fallen.

Aus Solidarität und weil wir glauben, nur so Aufmerksamkeit und Liebe zu bekommen, ahmen wir das wie auch immer außergewöhnliche Verhalten des Vaters nach – und entfernen uns so von unserer eigenen Individualität und Freiheit. Die Lösung kann hier nur lauten, dass wir den individuellen, besonderen Weg des Vaters achten und ihn zugleich um den Segen bitten, wenn wir es trotzdem anders machen.

Jede Handlung eines Wassermanns kreist um die Frage: Wie kann ich meine Sonderstellung innerhalb eines sozialen Gefüges geltend machen?

Sonne in den Fischen

Das Väterlich-Männliche heilen und das Leben ganz machen. Wird ein Fisch ins Leben geholt, so waren in der Sippe des Vaters die Männer in der Regel unerwünscht oder »verschwanden« früh, unter welchen Umständen auch immer. Nicht selten fehlt der Vater oder einem Mann wird die Vaterschaft abgesprochen. Meist wird in der Linie des Vater etwas verheimlicht, die Herkunft ist voller Geheimnisse und Rätsel. So sind die Vorfahren zum Teil unbekannt, vielleicht früh verstorben.

Mit anderen Worten: Sonne in den Fischen löst die Vaterrolle auf. Das heißt, dem Vater wird die Würde abgesprochen, voll und ganz Vater zu sein. Wenn der Vater aber physisch oder emotional »nicht da« ist, entfremdet sich das Kind vom Vater und wird selbst zunehmend »fischehafter«, entfremdet sich also von sich selbst – letztlich aus Solidarität und Liebe zum Vater. Auf diese Weise will es helfen und heilen. Doch die Trauer um das verlorene Leben wird dadurch noch größer. Denn solange der Vater nicht als Vater wirklich angenommen wird, empfindet sich der Fischegeborene selbst nicht richtig »im Leben«. Er empfindet sich (wie fischbetonte Menschen generell) als »außerhalb«, unerwünscht und im Grunde unwillkommen in der Welt. Deshalb haben Fische oft schmerzliche Probleme mit der realen

Welt und ihren Herausforderungen, die immer wieder Entscheidungen verlangt. Daher rühren auch ihre Rückzugstendenz, ihre Realitätsabwehr und ihr Selbstmitleid.

Nicht selten verweist eine starke Fischebetonung im Horoskop auf eine uneheliche Zeugung, insbesondere bei Neptun im ersten Quadranten (hier hat der Horoskopeigner das Gefühl, nicht wirklich gewollt zu sein; die Eltern heiraten dann, um den Makel zu beschönigen), aber auch, wenn die Fische über das 4. Haus herrschen. Darüber hinaus sollte bei Merkur in den Fischen oder auch Merkur in Haus 12 immer gefragt werden: Gibt es in der Familie ein Geheimnis um ein Kind, das vielleicht verschwiegen wurde, »verloren« ging oder nicht leben durfte, eventuell ein Zwilling (Vgl. Konstellation Merkur-Neptun Seite 236).

Verständlich wird in diesem Zusammenhang auch die spirituelle Sehnsucht des Fisches nach dem Jenseitigen: Wenn das Leben dorthin verschwunden ist, dann möchte ich auch dort sein! Wenn sich die irdischen Manifestationen einer Sippe auflösen, kein Verlass mehr besteht auf Eltern und Sippe: Ist das nicht ein Wink, das eigene Sein einer höheren Existenz anzuvertrauen? Wer den Vater hier auf Erden nicht findet (respektive die Mutter bei Mond in den Fischen) – im realen und im übertragenen Sinn – der sucht ihn im Himmel! Oder in der Mystik, in der Esoterik, im Kloster, in der Religion, in spirituellen Kreisen.

Im guten Sinne sind fischbetonte Menschen von ihrer Sippe freigesprochen und entlastet, damit sie sich Höherem zuwenden dürfen, dem, was hinter der sichtbaren Welt liegt, hinter unserer materiellen Existenz.[19] Sie sind dann die Brücke zur Anderswelt, und auch die Brücke zu den Toten, die vorher waren. Sie werden deshalb oft ganzheitliche Heiler oder Ärzte, Helfer im sozialen Bereich, Therapeuten, Astrologen und ähnliches.

19 Auch hier bin ich Erich Bauer für einige wichtige Grundgedanken sehr dankbar und verweise zugleich auf sein Buch *»Die Kraft der Ahnen«, München*, S. 197 ff.

Vaterbild. Sonne in den Fischen verweist idealtypisch auf einen Vater, der mit feinem Gespür immer weiß, was das Kind braucht. Das Kind selbst kann sich so ganz dem Vater anvertrauen. Früh schon vermittelt der Vater dem Kind das Gefühl, von Kräften geleitet zu sein, die jenseits der materiellen, sichtbaren Welt liegen. Leider erleben wir den Vater nach der ersten frühkindlichen Phase in der Realität (aus verschiedenen Gründen, die in seiner Geschichte und persönlichen Erfahrungen begründet liegen) oftmals gänzlich anders, nämlich misstrauisch, unehrlich oder dem Alkohol verfallen (zumindest als starken Trinker) – oder aber süchtig nach anderen »Drogen«, zum Beispiel ist er Gewohnheitsraucher. Häufig ist der Vater auch krank und schwach, zieht sich immer weiter als Oberhaupt der Familie zurück. Oder er verschwindet schon früh aus unserem Leben: Entweder, weil er sich aus dem Staub macht oder weil er früh stirbt. Zuweilen haben wir auch »Glück«, und der Vater ist Arzt geworden (bei entsprechenden Aspekten) oder in sozialen bzw. helfenden Berufen tätig. Aber auch dann ist er für uns nicht wirklich zu fassen, weil er in seiner Arbeit »aufgeht«.

Wir sehnen uns nach dem Vater, doch er hat sich uns entzogen oder wir haben ihn verloren. Daher haben wir kein Vorbild vor Augen, das uns zeigt, was Mannsein, männliches, lebensbejahendes Handeln und Durchsetzung der eigenen Bedürfnisse wirklich bedeuten. Das werfen wir dem Vater vor. Wir missachten ihn für seine Schwäche. Dahinter verbirgt sich in Wahrheit eine große Trauer. Die Tragik aber ist: Solange wir den Vater missachten, können wir ihn nicht annehmen. Damit aber können wir auch das Leben, das er uns gegeben hat, nicht voll annehmen. Und so lassen wir, ob wir Mann oder Frau sind, auch unseren inneren Vater (Mann) verschwinden – aus Solidarität zu unserem Vater im Außen, als ob wir dadurch etwas gut machen und ausgleichen könnten. Ein stärkender Lösungssatz wäre: »Lieber Vater, du bist der einzige und richtige Vater für mich. Ich danke dir für das Leben in seiner Ganzheit. Ich nehme es nun dankbar an, und tue das Beste damit, solange ich auf der Erde bin – zu meinem Wohle und zum Wohle aller.«

Sämtliches Handeln eines Menschen mit der Sonne in den Fischen kreist nicht zuletzt um die Frage: Bin ich wirklich hier oder in einer anderen Welt? Warum erkennt man mich und meine Sehnsucht nicht?

Die Stellung des Mondes in den Zeichen

Die Stellung des Mondes in den Tierkreiszeichen verweist auf die mütterliche Linie und deren Anliegen. Sie reflektiert ebenso das subjektive Mutterbild des Horoskopeigners. Zugleich symbolisiert die Mondposition, auf welche Art und Weise er empfinden, fühlen, wahrnehmen und das Sein erleben soll. Das heißt, die Mutter ist der »Spiegel seines Wahrnehmungsauftrags«.

Die Mondstellung vermittelt ebenso die innige Prägung, die das Kind durch die Mutter erfährt. Diese »Botschaft« ist bedeutend, denn das Kind ist mit der Mutter aufs engste verbunden, schon in der Schwangerschaft, neun Monate bevor es auf die Welt kommt. Die symbiotische Verbindung reicht bis ins zweite Lebensjahr (in der Entwicklungspsychologie: orale Phase). In dieser Zeit sind die Bedürfnisse der Mutter und die des Kindes identisch. Problematisch verläuft die weitere Entwicklung des Kindes, wenn die erste Loslösung von der Mutter (Aufhebung der Symbiose) nicht gelingt bzw. gestört wird.

Im Falle, dass wir aus der Symbiose herauswachsen und unseren eigenen Körper entdecken (anale Phase), erleben wir nach und nach, wie unsere Bedürfnisse sich von denen der Mutter unterscheiden. D. h., in unserer Erfahrung »verändert« sich die Mutter. Dies erscheint uns manchmal bedrohlich. Wir wollen ja weiter versorgt und angenommen sein. Weil wir in der schwächeren Position sind, verinnerlichen wir schließlich das Verhalten der Mutter, ahmen es nach und passen uns an. Das Problem ist, dass wir uns später als Erwachsene oft nur noch an diese »sekundäre« Erfahrung bewusst erinnern, obwohl wir innerlich spüren, dass die inniglich gespiegelte Erfahrung mit der Mutter zu Anfang »gut« gewesen sein muss.

Das subjektiv erlebte veränderte Verhalten unserer Mutter hat Gründe. Manchmal fühlt sich die Mutter einfach zunehmend überfordert, oder ihre Beziehungsprobleme werden gravierend, oder es ergeben sich starke Veränderungen im sozialen Kontext der Mutter (Beruf, Krankheit, Beziehung zu den eigenen Eltern und Verwandten usw.). Bei Mädchen kommt hinzu, dass sie mit etwa drei Jahren den Papa idealisieren und in Konkurrenz zur Mutter treten. Das bedeutet, unsere erste, meist liebevolle Erfahrung mit der Mutter wird von späteren Bildern überlagert. Und so nehmen wir diese verzerrte Wahrnehmung der Mutter gewissermaßen als Vor-Bild an und verinnerlichen es. Aus Loyalität und Liebe zur Mutter gehen wir mit unseren Bedürfnissen und Gefühlen genauso um wie sie – auch weil wir zu wissen glauben, dass wir nur auf diese Weise Zuwendung erfahren. Wir kennen ja nichts anderes.

Analog zum Vaterthema erleben wir also auch hier einen »Göttersturz«: die Entthronung der Muttergöttin. Indem wir aber unserer Mutter den »Mythos Mutter« absprechen, sie ablehnen, oft bis ins Erwachsenenalter, ihr demnach die Größe und Ehrung nehmen, können wir selbst unsere »innere Mutter«, unseren Mond nicht nehmen – in dem Sinne, der uns aufgetragen ist. Unser wesensgemäßes Erleben ist verzerrt, von Bildern und Erfahrungen überlagert. Dies trennt uns von unserem wahren Kern, und wir fühlen uns nicht identisch. Das führt bei Frauen oft zur gestörten Erfahrung der eigenen Weiblichkeit und damit auch zu Schwierigkeiten, gute Beziehungen zu leben. Bei Männern sind vorrangig Gefühlsleben und Wahrnehmungsfähigkeit verzerrt, was dann später ebenso zu Beziehungskonflikten führt. Beachte: Das Thema Krebs-Mond steht im Quadrat zu Waage/Waage-Venus. Quadrate (Aspektqualität: Saturn-Mond, siehe S. 153) erfordern aber ein bewusstes Hinschauen, wenn wir unsere verdrängten Bedürfnisse ans Licht bringen und endlich zu ihnen stehen wollen.

Beispiel Mond in der Jungfrau. Die idealtypisch »gute« Mutter ist hier eine Mutter, die uns das Gefühl großer Sorgfalt und Achtsamkeit vermittelt. Sie nährt uns, schützt unser Leben und ist in der Lage, auf alle Vorkommnisse angemessen zu reagieren. Sie weiß, was gut ist für uns und was hinderlich. Doch leider erfahren wir, wenn wir heranwachsen, ein anderes Bild. Mehr und mehr empfinden wir die Mutter als übervorsichtig, nörglerisch, angepasst und unauffällig, vielleicht sogar unter zwanghafter Reinlichkeits- und Putzneurose leidend.

Das Horoskop zeigt die ursprüngliche, gleichsam archetypische Erfahrung, die wir verloren haben, und die wir wieder entdecken sollen. Im Folgenden soll bei der Beschreibung der Mondstellung in den Zeichen im Einzelnen aber nicht auf die veränderten Wahrnehmungsebenen der Mutter eingegangen werden. Skizziert werden nur die prägnantesten Erfahrungsbilder der Mutter, qualitativ geprägt durch das jeweilige Tierkreiszeichen. Das heißt, die Erläuterungen dienen als Orientierung dafür, wie wir unser Dasein, geprägt durch die Muttererfahrung, oft in der Realität er-leben – und wie wir es unserem Auftrag gemäß »eigentlich« er-leben sollten. Dies jedoch in Würdigung unserer Mutter, die uns ihre Fürsorge (die Mondqualität) nur in der Art und Weise weitergeben konnte, wie sie es selbst vermochte.

Der Mond in den Zeichen als Wahrnehmungsauftrag der mütterlichen Linie

Mond im Widder

Wo kann ich mutig sein und Herausforderungen annehmen? Wenn wir mit einem Mond im Widder geboren werden (gilt in Teilen auch für einen Mond im 1. Haus, siehe S. 114), haben wir tief in unserer Seele und unbewusst den Wunsch, eine »männliche Lücke« zu schließen, das heißt, in der Sippe unserer Mutter ungelebten »männlichen« Eigenschaften wieder zu ihrem Recht zu verhelfen. Konkret lautet also der Auftrag: Steh' ein für deine Bedürfnisse, wo immer du bist. Jetzt. Sofort.

Mag unsere Seele die Mutter in den ersten Lebensjahren auch auf diese Weise wahrgenommen haben – also als jemand, der mutig dafür sorgte, dass es ihr und damit auch mir gut ging –, so bleibt uns doch oft ein anderes Bild in Erinnerung, nämlich das einer vielleicht egoistischen, oft unberechenbaren und aufbrausenden Mutter, die nur ihren Bedürfnissen nachgeht, bei der wir jedenfalls nie wirklich wissen, woran wir sind. Das Verhalten unserer Mutter hat natürlich Gründe: Vielleicht gab es Konflikte in der Arbeit, oder sie hatte Ärger mit dem Partner bzw. unserem Vater, oder sie verspürte Wut auf ihre eigenen Eltern, die sie immer wieder unangemessen aufbrausen ließ. Deshalb bleibt, wenn die Mutter nicht situationsgerecht zornig ist auf uns, stets zu fragen, ob wir als Adressat überhaupt gemeint sind (Verschiebung!). Beispiel: Eine Klientin mit Mond im Widder hatte ihren Mann und ihren Sohn verlassen und war zu ihrer »großen Liebe« in eine ferne Stadt gezogen. Ihre Mutter war daraufhin so wütend auf die Tochter, dass sie bis zu ihrem Tod kein Wort mehr mit ihr redete und ihr alles Schlechte wünschte. Es stellte sich heraus, dass die Mutter auf ihre eigene Mutter zornig war, mit der sie einst ähnliche Trennungserfahrungen gemacht hatte.

Das Problem ist, als Kind können wir die Gründe für das Verhalten der Mutter kaum nachvollziehen. Sie sind daher auch nicht relevant für uns. Realität ist nur die Erfahrung, die wir mit unserer Mutter machen. In aller Regel übernehmen wir deshalb diese Erfahrung als einzig gültiges Modell dafür, wie »man empfindet« oder wie Bedürfnisse zu äußern sind. Dies prägt zugleich unser inneres Bild als Frau (oder, wenn wir Männer sind, unser Frauenbild).

Ergebnis dieser Anpassung ist, dass wir selbst zum Beispiel

sehr ichbezogen sind in unseren Bedürfnissen, schnell wütend werden und oft unberechenbar. Und wenn wir spüren, dass tiefe Gefühle in uns aufsteigen, wischen wir diese ärgerlich beiseite oder wehren sie unbewusst ab, indem wir plötzlich und impulsiv »in die Handlung springen«. Unangenehm dabei ist, dass wir ein solch übernommenes, als wahr erkanntes und vertrautes »Gefühlsmuster« oft bis ins Erwachsenenalter aufrechterhalten. Um so schwerer fällt es uns dann, die eigentlich vorgesehene, wir können auch sagen »erlöste« Form eines Widder-Mondes in unser Erleben zu integrieren. Erlöst heißt hier, dass wir unsere Wünsche und Bedürfnisse zwar unmittelbar geltend machen und sie, wenn erforderlich, ohne wenn und aber auch behaupten. Jedoch gilt es, immer wieder das Gesamtgefüge im Auge zu behalten und zuzulassen, dass es auch Situationen gibt, in denen wir erst einmal abwarten sollten. Richtig bleibt aber auch, dass wir mit unserem Widder-Mond immer wieder neue Herausforderungen brauchen.

Ergänzend sei hier vermerkt: Frauen mit Mond im Widder geben sich meist als Vollblut-Frau, sie identifizieren sich allerdings innerlich oft mit dem »Männlichen«, aus ihrer Familiengeschichte heraus, in der die männlichen Bedürfnisse meist zu kurz kamen.

Mond im Stier

Wie und wo kann ich dazugehören und wichtig sein? Unser Bedürfnis richtet sich darauf, die Lücke zu schließen, die in der Vergangenheit der mütterlichen Linie in den Bereichen Grundversorgung, Sicherheit und Zugehörigkeit, aber auch in der Achtung körperlicher und materieller Ansprüche bestand. Das heißt, dass diese existentiellen Themen in unserer Familie vermutlich zu kurz gekommen sind. Unser Auftrag lautet also, unsere Bedürfnisse nach körperlicher Sicherheit, Zugehörigkeit und erdhaft-sinnlicher Erfahrung ernst zu nehmen und dafür zu sorgen, dass wir sie erfüllt bekommen.

Als Kind in unserer frühen Lebenszeit mögen wir die Mutter durchaus als beschützend und Sicherheit bietend erfahren haben – ihr Raum war unser Raum. Und der Raum, den sie einnahm, war aufgrund ihrer körperlichen Präsenz und Fülle nicht eben gering. Leider erinnern wir uns später oft nur noch an eine Mutter, die wir als vereinnahmend empfanden, als ziemlich unbeweglich oder auch als stur und träge. Das heißt, wir haben Schwierigkeiten, unseren Eigenraum von ihrer Präsenz abzukoppeln, gewissermaßen die Trennung von der Mutter wirklich zu vollziehen bzw. die Phase der Symbiose mit ihr wirklich aufzugeben.

Da wir nur dieses Bild vor Augen und im Gedächtnis haben, haben wir kaum eine andere Wahl, als die Mutter nachzuahmen. So legen zum Beispiel auch wir uns, wie sie, eine körperliche Fülle zu, die unseren verlorenen Eigenwert kompensieren soll. Oder wir werden, wie sie, träge oder zumindest fixiert auf das, was wir kennen, weil wir das Verlassen unseres vermeintlichen sicheren Raumes, des Ortes, an dem wir *sind*, fürchten.

Dabei fühlen wir uns allerdings nicht wirklich wohl. Denn es gibt einen drängenden Teil in uns, der sich einen anderen Raum, einen eigenen Raum schaffen will. Besonders in der Pubertät wächst daher das Bedürfnis, aus dem behüteten mütterlichen Umfeld auszubrechen, was zu heftigem Streit führen kann. Andererseits haben wir vor dem Weggehen aber auch Angst, weil wir fürchten, dadurch die Zugehörigkeit zur »Herde« zu verlieren.

Dies ist eine archaische Grundangst, die insbesondere stierbetonte Menschen in sich tragen und der Umwelt spiegeln. Sie glauben tief im Innern, dass anders sein, Veränderung sowie Individualität ihre Zugehörigkeit gefährden. Dahinter steckt, dass das archaische »Gewissen« der Herde in der Individualität Einzelner und in ungewissen Neuerungen die Sicherheit der Gemeinschaft bedroht sieht. Diese Spannung wird symbolisiert durch das Quadrat zwischen den fixen Zeichen Wassermann (analog Uranus/Haus 11) und Stier (Stier-Venus, Haus 2). Besonders schwierig wird die Auseinandersetzung mit dieser Polarität, wenn der Stiermond gespannte Aspekte zu Uranus aufweist.

So ist nicht verwunderlich, dass wir auch noch als Erwachsene lieber am Gewohnten, am Bestehenden bzw. am Materiellen festhalten, weil Veränderung und das Überschreiten von Grenzen uns Angst machen. Doch wir müssen oft schmerzlich erkennen: Veränderung und Wandlung als notwendige Bedingung von Individuation und Entwicklung sind menschliche Lernaufgaben, denen wir alle unterworfen sind. Wenn wir dies annehmen, dürfen wir unsere Bedürfnisse nach körperlicher Sinnlichkeit, Geborgenheit und materieller Sicherheit lustvoll genießen. Dann haben wir unseren Auftrag erfüllt.

Mond in den Zwillingen

Bewegen, lernen, mitteilen. Weil in der Vergangenheit unserer Mutter die Art des »Ausdrucks« (Wie stelle ich mich dar, im Denken, Lernen, Kommunizieren, Bewegen?) einseitig festgefahren war, brauchen wir nun in diesem Leben wieder Beweglichkeit. Wir sollen neugierig sein auf alle verfügbaren Informationen und unserem Bedürfnis folgen, möglichst viel zu lernen. Es geht darum, aufgeweckt, vielseitig, flexibel und positiv zu sein in unserem körperlichen und intellektuellen Ausdruck und damit in unserer Selbstdarstellung. Dabei bleiben wir neutral und werten nicht. Deshalb lassen wir uns auch emotional nicht so schnell vereinnahmen. Wir nehmen die Dinge, wie sie sind. Meist freilich haben wir von Kind an das weniger positive Bild eines Zwillingsmondes in unserer Seele, nämlich das Bild einer Mutter, die zwar vielseitig interessiert gewesen sein mochte (es war fast immer Besuch im Haus), aber keine emotionale Tiefe vermittelte, nicht zuletzt, weil sie stets beschäftigt war oder vielleicht durch uns Kinder pausenlos auf Trab gehalten wurde. Oder aber wir erinnern uns an eine Mutter, die ihr inneres Bedürfnis, lernen zu dürfen, offen und flexibel zu sein, aus für sie triftigen Gründen unterdrückte.[20] Entweder das eine oder das andere Bild bleibt in uns haften (gleichsam als Spiegel des gespaltenen Zwillinge/Merkur-Prinzips). Und so imitieren wir, weil wir es nicht anders kennen, die Mutter: Wir bleiben gehemmt in unserem Ausdruck – und leiden darunter, oder wir verzetteln uns, weil wir immer »zu tun« haben, ohne bei der (einer) Sache wirklich bleiben zu können. Die Crux, ist, dass wir unter dem Eindruck all der Details, die wir erfahren, die größeren Zusammenhänge nicht sehen und uns deshalb irgendwie »zerrissen« fühlen. Ebenso verhindert unser Wunsch, möglichst umfassend Informationen zu sammeln und uns auf vielen Gebieten zu tummeln, dass wir gefühlsmäßige Tiefe und Verlässlichkeit, aber auch Beständigkeit und ein sicheres Körperbewusstsein entwickeln. Es ist, als ob uns eine innere Unruhe stetig vorwärtstreibe. Erst später im Leben erkennen wir wieder das große Geschenk eines offenen, klugen, viel belesenen Zwillings-Mondes, der durch seine unvoreingenommene Art Brücken zwischen den Menschen schlagen kann.

Mond im Krebs

Wie kann ich gut für mich sorgen? Wir sollen in diesem Leben wieder Achtsamkeit entwickeln in Bezug auf unsere »weiblichen« Bedürfnisse, auf das, was wir empfinden. Das gilt für Frau und Mann. Beiden ist aufgetragen, auf ihre Gefühle zu achten und ihren Wahrnehmungen zu trauen. Gleichzeitig stehen die Themen Kinder, Familie und »Nest« im Vordergrund, Themen, die in der Vergangenheit vielleicht vernachlässigt wurden.

20 In diesem Fall spiegelt uns die Mutter das alte Muster der Vergangenheit (= die gehemmte Form des offenen Ausdrucks), das wir in diesem Leben zurücklassen sollen. Dann gilt es, sich an den eigentlichen »Wahrnehmungsauftrag« zu erinnern und unser Erleben daran zu orientieren.

Als Kind haben wir uns bei der Mutter rundum geborgen, versorgt und liebevoll angenommen gefühlt (die Erfahrung der »guten« Mutter). Auch später empfinden wir die Mutter als fürsorglich, andererseits immer mehr auch als Übermutter, als Glucke, die uns ständig bei sich haben und von allen Gefahren fern halten will. In diesem Fall sind unsere Ablösungsprozesse von der Mutter oft schwierig, insbesondere dann, wenn wir Einzelkind sind.

Empfinden wir die Umarmung der Mutter als zu eng, entwickeln wir Abwehr, brechen aus. Der Preis ist, dass wir uns oft einsam fühlen. Wir wünschen uns zwar Geborgenheit, meiden diese aber zugleich aus unserer Muttererfahrung heraus. Dies wird zum ziemlichen Problem, wenn wir später als Erwachsene die gute respektvolle Fürsorge, die wir als Kind vermisst haben, beim Partner suchen – was dieser natürlich nie leisten kann. Auch wird es dem Partner schwerfallen, sich auf uns einzustellen, da wir in unseren Gefühlsäußerungen sehr schwanken. Wobei sich die Launenhaftigkeit und häufigen Stimmungswechsel eines Krebs-Mondes daraus erklären, dass wir als Kind der Mutter einerseits nie nahe genug sein konnten, und uns zum anderen sofort erstickt fühlten, wenn es zu nahe wurde.

Auch das sprichwörtliche Einfühlungsvermögen eines Krebs-Mondes erklärt sich aus der Interaktion mit der Mutter. So entwickelt das Kind schon früh eine feine Antenne dafür, wie es der Mutter (später: dem Gegenüber) geht. Denn davon, so meint es, hängt ab, »ob ich angenommen werde oder ob ich in Gefahr gerate, erdrückt zu werden«. Denn das Kind muss ja wissen, was jetzt gerade dran und echt ist, damit es sich gut und behütet fühlen kann. Jedoch gerade diese einseitige Ausrichtung auf den anderen müssen wir aufgeben. Unser Auftrag lautet schließlich: Sorge zuerst für *dich* und dafür, dass es *dir* gut geht! Nimm wahr, was dich gerade *jetzt* bewegt und achte darauf, dass deine Bedürfnisse nicht zu kurz kommen. Wenn *du* zufrieden bist, kannst du auch den anderen, deiner Familie, dem Partner Fürsorge zukommen lassen und ihnen das Gefühl geben, dass du sie magst.

Mond im Löwen

Wie und wo kann ich mich lebendig fühlen? So lautet unsere innerste Frage, wenn wir den Mond im Löwen haben. Denn wir spüren, wenn wir lebendig sind, sind wir ganz präsent. Vermutlich ist dieses Erleben in der Vergangenheit der mütterlichen Linie viel zu kurz gekommen.

Wahrscheinlich hat unsere junge Kinderseele die Erfahrung lustvoller Lebendigkeit sehr wohl gekannt: Wir fühlten uns von der »guten« Mutter uneingeschränkt geliebt und geschätzt. Wir waren ihre kleine Prinzessin oder ihr kleiner Prinz. Sie spielte mit uns und förderte unsere Kreativität, wann immer es ihr möglich war. Auch kämpfte sie für uns, wenn nötig, wie eine Löwin – eine wahre, starke Löwenmutter also. Für uns als Kind war die Mama jedenfalls das Wichtigste und Schönste auf der Welt.

Doch oft schwindet die Erinnerung an diese primäre Erfahrung, wenn wir aufwachsen. Dann haben wir vielleicht eher das Bild einer Mutter vor Augen, die uns zu wenig Herzenswärme bieten konnte, weil sie selbst überfordert war, ihr Sorgen oder andere Umstände die Lebensfreude schließlich nahmen. Auch kann es sein, dass sie uns immer wieder antrieb, ihren verlorenen Traum nach Ruhm oder ihren unerfüllten Wunsch nach Bewunderung stellvertretend zu leben. Unsere Eigenart, die vor allem spielerisch sein will, wurde dabei völlig ignoriert. Die Folge ist, dass wir uns später fast zwanghaft gebärden in unserem Drängen nach Aufmerksamkeit und danach, stets im Bühnenmittelpunkt zu stehen, der Mutter zuliebe. Und wie können wir das am besten? Indem wir beispielsweise häufig Freunde zu Festen einladen oder uns einladen lassen.

Es kann natürlich auch sein, dass die Mutter uns geradezu hofierte, uns überschüttete mit Aufmerksamkeit und zu vielen Extras, weil sie aus uns eine Prinzessin oder einen Prinzen machen wollte. Kein Wunder, dass wir große Ansprüche entwickelten und uns nur wohl fühlen, wenn wir bewundert werden. Für Kritik sind wir schon gar nicht zu haben.

Unser Lernauftrag für dieses Leben lautet aber, aus uns selbst heraus zu leben, unserem eigenen Wesen gemäß. Das heißt auch, dass wir das Spiel des Lebens ganz und gar annehmen, aufmerksam sind, in dem was wir tun, und dies auch wertschätzen, im eigentlichen Sinne also selbstbewusst werden, ohne auf die Anerkennung anderer zu schielen. Dann haben die anderen ebenfalls Raum, sich auszudrücken.

Noch etwas kommt hinzu: Da für uns als Kind in jedem Fall die Mutter der stärkere Elternteil ist, müssen wir darauf achten, dass wir auch dem Vater zu seinem Platz und Recht verhelfen. Nur wenn wir ihn als Vater würdigen, kommen Gefühl und Handeln, das Weibliche und das Männliche in Einklang – und wir sind wirklich wir selbst.

Mond in der Jungfrau

Wie und wo kann ich nützlich sein und mich dabei wohl fühlen? Haben wir den Mond in der Jungfrau, ist in der Vergangenheit zumeist versäumt worden, das Leben realistisch und ökonomisch »auf die Reihe« zu bringen. Vor allem in der Linie der Mutter herrschten ungeordnete, ungeklärte Verhältnisse, vieles blieb verborgen. Auch wurden eigene Bedürfnisse stets den Wünschen anderer untergeordnet. Unser Auftrag lautet deshalb erst einmal: Ordnung schaffen und aufräumen! Konkret heißt das: Wir sollen wahrnehmen, was wir brauchen und was entbehrlich ist, damit wir unseren Alltag so bewältigen, dass wir uns wohl fühlen. Das Motto könnte auch lauten: Diene dem eigenen Erleben. Wir werden dann erstaunt feststellen, dass wir erst dann, wenn wir selbst zufrieden sind, mit dem was wir tun, freudig auch anderen nützlich und »zu Diensten« sein können!

Wohl mögen wir zu Beginn unseres Erdendaseins eine Mutter gehabt haben, die mit den Lebensumständen bestens zurecht kam, für jedes Problem eine Lösung parat hatte, uns gut versorgte und dennoch ihre eigenen Bedürfnisse nicht zu kurz kommen ließ. Leider aber haben wir mit Mond in der Jungfrau später oft nur noch eine Mutter vor Augen, die uns vorlebte, dass wir vor allem anderen nützlich sein müssen. Die eigenen Wünsche zu realisieren, das hat sie sich abgewöhnt. Nicht selten erinnern wir uns vielleicht auch an eine Mutter, die Bescheidenheit zur Zier machte, übervorsichtig war, sich unauffällig im Hintergrund hielt, pedantisch und penibel ihre Arbeit verrichtete, bei der alles ordentlich und sauber sein musste (bis hin zum »Putzfimmel« oder zur Reinlichkeitsneurose). Und wenn sie aus dem Haus ging, wurde ein Dutzend Mal kontrolliert, ob alle Geräte ausgeschaltet sind. All dies aus Angst vor dem Leben, das eben nicht berechenbar ist.

Vielleicht wurden wir auch, während wir aufwuchsen, übermäßig und oft kritisiert: Räum auf, sitz gerade! Jedweder Schmutz, den wir verursachten, wurde als persönlicher Affront gedeutet. Auf diese Weise empfanden wir uns als Kind immer irgendwie störend, als Last und stets ungelegen. Weil wir uns also immer irgendwie ertappt und schuldig fühlten, versuchten wir besonders brav zu sein (zumindest so zu tun) und schrieben in unsere Seele: Wie die Mutter, so dürfen auch wir mit dem Leben nicht gut zurechtkommen und für unsere Bedürfnisse eintreten. Stattdessen ist es wichtig, dass wir uns »ordentlich benehmen«. Die Folge war: Wenn wir als Kind verschmutzt nach Hause kamen, also »über die Stränge schlugen«, hatten wir ein schlechtes Gewissen. Damit waren wir wenigstens wieder solidarisch mit der Mutter.

Unser Auftrag als erwachsener Mensch ist nun, dass wir wieder lernen, unsere Bedürfnisse zu vertreten und unserem Leben zu dienen, so gut wir können. Dazu gehört auch, dass wir, siehe oben, den Alltag bestmöglich organisieren. Wenn wir diesen Auftrag wahrnehmen, legen wir zugleich die Grundlage für gute Beziehungen und letztlich unsere geistige Weiterentwicklung. Nutze dem Leben, heißt das Motto, und bereite es vor für seine Bestimmung.

Noch einmal: Erst wenn wir selbst unser Leben »auf die Reihe bekommen«, können wir auch anderen Menschen nützlich sein und ihnen dienen – was jene dann dankbar annehmen. Unter dieser Prämisse können wir ihnen unsere besonderen Fähigkeiten anbieten, etwa die Veranlagung, Dinge zu sortieren und zu ordnen, für alle Eventualitäten und Notfälle das richtige Mittel parat zu haben usw. – damit, im übertragenen Sinne, das Lebensfeuer niemals ausgeht.

Mond in der Waage

Wie und wo kann ich ausgleichen, lieben und gerecht sein? In der mütterlichen Linie unserer Herkunft kam das Bedürfnis nach Liebe, Ausgleich und Gerechtigkeit zu kurz. Daher lautet unser Auftrag, diese Lücke zu schließen, indem wir unsere Wünsche nach Liebe und Begegnung wahrnehmen und ihnen nachkommen, ebenso wie unserem Bedürfnis nach Harmonie, Ausgleich und Ästhetik – im Alltag, in Kunst und Kultur.

Auch wenn wir tief in unserer Kinderseele das Idealbild der Mutter gespeichert haben (da wir es ja erfahren haben), wir sie lieben und schön finden, so erinnern wir uns doch zu allererst an eine Mutter, die bei aller Anmut und Ästhetik meist kühl auf uns wirkte, emotionale Tiefe vermissen ließ und nicht zuletzt in ihren Wünschen sehr unentschieden und ohne klare Aussagen blieb, so dass wir oft nicht wussten, woran wir waren.

Es soll hier erwähnt werden, dass eine solche Mondstellung für Söhne zum Problem werden kann (das gilt noch mehr bei *Mond im 7. Haus*, ebenso bei einer *Mond/Venus-Konjunktion*), nämlich dann, wenn sie in der Mutter eine idealisierte Partnerin sehen. Eine solche Liebe zur Mutter erschwert, dass sie eine andere Frau lieben können. Das bedeutet, dass Söhne in diesem Fall beim Vater besser aufgehoben sind. Sie müssen sagen: Liebe Mutter, du bist meine Mutter, ich bin nur dein Sohn, ich gehe jetzt näher zu Papa.

Aber auch Töchter müssen sich von der »Partnerschaft« zur Mutter lösen, sonst bleibt später kaum Platz für eine gute Beziehung. Sie müssen sagen: Liebe Mutter, du bist meine Mutter, ich bin nur deine Tochter, das da ist dein Mann. Oft ist es nämlich so, dass Mutter und Tochter sich gegen den Mann verbünden, und die Mutter dann ein Alibi hat, sich nicht so sehr um ihren Mann kümmern zu müssen.

Die Folge unserer Erfahrung ist, dass wir uns auch später als Erwachsene nur wohl fühlen, wenn unser Erleben möglichst harmonisch bleibt und wir die Auseinandersetzung mit anderen meiden. Auch weichen wir immer wieder geschickt aus, wenn wir mit tiefen Gefühlen konfrontiert werden. Ebenso meiden wir Aggressionen und natürlich auch klare Entscheidungen, denn all das könnte ja Konflikte mit sich bringen. Wir könnten damit unseren Partner oder unser Gegenüber verprellen und vielleicht verlieren – oder wir könnten Widerspruch ernten, ihn gar zornig machen. Das aber ertragen wir nicht. Und so richten wir unsere Bedürfnisse lieber auf Ausgleich: Was du willst ist gut, ich stehe da gerne zurück.

Dabei geht es mit Mond in der Waage in Wahrheit darum, dass wir unser Bedürfnis nach Begegnung in jedweder Form wahrnehmen – und zwar partnerschaftlich. Das heißt, jeder hat das Recht sich einzubringen, ohne den anderen übertrumpfen zu wollen.

Mond im Skorpion

Wie und wo bleibe ich mir selbst treu? Mit einem Skorpion-Mond im Horoskop treffen wir in der Vergangenheit meist auf dramatische Ereignisse in der mütterlichen Linie, oft verbunden mit einem gewaltsamen Tod, etwa im Zusammenhang mit Kindern. Möglich ist zum Beispiel, dass Frauen im Kindbett gestorben sind (siehe auch Mond-Pluto, S. 180). Folglich lautet der wichtigste Auftrag eines Skorpion-Mondes: Kinder müssen überleben und das Erbe der Sippe weitertragen, koste es was es wolle, selbst wenn der Preis dafür das eigene Leben ist. Das heißt im Klartext: Der Sippenauftrag des Fortbestehens hat immer und überall Vorrang vor individuellen Bedürfnissen.

Wenn wir dies wissen, verstehen wir auch unser symbiotisches Verhältnis zur Mutter, kaum dass wir auf der Welt sind. Indem die Mutter uns an sich bindet, will sie sicherstellen, *dass* wir überleben. Sie tut dies meist subtil mit unterschwelligen Botschaften. So setzt sie uns zum Beispiel unter Druck, indem sie uns immer wieder vermittelt: Wenn du, mein Kind, gehst, deinen egoistischen Bedürfnissen nachgibst, dann sterbe ich! Wenn ähnliches früher schon einmal geschehen ist, nämlich dass ein Kind auf Kosten der Mutter leben durfte, dann glauben wir, keine Wahl zu haben. Wir verzichten auf das eigene Wohlergehen, aus Liebe zur Mutter und aus Angst, dass sie dann geht. Dies erscheint uns nur recht und billig, da ja auch sie pflichtbewusst ihr Eigenleben aufgab, uns Kindern zu liebe. Durch das eigene Opfer meinen wir manchmal sogar, wir könnten ein früheres Unglück wieder gutmachen. Auf keinen Fall wollen wir, dass die Mutter unseretwegen leidet oder gar stirbt.

Wobei die Mutter ihr Bestreben, uns zu vereinnahmen, nicht selten raffiniert zu tarnen versteht. So dominiert sie uns nachgerade auch dann, wenn sie das ohnmächtige, schwache Opfer spielt. Wobei wir nie vergessen dürfen: Unsere Mutter hat Macht über uns, weil wir ihr diese Macht geben. Das heißt, wir stellen uns ohne Widerstand in den Dienst der Geschichte der Mutter, selbst wenn wir die Mutter nach außen hin ablehnen oder sie gar hassen.

Meist fällt es uns auch noch als Erwachsene schwer, die Mutter loszulassen. So suchen wir uns gerne Beziehungen, die zu Abhängigkeiten führen. Unser Bindungswunsch, gekoppelt mit intensiven Gefühlen, ist nicht zuletzt deshalb so stark, weil wir Trennungen überhaupt nicht ertragen können. Doch gerade weil wir aus Angst vor Verlust den anderen zu sehr vereinnahmen, wird er letztlich flüchten. Wenn wir dann verlassen werden, haben wir das Gefühl zu sterben. Für Männer ist die Loslösung von der Mutter (und dem damit verbundenen Frauenbild) geradezu überlebenswichtig. Durchtrennt er die Nabelschnur nicht, trägt er seine Mutter immer wieder in seine Beziehungen. Damit ist jede Frau überfordert.

Grundsätzlich bedeutet ein Skorpion-Mond: Wir sind unseren alten Gefühlsmustern in Treue verbunden, so lange wir unsere eigenen Bedürfnisse zugunsten anderer Werte (den Werten der Mutter) verleugnen.

So bleibt uns, wenn wir frei werden wollen, nichts anderes übrig, als die Verstrickung der Mutter in ihr Schicksal zu achten, zugleich dankbar zu sein für die Bindungsfähigkeit, die Stärke, Regenerationskraft und Konsequenz, die wir von ihr mitbekommen haben. Schließlich bitten wir um den Segen dafür, dass wir uns selbst entdecken dürfen – unsere eigenen Bedürfnisse und unser wahres Wesen. Daraus resultiert eine große innere Kraft und die Fähigkeit, Tiefe und Bedeutung der Notwendigkeit des Wandels in diesem Leben zu erkennen.

Mond im Schützen

Wo und wann fühle ich mich sinnvoll? Mit einem Schütze-Mond (auch Mond in Haus 9) werden wir geboren, wenn in der Vergangenheit insbesondere auf der mütterlichen Seite das Bedürfnis zu reisen und dabei fremde Kulturen kennen zu lernen, nach Bildung und Wissen und damit nach persönlicher Entwicklung zu kurz gekommen sind. Gleichzeitig war man zu einseitig in bestimmten Weltbildern oder religiösen Ansichten verhaftet. Deshalb lautet unser Auftrag in diesem Leben, dem Bedürfnis nach anderen Sichtweisen, nach neuen Perspektiven und individuellem Wachstum nachzugehen. Dazu gehört auch, dass wir die Erkenntnis gewinnen: Es gibt viele »Wahrheiten«, und keine darf der anderen übergestülpt werden.

Die Mutter konfrontiert uns mit diesem Themenkreis. Vielleicht haben wir sie in den ersten Lebensjahren durchaus als klug, großzügig und begeisterungsfähig erlebt, auch wenn dies lange schon in unserem Unterbewusstsein vergraben ist und wir uns primär an eine Mutter erinnern, die ihren Neigungen, sich weiterzubilden, nicht nachkommen konnte, sei es, weil die Mittel ihrer Eltern es nicht zuließen, sie im Haushalt mitarbeiten musste bzw. sie sich einfach zu sehr belastet fühlte. Die Folge ist, dass sich ihr Blickfeld immer mehr an alten Überzeugungen der Familie orientierte, die nur schwer zu erschüttern sind. So glaubte sie vielleicht, Glück und Erfolg dürfen nur andere haben, *wir* nicht. Weil wir aber der Mutter helfen wollen, übernehmen wir den Auftrag, zu tun, was sie nicht vermochte: Wir besuchen eine höhere Schule und bilden uns weiter, denn wir wollen dazugehören und geliebt werden.

Anders gesagt: Wir übernehmen die Bedürfnisse der Mutter nach Weite, Entwicklung und Wissen; ebenso wie ihren Wunsch, zu den Glücklichen zu gehören, zu den Gebildeten, den »Oberen«. Folgen wir diesem Wunsch, ist die Mutter stolz auf uns, weil sie in uns etwas »Besonderes« sieht. Kein Wunder, dass wir hohe Ansprüche an uns stellen, wenn wir heranwachsen. Auch wenn wir spüren, dass wir dabei zu viel Kraft lassen und uns vermutlich in die »falsche« Richtung entwickeln – wir machen Abitur, studieren, ergreifen einen Beruf, indem vor allem Verstand, Wissen und Bildung zählen. Umso mehr sind wir frustriert, wenn uns Hindernisse im Weg stehen und wir Rückschläge einstecken müssen. Wir haben dann das Gefühl, die Schwierigkeiten sind zu groß für uns und eigentlich unzumutbar. Das heißt, wenn uns der Eintritt in den Olymp nicht gelingt, werten wir uns selbst enttäuscht ab, indem wir uns vom Schicksal benachteiligt fühlen – oder wir verurteilen andere, die es unverdientermaßen geschafft haben. So versagen auch *wir* uns die Erfüllung, aus Liebe zur Mutter.

Was können wir tun? Wir können unserer Mutter danken, dass sie uns das Bedürfnis nach Weite, Entwicklung, Verstehen gespiegelt hat und damit letztlich den Samen legte für unseren tiefen Wunsch nach Einsicht (als Tor zu Fische-Neptun). Wir bitten um ihren Segen und gehen nun los und suchen unser eigenes Glück, so gut wir dies vermögen.

Mond im Steinbock

Wie und wo lerne ich, Verantwortung für mein Erleben zu übernehmen? Mit einem Steinbock-Mond (auch Mond-Saturn S. 187) fehlte es früher vornehmlich mütterlicherseits meist an »klaren Verhältnissen«, an Ordnung, Struktur und Aufrichtigkeit – und besonders daran, Verantwortung zu übernehmen. Stattdessen gab es nur Schuldzuweisungen. Auch wurden diejenigen verurteilt, die sich nicht an die moralischen oder gesellschaftlichen Regeln hielten. Anerkannt sein in der Gesellschaft, danach galt es zu streben. Also ist das Bedürfnis in uns angelegt, Ordnung und Klarheit zu schaffen, ohne zu urteilen (denn dies wirft nur Gräben auf). Vor allem aber sind wir aufgefordert, Verantwortung für das eigene Schicksal zu übernehmen.

Frühe Erfahrungen mit der Mutter und die Erziehung, die wir »genießen«, entfernen uns von diesem Auftrag. Wir werden zwar zuverlässig versorgt, zugleich aber streng nach bestimmten Regeln gefüttert, zum Beispiel immer zur gleichen Uhrzeit. Unsere realen Bedürfnisse werden dabei nicht wahrgenommen. Auch erleben wir die Mutter meist als arbeitsam und gewissenhaft, dabei ernst, oft traurig, mit dem Schicksal hadernd. Unsere Kindheit ist deshalb alles andere als lustig und unbeschwert, die Umgebung, in der wir aufwachsen, erscheint uns häufig karg, eng, nüchtern oder zumindest zweckdienlich. Früh schon möchten wir der Mutter helfen. Doch selbst darin werden wir nicht wahr- und ernst genommen.

Die Folge ist, dass wir uns selbst bescheiden. Wir verzichten darauf, unsere Bedürfnisse anzumelden, um die Mutter nicht zu belasten. Das heißt, wir verstecken unsere Gefühle hinter einer Mauer, weil wir erfahren haben, dass dafür ohnehin kein Platz ist. Fatal ist, dass wir dieses »Muster« später auch in unsere Beziehungen tragen.

Meist ist es mit dieser Mondstellung mühsam, den wahren Auftrag dahinter zu entdecken, nämlich zu den eigenen Bedürfnissen zu stehen und die Verantwortung dafür zu übernehmen

– was auch immer daraus entstehen mag. Die Arbeit lohnt sich. Denn als Geschenk erhalten wir große Klarheit in der Wahrnehmung dessen, was im Leben wesentlich ist.

Mond im Wassermann

Wie und wo kann ich frei sein und doch dazugehören? In der Sippe der Mutter war für Individualität kein Platz. Also haben wir den Auftrag in die Wiege gelegt bekommen, unser Erleben frei und »anders« zu gestalten – frei von den tradierten, immer wieder weitergetragenen »Gefühlsmustern« unserer Familie, frei auch von den moralischen Urteilen der Gesellschaft. Dazu gehört zugleich ein großes Gerechtigkeitsempfinden. Wichtig für uns sind auch gleichgesinnte Freunde, in deren Kreis wir uns wohlfühlen.

In unserer Mutter sind diese Wünsche angelegt. Und vielleicht spiegelt sie uns diese freiheitliche Gesinnung sogar in frühester Kindheit wider. Schließlich aber sieht sie sich durch die gesellschaftlichen und familiären Verhältnisse gezwungen, ihren Freiheitsbedürfnissen zu entsagen. Und so erleben wir an ihr, wenn wir aufwachsen, stets eine gewisse Fremdheit – und wir kommen ihr nicht wirklich nahe. Dies kann so weit gehen, dass wir selbst uns fremd fühlen und uns fragen: gehöre ich überhaupt hierher? Ist das wirklich meine Mama?.

In jedem Fall irritiert uns diese Erfahrung fehlender Nähe, vor allem, weil wir ja den Grund nicht kennen. Und der Grund ist oft genug, dass die Mutter sich durch das Kind (also durch uns) in ihrem Freiheitsdrang eingeschränkt fühlt und daher unbewusst auf Distanz geht.

Weil wir aber angenommen werden wollen, imitieren wir das vorgelebte Gefühlsmuster der Mutter (wir kennen kein anderes). Das heißt, auch wir halten, oft noch als Erwachsene, gefühlsmäßig Abstand zu anderen Menschen, können uns nur schwer einlassen und geben meist widersprüchliche Wünsche kund. Dumm ist, dass wir eigentlich neue, ganz eigene Wege gehen sollen. Die Gefühlskühle der Mutter nachzuahmen gehört nicht zu unserem Auftrag. Was bleibt ist, unsere Mutter in ihrer »Eigenartigkeit« so zu nehmen wie sie war, sie konnte nicht anders. Wir aber dürfen anders empfinden als sie und ganz andere Wünsche haben.

Mond in den Fischen

Wie und wo kann ich mich vertrauensvoll fallen lassen? Unter einem Fische-Mond geboren, stoßen wir in unserer Familiengeschichte oft auf die »verlorene Heimat«. Ein Schicksal, das bis heute in der Seele nachwirkt. In diesem Zusammenhang, manchmal aber auch aus anderen rätselhaften Umständen heraus, ist das »Weibliche« verlorengegangen: Frauen, meist aus der mütterlichen Linie, blieben unbekannt, verstarben früh, wurden vergessen oder verschwanden einfach. Auch wurde um diese Toten nie wirklich getrauert. Nicht selten waren diese Früheren unerwünscht, weil sie durch ihr »merkwürdiges«, un-normales Verhalten die festgefügte Familienordnung und damit auch den sicheren Fortbestand der Sippe zu stören oder aufzulösen drohten. Mit Mond in den Fischen lautet demnach unser vorrangiger Auftrag, die Toten zu ehren und niemanden, wirklich niemanden aus der Sippe auszuschließen. Im übertragenen Sinne steckt dahinter die Aufforderung des Schicksals, alles wahrzunehmen, was das Leben ausmacht. Dazu gehört auch das Verborgene, das nicht offen Sichtbare zu erspüren und diesem Erspürten zu vertrauen.

Vermutlich kennen wir das Gefühl des geborgenen Eins-Seins aus der ersten Zeit mit unserer Mutter. Doch bald schon erleben wir inneres Chaos. Denn unser Wunsch nach Hingabe wird enttäuscht. Tatsächlich erfahren wir die Mutter, wenn wir aufwachsen, als nicht wirklich anwesend, weder physisch noch seelisch. Sie fehlt uns. Entweder weil sie uns früh verlässt, unter welchen Umständen auch immer, oder weil sie stirbt, wenn wir noch klein sind. Oft erleben wir unsere Mutter auch als krank oder kränklich und schwach. Offenbar kann sie nicht wirklich präsent sein, weil sie selbst in gewisser Weise mit den Toten ihrer Familie verbunden ist.

Die Folge ist, dass wir als Kind die Trauer unserer Mutter übernehmen – und häufig auch ihre Angst. Oder wir gehen, wie sie, in die Schwäche, kränkeln, damit man sich um uns kümmern soll und uns mitfühlend umarmt. Meist machen wir uns auch ihre Sehnsucht zu eigen, indem wir der Welt und ihren Anforderungen in Träumereien entfliehen. Selbst als Erwachsene spüren wir die große fehlende Geborgenheit in unserer Seele und eine tiefe Heimatlosigkeit. Wir leiden mit anderen und verlieren dabei die Fähigkeit, unsere eigenen Bedürfnisse zu erspüren. Auf diese Weise aber kann unser seelischer Hunger niemals gestillt werden.

Erst wenn wir die Verluste und die Toten unserer Familie ehren und sie ruhen lassen können, erst, wenn wir erkennen, dass wir mit unserem Mitleiden, das von uns wegführt, nichts zu erlösen vermögen, erst dann erfahren wir uns in diesem Leben angekommen und im Sein geborgen. Dann können wir uns vertrauensvoll all dem öffnen, was wir wahrnehmen. Jetzt.

Die Planeten in den Zeichen

Merkur, Venus und Mars in den Zeichen

Die inneren Planeten Merkur, Venus und Mars stehen für die Geschwister. Wobei Mars meist den ältesten Sohn repräsentiert. Manchmal freilich erkennen wir den Erstgeborenen auch in der Rolle Jupiters. Hinweise geben hier die durchschnittlichen Umlaufgeschwindigkeiten von Mars und Jupiter zur Zeit der Geburt, was heißt, dass auch darauf zu achten ist, ob diese Planeten bei der Geburt direkt- oder rückläufig waren. Immer aber sollten wir nachfragen, wie sich der Bruder tatsächlich verhielt oder verhält (bzw. wenn ich selbst in dieser Rolle bin: Wie verhalte ich mich in Bezug auf Beruf und Alltag?).

Entsprechend übernimmt die älteste Tochter die Rolle der Venus. Für das dritte Kind bleibt dann »nur« noch der Part Merkurs. Wobei Merkur-Kinder als »Nesthäkchen« den Eltern meist am nächsten stehen, gerade weil sie zuletzt geboren wurden. Das ist für diese Kinder nicht einfach, weil sie sich oft in einer »Zwitterstellung« zwischen Vater (Sonne) und Mutter (Mond) wiederfinden. Das heißt, weil sie es beiden Elternteilen recht machen wollen, geraten sie in einen Loyalitätskonflikt. Daher rührt natürlich auch ihr großes Interesse an den unterschiedlichsten Dingen. Vor allem aber haben sie als Folge dieses Dilemmas in der Regel Schwierigkeiten, sich zu entscheiden für den »weiblichen« oder den »männlichen« Weg. Woraus resultiert, dass sie hier oft merkwürdig indifferent erscheinen. Das lässt sich auch astrologisch nachvollziehen: Der Zwillings-Merkur »steht« *vor* dem Mond, der Jungfrau-Merkur »befindet« sich *hinter* der Sonne. Das heißt, Merkur muss gleichsam Sonne *und*

Mond »bedienen«. Werden danach noch weitere Kinder geboren (ein Jupiter-Kind etwa oder ein zweites Merkur-Kind) kann sich die Spannung wieder auflösen.

Die Stellung von Merkur, Venus und Mars in den Zeichen verbindet diese Planeten (und damit die Geschwister, die durch sie repräsentiert sind) mit den jeweiligen archetypischen Kräften der menschlichen Erfahrung, wir können auch sagen mit dem »kollektiven Unbewussten«. Da diese Energien natürlich auch im System Familie wirken, vertreten sie, je nach Tierkreiszeichen, die unterschiedlichsten Themen innerhalb der Sippe. Das bedeutet, sie bringen ein bestimmtes Thema als kollektives (systemisches) Anliegen mit in die Familie bzw. tragen es weiter. Systemisch am bedeutsamsten sind hier sicherlich die Zeichen Skorpion und Fische.

Mars im Skorpion: Ein männlicher Nachkomme ist unter dramatischen Umständen oder auch gewaltsam zu Tode gekommen.

Venus im Skorpion: Ein weiblicher Nachkomme ist unter dramatischen Umständen oder auch gewaltsam zu Tode gekommen.

Merkur im Skorpion: Ein Kind (Geschlecht unbekannt) ist auf dramatische Weise zu Tode gekommen. Da gab es z. B. eine Fehlgeburt oder das Kind verstarb kurz nach der Geburt. Das Geschehen wurde in der Regel verschwiegen. Manchmal muss man schauen, ob ein Zwilling hier Platz gemacht hat, also bei der Geburt gestorben ist.

Mars in den Fischen: Ein männlicher Nachkomme ist verschwunden oder wird verleugnet, unter welchen Umständen auch immer.

Venus in den Fischen: Ein weiblicher Nachkomme ist verschwunden oder wird verleugnet, unter welchen Umständen auch immer.

Merkur in den Fischen: Ein Kind (Geschlecht in der Regel unbekannt) ist verschwunden, unter welchen Umständen auch immer. Auch bei Merkur in den Fischen sollte man behutsam nachfragen, ob nicht vielleicht ein Zwilling »verloren« ging.

Das Problem bei Mars, Venus oder Merkur in den Fischen ist, dass hier kaum Informationen zugänglich sind. In diesem Fall stellt man einfach die Planeten (Kinder) dazu, und man wird wahrnehmen, wie sich das System beruhigt.

Bin ich selbst in der Rolle von Merkur, Venus und Mars in den Zeichen Skorpion und Fische, muss ich mich mit den oben genannten Themen von frühem Tod oder Verlust auseinandersetzen, sonst kann es sein, dass ich in ein früheres Schicksal verstrickt bleibe oder zumindest weiter daran gebunden bin. Dann aber kann ich die mir aufgetragenen Fähigkeiten (bei Merkur zum Beispiel sind das die Fähigkeiten der Bewegung, des Austausches und der Vermittlung) nicht wirklich für mein Leben nutzen.

Was ist, wenn wir mehr als drei Geschwister sind?

Zunächst, so zeigt die Erfahrung, haben die ersten drei Geschwister in der Regel am meisten »Gewicht« – für uns selbst als Teil der Geschwisterreihe wie natürlich auch für unsere Eltern. Dies vor allem, weil gerade sie (wie Sonne und Mond) persönliche Grundeigenschaften repräsentieren, die auf sie projiziert werden und mit denen wir im Alltag stetig konfrontiert sind. Beachte: Auch in der Geschwisterreihe nimmt Jupiter eine Sonderstellung ein. Oft schlüpft das vierte männliche Geschwister in diese Schuhe; es zeigt sich dann besonders wissbegierig, liest viel, fühlt sich dabei aber meist missverstanden. Jupiter freilich hält sich an keine Reihenfolge. So übernimmt er zuweilen auch, wie wir oben gesehen haben, die Aufgabe des ältesten Sohnes (etwa wenn Mars bei der Geburt rückläufig ist). Oder er folgt auf den Erstgeborenen und macht ihm das »Primat« streitig.

Grundsätzlich aber sollten wir uns zurückhalten mit schnellen Zuweisungen. Denn was ist, wenn drei Mädchen nacheinander geboren werden? Dann identifiziert sich nicht selten die zweite Tochter mit der Marsrolle. Wir erkennen dies am Verhalten und daran, wie sie ihre Kindheit erlebt hat (in der Regel sollte sie ja, meist nach dem Wunsch des Vaters, ein Bub werden und sich deshalb auch so verhalten!). Bleibt noch festzuhalten, dass *alle späteren Geschwister*, die nach den ersten drei kommen, bestimmte Anlagen oder Eigenschaften von Ahnen wiederholen und spiegeln – damit diese nicht vergessen werden.

Was ist, wenn wir Einzelkind sind?

Grundsätzlich suchen wir dann stets nach Personen, auf die wir eine fehlende Geschwisterenergie projizieren können. Das heißt, wir brauchen, wenn wir als Junge etwa den Mars übernommen haben, »notgedrungen« eine Venus im Außen. Diese spiegelt und vermittelt uns dann quasi stellvertretend die erste weibliche Erdkraft – und macht uns auf *diese* Weise letztlich erst zu einem beziehungsfähigen Wesen. Manchmal finden wir dieses Mädchen schon sehr früh etwa in der Gespielin im Kindergarten, im Nachbarskind oder später im ersten Berufsleben am Arbeitsplatz. Wir können dieser Venus aber auch in den Geschwistern der Eltern begegnen: etwa in Person einer Tante, die wir besonders mochten.

Noch einmal zum Verständnis: Die Venus ist, als Herrin des Stiers, zuerst eine weibliche Energie. Das heißt, haben wir den Platz von Mars eingenommen, geben uns Schwestern die erste Möglichkeit der Begegnung mit dem Weiblichen – wie auch mit dem Thema Wert bzw. Eigenwert, weil wir dann lernen müssen, uns abzugrenzen und unseren Eigenraum zu beanspruchen. Das ist ein wichtiger Lernprozess, der uns hilft, später einigermaßen vorbereitet in Beziehung zu gehen. In diesem Zusammenhang haben Untersuchungen ergeben, dass männliche Einzelkinder es in der Tat schwerer haben, tragfähige Partnerschaften (Waage-Venus, Luftelement) aufzubauen, verglichen mit Kindern, die mit Schwestern aufwuchsen.

Noch etwas ist anzumerken: Manchmal reichen unsere unbewussten Projektionen der Geschwisterplaneten auch weit in die Vergangenheit zurück, insbesondere dann, wenn Mars, Venus und Merkur im Skorpion oder in den Fischen stehen (gilt ebenso für Aspekte mit Pluto bzw. Neptun). So kann etwa eine gespannte Mars/Pluto-Verbindung auf den ältesten Bruder der Mutter hinweisen, der in jungen Jahren auf dramatische Weise ums Leben kam, oder aber auf einen Großonkel, dem ein ähnliches Schicksal widerfuhr. Ja, dieser »belastete« Mars mag manchmal sogar außerhalb der Sippe zu finden sein. So kam eine Frau in meine Praxis, deren Großvater unter der Nazi-Herrschaft einen jüdischen Jungen aus der Nachbarschaft angezeigt hatte, der dann ins KZ kam und umgebracht wurde. Die Horoskopeignerin war Einzelkind, hatte Mars im Skorpion und zudem noch am absteigenden Mondknoten.

Stehen Planeten am absteigenden Mondknoten, so sind deren Energien in besonderem Maße an oft weit zurückreichende Erfahrungen gebunden; insofern ist auch der absteigende Mondknoten ein »plutonischer Punkt«! Wir brauchen jedoch keine karmische Argumentation, weil wir die Thematik ziemlich sicher auch in unserer Familiengeschichte finden – wenn nicht auf der Ebene der Großeltern, dann bei den Urgroßeltern oder noch weiter zurück. Nehmen wir an, Venus stehe am absteigenden Mondknoten. Diese Venus spiegelt sehr wahrscheinlich das Schicksal einer Frau, deren »Wert« nicht anerkannt wurde, und dies verbunden mit einer unerfüllten, nicht gelebten Liebe. Das lange zurückliegende Drama hat Auswirkungen auf unsere derzeitigen Beziehungen. Das heißt, die Partnerschaften, die wir eingehen, werden uns immer wieder an das Schicksal dieser Frau erinnern – solange, bis wir es gewürdigt haben.

Betrachten wir das Beispiel eines Klienten mit Mars am absteigenden Mondknoten im Skorpion in Haus 2. Er erfährt von einem Urgroßvater, der als junger Bursche im Zorn den Hof seines Vaters angezündet hatte; dabei kam nicht nur Vieh, sondern auch ein Knecht ums Leben. Kein Wunder, dass dieser Klient nicht wütend sein darf. Oder betrachten wir das Beispiel einer Klientin mit Merkur am absteigenden Mondknoten in Haus 8 in den Fischen. Sie erfuhr von einer Verwandten, einer Großtante, die ein »Tratschweib« gewesen sein soll. Diese Frau habe einen Familienvater im Haus verleumdet, so dass dieser schließlich verhaftet wurde. Die Großtante selbst zog wenig später mit ihrem Mann nach Amerika. Dort verlor sich ihre Spur. Wen wundert es da, dass die Klientin es nicht wagt, sich anderen mitzuteilen.

Saturn, Uranus, Neptun und Pluto in den Zeichen

Saturn, Uranus, Neptun und Pluto, die Repräsentanten unserer Ahnen, werden auch als Langsamläufer bezeichnet, da sie Jahre brauchen, um ein Zeichen zu durchlaufen. So benötigt Pluto im Schnitt rund 20 Jahre, um ein Zeichen zu durchqueren, freilich mit großen Schwankungen, Neptun braucht durchschnittlich 13,7 Jahre und Uranus sieben Jahre. Saturn ist der schnellste dieser Planeten, er benötigt pro Zeichen annähernd 2,4 Jahre. Das heißt, sein »Einfluss« auf eine Thematik ist jeweils am kürzesten. Man könnte auch sagen: An der Schwelle zum transpersonalen Bewusstsein muss er sich häufiger mit den verschiedensten kollektiven Themen und Aufgaben beschäftigen, indem er sie quasi regelmäßig auf den Prüfstand stellt. Insofern ist, systemisch gesehen, Saturn in der Familie die moralische Instanz, die dafür sorgt, dass alles seine Richtigkeit hat und deshalb auch urteilt, was, im Sinne des Sippengedächtnisses, gut oder böse ist. Dies in jenem Themenbereich, der durch die Zeichenstellung gegeben ist. Da die besagten Planeten langsam laufen, nicht mit bloßem Auge sichtbar sind (bis auf den »Schwellenplaneten« Saturn, der in klaren Nächten schwach zu sehen ist), also im Hintergrund »herrschen«, haben sie viel »Gewicht« in unserer Seele. Sie sind daher den persönlichen schnelllaufenden Planeten *vorgeordnet*. Übertragen heißt das: Solange wir sie außen vor lassen, missachten und nicht in den Blick nehmen, solange ist die Ordnung gestört und die persönlichen Planeten hängen, bildlich gesprochen, haltlos »in der Luft«.

Jupiter hat, was die Umlaufzeit betrifft, eine Zwischenstellung inne. Er braucht ein Jahr, um ein Zeichen zu durchlaufen, und verbindet so meines Erachtens das persönliche Streben nach Entwicklung mit den höheren schicksalhaften Ebenen. Im Uhrzeigersinn wiederum versinnbildlicht er frei nach W. Döbereiner die »Fügung« des Schicksalhaften ins Leben gemäß »Anweisung der Bestimmung«. Jupiter in diesem Zusammenhang als rein »gesellschaftlichen Planeten« zu bezeichnen, erscheint daher »unsinnig«, weil wir dann nur eine Teilrolle Jupiters abdecken. Denn Jupiter ist, wie der gegenüberliegende Zwillings-Merkur, nicht wirklich eindeutig zu definieren. Er hat viele Facetten (siehe der mythische Zeus/Jupiter, der die Menschen vom Olymp herab in vielen Verkleidungen aufsucht).

Ein Wort zu Pluto: Pluto versinnbildlicht, wie kollektiv gespeicherte, oft tief unter einer Tarnkappe verborgene Seelenbilder (hier vor allem auch aus dem System Sippe) das persönliche Erleben unbewusst überlagern. Dies sind Muster, die wir erst erforschen, »ausgraben« und in stärkende Bilder umwandeln müssen, damit wir zu unserem eigenen Weg finden.[21]

21 Astronomischer Exkurs: Pluto umkreist am weitesten draußen die Sonne, auf einer extrem elliptischen Bahn. Er ist sehr klein und eigentlich ein Planetensystem, bestehend aus zwei Himmelskörpern, Pluto selbst und seinem halb so großen »Mond« Charon. Daher wirkt Pluto auf Bildern oft wie eine Kugel mit einer großen Ausbuchtung, quasi birnenförmig. Pluto und Charon haben eine extrem hohe Dichte und sind in ihren Rotationen eng miteinander verbunden. Das führt dazu, dass sie sich beide immer die gleiche Seite zeigen, während die andere abgewandt und verborgen bleibt.

Zeichen- und Häuserstellung der Planeten allgemein

Es ist wichtig zu erkennen, dass die Planeten in den Tierkreiszeichen und in den Häusern zwar analoge Entsprechungen, aber andere Bedeutungsschwerpunkte haben. Das heißt, sie verweisen auf eine ähnliche Thematik, doch die Blickwinkel und Wirkebenen sind verschieden.

Planeten in den Zeichen

Die Tierkreiszeichen sind archetypische, kollektive Erfahrungsbilder, die aus der Vergangenheit heraus die Gegenwart »färben«, und zwar über die Häuser, die sie anschneiden, bzw. über die sie herrschen. Die jeweiligen sogenannten Herrscherplaneten (Mars herrscht über Widder, Venus über Stier und Waage usw.) verkörpern in ihrer Symbolgestalt eben diese Bilder, tragen sie weiter durch das Horoskop und verbinden sie mit anderen Informationen – den Zeichen und Häusern, in denen sie stehen, und den zugehörigen Aspekten – zu einzigartigen Energiemustern. Wobei die Planetensymbole letztlich nur spezifische Formen oder »Gefäße« vorgeben, deren konkrete Inhalte und Manifestationen (innerhalb einer Analogkette) ganz verschieden sein können.

Generell zeigt uns die Stellung der Planeten in den Zeichen die »Aufgabe einer Singularität gegenüber einem Kollektiv«[22]. Anders gesagt: An diesem »Punkt« vermitteln uns die Planeten den Zugang zum »kollektiven Unbewussten«, in dem nach C. G. Jung alle menschlichen Grunderfahrungen gespeichert sind. Diese archetypischen Primärerfahrungen, symbolisiert in den zwölf Zeichen, finden wir auch in unserer Familie wieder – in

22 Leider finde ich keinen Nachweis mehr darüber, wer diese Begrifflichkeiten erstmals verwendet hat. Ich bitte um Nachsicht und freue mich über diesbezügliche Informationen.

bestimmter Ausprägung, die aus der Sippengeschichte resultiert. Wir können also sagen: Dort, wo die Planeten bzw. ihre Repräsentanten stehen, vermitteln sie uns einen Zugang zum sog. »wissenden Feld« der Familie (einen Begriff, den Familienaufsteller gerne verwenden; vgl. auch Rupert Sheldrakes »morphogenetische Felder«). D. h., an dieser Stelle wird der Horoskopeigner mit dem »kollektiven« Energiefeld (System) der Familie und den darin enthaltenen Erfahrungen konfrontiert.

In diesem Sinne wirken die Planetenstellungen zur Zeit der Geburt quasi wie eine Matrize, durch die (gemäß dem Schaltplan des Horoskops) bestimmte Erfahrungen gleichsam magnetisch angezogen werden, um die »Gefäße« (Planeten) im Leben des Horoskopeigners mit Inhalt zu füllen. In diesem Sinn fungieren die Planeten gewissermaßen als Schauspieler (mit unterschiedlichen Fähigkeiten), die in Rollen schlüpfen, die in *diesem* individuellen Kraftfeld für sie vorgesehen sind. In der Familie übernehmen einzelne Sippenmitglieder diese (Planeten-) Rollen. Da sie über die Aspekte und Häuser (Herrschersystem) in einzigartigen energetischen Beziehungen zueinander stehen, rufen sie aus dem wissenden Feld auch nur ganz spezifische Erfahrungen »in die Erscheinung«, gleichsam wie durch ein unregelmäßiges Sieb – Erfahrungen, die in dieser Familie auf genau *diese* eine Weise gespeichert sind.

Planeten in den Häusern

Die Häuserstellung der Planeten verweist, wie angedeutet, auf unsere individuellen Aufgaben in *einem bestimmten Lebensbereich*. Hier auf diesem Erfahrungsfeld tritt uns das »Symptom« (= der Schauspieler bzw. in der Familienastrologie: das Sippenmitglied) entgegen, hier müssen wir uns mit dieser Energie und seiner Thematik auseinandersetzen. Beispiel: Uschi hat eine steife Hüfte. Sie kann kaum laufen. Uschi hat Jupiter (Hüfte, Entwicklung, die großen Schritte) im Quadrat zu Pluto (Unterdrückung/Ohnmacht). Pluto steht in Haus 3 (Bewegung), Jupiter in Haus 6 (Gesundheit, psychosomatischer Ausdruck). Das heißt, die steife Hüfte zeigt sich in Haus 6 und beeinträchtigt dort entschieden die Lebensumstände der Klientin. Die Frage ist nun, welche Erfahrungen der Vergangenheit – wahrscheinlich verbunden mit konkreten Personen – stecken dahinter, die Uschi unbewusst dazu bringen, ein bestimmtes Thema durch körperliche Symptomatik weiterzutragen und so »im Gedächtnis zu halten«?

Grundsätzlich konfrontiert uns Pluto in dem Haus, in dem er steht, mit den alten Mustern der Vergangenheit, z.B. in Haus 6 im Bereich Arbeit, Gesundheit, in Haus 9 im Bereich Bildung, Wissen, Religion, Kirche. Die Häuserstellung Neptuns hingegen zeigt an, wo etwas »verlorengegangen« ist? Z. B. Neptun in Haus 10. Hier können wir fragen: Wer ist von der Gesellschaft ausgeschlossen bzw. vergessen worden? Diese Person ist wichtig für uns, denn solange wir ihr in unserem Herzen den Platz nicht geben, der ihr zusteht, solange verweigern wir uns selbst einen Platz im öffentlichen Leben und fühlen uns ausgeschlossen.

Wir können hier auch noch ein anderes Unterscheidungsmodell zwischen Zeichen- und Häuserposition heranziehen. Beispiel Mondstellung: So symbolisiert die Mondposition in den Zeichen unseren Auftrag der mütterlichen Linie, vermittelt und »aktualisiert« durch die Mutter; der Zeitstrang reicht dabei von der Vergangenheit vor unserer Geburt bis zur Geburt (entspricht der systemischen Betrachtung = Pluto). Demgegenüber zeigt die Stellung des Mondes in einem Haus unsere Erfahrungen innerhalb eines Zeitstranges von der Geburt bis in die Gegenwart. Dieser ist in erster Linie geprägt durch unsere Eltern (psychologische Betrachtung = Mond). Das bedeutet zugleich: Die systemische Sicht (Pluto) ist *vorgeordnet* und muss demnach *zuerst* betrachtet und geachtet werden. Damit ist auch die Zeichenstellung der Planeten grundsätzlich »gewichtiger« als die entsprechende Häuserstellung.

Von besonderer Bedeutung sind Planeten in Haus 7. Denn sie

zeigen an, dass unsere Seele die Person, die dahintersteht, ganz besonders liebt, gleichgültig, ob wir sie bewusst ablehnen, weil sie uns vielleicht enttäuscht hat. Das kann problematisch werden, wenn wir männlich sind und sich zum Beispiel unser Mond in Haus 7 befindet. Mond in Haus 7 heißt dann nämlich oft, dass wir unsere Mutter nicht als Mutter sehen, sondern als gleichberechtigte Partnerin. Entsprechendes gilt, wenn wir Tochter sind und die Sonne sich in Haus 7 befindet. Dann sehen wir im Vater nicht den Vater, sondern den Partner. Beides ist nicht angemessen, denn wir bleiben immer Kind, und die Eltern bleiben Eltern.

Ungemein wichtig sind natürlich auch Planeten in Haus 8. Hinter ihnen stehen Personen, die quasi gebündelt das Sippengewissen repräsentieren. Mit ihnen müssen wir uns sehr intensiv auseinandersetzen. Zugleich haben diese Menschen aber auch eine Schlüsselrolle inne, die uns hilft, aus alten Mustern auszusteigen.

Der Aszendent, systemisch gesehen

Im Zusammenhang mit den astrologischen Häusern ist, wie zu erwarten, systemisch vor allem der Aszendent (= das Zeichen, das zur Zeit der Geburt am östlichen Horizont aufsteigt) besonders aufschlussreich. Denn er repräsentiert gewissermaßen den persönlichen, individuellen Beitrag unseres »Ichs« an das System. Allgemein initiiert der Aszendent das primäre Lebensfeld des Menschen, also die Art und Weise, wie der Mensch ins Leben tritt. Dieses »Wie« aber bekommt er gewissermaßen von der Sippenseele als Grunderfahrung mit auf diese Welt, dem Zeichen entsprechend, das der Aszendent (AC) anschneidet.

»Ich schaue auf etwas, das aufsteigen soll«, so beschreiben Peter Orban und Ingrid Zinnel[23] den Auftrag des Aszendenten. Somit symbolisiert der AC ebenso eine Art »Grundanlage« des Menschen, die in diesem Leben ausgewickelt und entwickelt werden soll. Weil er alle anderen Lebensbereiche des Menschen beeinflusst, spricht man auch vom »Geburtsherrscher«.

Bei der »Entwicklung« unserer mitgebrachten Grundanlage brauchen wir Hilfe. Daher ist der AC stets mit einer Suche verbunden. Diese Suche führt uns zum Planetenherrscher des jeweiligen Zeichens am AC. Seine Stellung im Horoskop verweist systemisch betrachtet meist auf eine Person in der Familie, die oftmals

23 Ich verweise hier auf die Bücher von Peter Orban alleine und mit Ingrid Zinnel zusammen, z.B. *Drehbuch des Lebens*, Reinbek bei Hamburg 1990, siehe auch Literaturverzeichnis

große Bedeutung für uns hat. Umso mehr, wenn dieser Planet »belastet« ist, etwa über Aspekte zu Saturn, Neptun oder Pluto. Das heißt, das Tor zu dieser Energie (Person) ist verborgen oder blockiert. Dann muss dieser Zugang zuerst frei gemacht werden.

Einschub: Um den Prozess des »Auswickelns« der AC-Anlage in der Tiefe zu verstehen, erscheint weiterhin hilfreich, den Aszendenten immer auch im Beziehungszusammenhang mit den anderen Häusern sehen. Denn deren Bedeutung wird mit dem Aszendenten (dem Herrscher des Horoskops) festgelegt. Insbesondere lohnt es, die benachbarten Häuser (Haus 12 und 2) wie auch deren gegenüberliegende Häuser (Haus 6 und 8) in die Betrachtung miteinzubeziehen. Gerade die angrenzenden Lebensbereiche zeigen oft an, warum wir uns schwer tun mit unserem Aszendenten, also mit dem, was wir werden sollen. Nehmen wir Haus 2: Es vermittelt uns, wenn wir aufwachsen, was in unserer Sippe (Herde) Gewicht hat. Diese Werte sind zunächst bindend für uns – weil wir dazugehören wollen. Erst wenn es uns im Laufe der Jahre gelingt, unseren Aszendenten wirklich und erwachsen »ins Leben zu bringen«, können wir die übernommenen Werte durch einen eigenen Wertekodex ersetzen – wobei wir dann zu unserer Verwunderung erfahren, dass wir trotzdem dazugehören.

Beispiel: Mit einem Jungfrau-AC empfinden wir uns in unserer Lebenstüchtigkeit zunächst gehemmt, beziehungsweise passen uns völlig den Bedingungen unseres Umfeldes an. Wir tun dies, weil wir glauben, den Sippenwerten gegenüber loyal sein zu müssen. Diese lauten bei Haus 2 in der Waage: Harmonie ist wichtig, Unstimmigkeiten sind unter den Teppich zu kehren. Ihnen müssen wir folgen, sonst verlieren wir die Zugehörigkeit. Interessanterweise wird in diesem Fall Haus 8 vom Mars beherrscht. Das heißt, das Prinzip der Durchsetzung ist an ein altes Sippenmuster gebunden, ein Muster, von dem wir uns nur schwerlich loslösen können. Und Haus 12? Haus 12 wird vom Löwen angeschnitten. Wie sollen wir mit einem Jungfrau-AC wirklich lebenstüchtig sein, wenn das Leben selbst »verloren«

ging, und die Aufgabe ansteht, das Leben erst einmal selbst zu heilen?

Wichtig ist natürlich auch das Haus, das dem Aszendenten im Westen gegenüberliegt: der Deszendent (DC). Er verweist darauf, welche Begegnungen wir »brauchen«, um zu unserer Bestimmung zu kommen bzw. unser Schicksal zu erfüllen (Medium Coeli/MC). Das Außen zeigt uns, was uns vermeintlich noch fehlt, um vollständiger zu werden. Beispiel: Haben wir den AC im Widder, so liegt der DC in der Waage. Was bedeutet, dass wir oft Menschen begegnen, die selbstlos lieben, stets den Ausgleich suchen, charmant sind und Ästhetik schätzen.

Leider können wir das in der Realität des Alltags oft nur schwer ertragen. Und so rufen Menschen, die sich partout nicht entscheiden können, unseren Ärger hervor (wir können uns ja entscheiden, warum du nicht?). In Wahrheit aber sollen uns diese Begegnungen bewusst machen, was wir brauchen, damit wir reifen können: Nämlich dass es gut ist, auch einmal abzuwarten und vielleicht nach einem Kompromiss zu suchen. Zugleich sollen wir lernen, dass andere Menschen für ihre Bedürfnisse ebenso einstehen dürfen, wie wir dies für uns selbst in Anspruch nehmen.

Die Entwicklungsachse aus systemischer Sicht

Aus systemischer Sicht bedeutsam ist auch das Medium Coeli (MC) – in der analogen Betrachtung die »Himmelsmitte« = Mittagspunkt = höchster Stand der Sonne im Tageslauf. Es zeigt an, welche Eigenschaften wir im Laufe unseres Lebens »zur Reife« bringen sollen. Dorthin ruft uns das Schicksal, dort liegt unsere Berufung, anders gesagt: unsere Bestimmung. Dort, am höchsten Punkt der Sonne, sind wir dem Nest unserer familiären Identifizierungen, unseren persönlichen, vielleicht auch noch kindlichen Bedürfnislücken entwachsen und damit erwachsen. Dort stehen wir in der Welt »unseren Mann« oder »unsere Frau«.

Das Nest, aus dem wir kommen, unser familiärer Hintergrund, wird angezeigt durch das Imum Coeli (IC), das dem MC gegenüberliegt und den Mitternachtspunkt der Sonne im Tageslauf beschreibt. Es verweist auf unsere ersten Kindheitserfahrungen, das erste Echo, das wir erhalten, auch die erste »Maske«, die wir uns zulegen – nämlich dann, wenn unsere Bedürfnisse unbeachtet bleiben oder gar entwertet werden. Dann entscheidet unsere kleine Seele: Mein Bedürfnis muss wohl falsch sein. Folglich verleugnen wir fortan unsere Wünsche und wahren Bedürfnisse und passen uns an, damit wir angenommen und geliebt werden. Dies führt letztlich zu einer bestimmten Grundstimmung, die uns zu eigen ist. Die Frage ist: Was tun wir damit? Wie setzen wir dieses Grundgefühl konstruktiv und kreativ auf unserem Lebensweg ein? (Haus 5, Haus 6).

Systemisch gesehen übernehmen wir mit dieser Grundstimmung oft ein Gefühl, das eigentlich zu einer früheren Person der Familie gehört. Anders gesagt: Das IC vermag uns Fingerzeige zu geben auf erste (unbewusste) Identifikationen.

Im Folgenden werden alle 12 Aszendenten aus systemischer Sicht beschrieben, ergänzt durch Deutungshinweise zu den dabei möglichen Medium Coeli[24], wobei stets auch darauf verwiesen wird, »woher wir kommen« (Imum Coeli).

Bleibt zu erwähnen, dass die Aussagen in Bezug auf MC und IC immer auch im Zusammenhang stehen mit dem jeweiligen AC-Herrscher, zugleich Herrscher des Horoskops. Das heißt, wenn wir verschiedene Aszendenten haben, aber beide Male eine gleiche Entwicklungsachse (IC-MC), dann bleibt deren

24 Beachte: Bei einigen AC's ist in unseren Breiten nur ein MC möglich, z.B. bei AC Zwillinge nur Wassermann (entsprechend IC Löwe). Je weiter wir allerdings in den Süden Europas kommen (beginnend etwa auf der Höhe des Tessins/CH) ist in diesem Fall auch ein MC in den Fischen denkbar. Das heißt, alle hier beschriebenen MC's kommen zwischen 45° und 55° nördlicher Breite (etwa Höhe Kopenhagen) vor. Vgl. dazu Ingrid Zinnel: *Familienkonstellationen im Horoskop*, Tübingen 2003, S. 36, 37.

Deutung vom jeweiligen Auftrag des Aszendenten abhängig. So ist z.B. sowohl beim Stier-AC als auch beim Zwillinge-AC eine IC/MC-Achse Löwe-Wassermann möglich, die dann entsprechend der Anlage des AC-Herrschers »gefärbt« ist. Allerdings verändern sich mit dem AC die anderen Häuserspitzen, was ebenfalls Einfluss auf die IC-MC-Achse hat. So haben wir bei einem Stier-AC und MC Wassermann die Spitze des 8. Hauses im Schützen (das Festhalten an einem Weltbild, das wir nur schwer loslassen können), während wir bei einem Zwillings-AC und MC Wassermann das 8. Haus meist im Steinbock finden: meine Maßstäbe, Regeln und Urteile sind die einzig richtigen!

Aszendent Widder

Was soll ich sein? Ein Kämpfer. Haben wir einen Widder-Aszendenten, brauchen wir die primäre männliche Marskraft, um uns als Person zu behaupten und ins Tun zu kommen. Das ist manchmal gar nicht so einfach, weil wir diese Kraft oft unbewusst anderen zur Verfügung stellen. Wir meinen dann, wir müssten etwas für andere tun oder für sie etwas ausbaden. Wenn wir einen großen Bruder haben, so hat dieser meist die Mars-Rolle inne. Allzu häufig aber erkennen wir den Bruder nicht an als »den Ersten«. Das heißt, wir mischen uns immer wieder unaufgefordert ein und/oder fühlen uns als Aufpasser. Auf diese Weise stellen wir uns über ihn, nehmen gewissermaßen seinen Platz ein! Damit aber verstoßen wir gegen die Ordnung. Erst wenn wir zurücktreten und den großen Bruder als Erstgeborenen in der Geschwisterreihe würdigen, sind wir frei und können die Marsenergie wirklich leben – indem wir mutig für uns selbst eintreten!

Wer auch immer Mars verkörpert (ob wir selbst, unser großer Bruder oder eine andere frühere, männliche Person) – seine Qualität voll anzunehmen, fällt besonders schwer, wenn sie an die Vergangenheit gebunden ist. Dann fehlt uns oft der Mut, uns gegen die überkommenen Wertmaßstäbe der Sippe durchzusetzen. Vielleicht haben wir unsere Tatkraft auch dem Sippengewissen »geopfert«, um dadurch früheres Unrecht auszugleichen – vor allem bei gespannten Aspekten von Mars zu Pluto oder Neptun. Ist die Mars-Energie dagegen unbelastet, so kann sie uns dort, wo Mars steht, helfen, zu unserer eigenen Ich-Stärke zu finden.

Mit dem **MC im Steinbock** ist uns aufgetragen, das Nest der Familie bzw. die Identifizierung mit dem Thema Familie (geprägt vor allem durch die Erfahrungen mit der Mutter) zu verlassen, die Kindrolle aufzugeben, das heißt, die Vorstellung sein zu lassen, dass andere für die Erfüllung unserer Wünsche zuständig sind (IC Krebs). Stattdessen sollen wir erkennen, dass wir selbst für die Befriedigung unserer Bedürfnisse verantwortlich sind. Auch werden wir aufgefordert, eine maßgebliche Rolle in der Gemeinschaft einnehmen (beachte: das 10. Haus ist das 4. Haus des anderen). MC im Steinbock bedeutet ebenso, dass wir uns von einseitigen Verpflichtungen lösen sollen. Es gilt, die natürliche Ordnung innerhalb unserer Sippe anzuerkennen und uns nicht mehr einzumischen! Das heißt, wir müssen lernen, die eigenen Grenzen zu akzeptieren.

Aszendent Stier

Was soll ich sein? Präsent, geerdet, auf dem richtigen Platz in der Gemeinschaft. Mit einem Stier-AC fühlen wir uns zu allererst eingebunden in den Werterahmen unserer Familie, d.h., wir fühlen uns diesen Werten verpflichtet. Deshalb haben wir auch Angst, die »Herde« und ihre Schutzgemeinschaft zu verlassen. Also verbleiben wir lieber auf dem uns zugewiesenen Platz, denn die Zugehörigkeit wollen wir auf gar keinen Fall verlieren, da dies unsere Existenz bedrohen würde. Das Dumme ist nur, dass wir mit unserem Stier-AC gerade die Aufgabe haben, unseren *eigenen* Platz im Leben und unser *eigenes* Wertesystem zu finden, auch unsere Körperlichkeit anzunehmen –

und damit alles, was uns ausmacht. Das aber geht nur, wenn wir die Herde und den Platz, den sie uns zugewiesen hat, verlassen (archetypisch befinden sich Wassermann-Uranus im Quadrat zur Stier-Venus)!

Wo steht die Venus? Dort können wir unseren Wert im alltäglichen Leben finden. Ist die Venus an diesem Ort aber »belastet«, fällt es uns oft sehr schwer, uns in diesem Lebensumfeld wirklich anzunehmen. Beachte dabei: Der Wert, den wir uns geben, ist immer verbunden mit unseren Beziehungen – und mit dem, was wir durch sie zu finden hoffen (Waage-Venus). Unsere erste Beziehungserfahrung mit dem Du auf gleicher Ebene finden wir zum Beispiel in der großen Schwester. Mit dieser Projektion haben wir im Grunde ziemliches Glück. Denn im Umgang mit unserer Schwester können wir unseren Selbstwert recht gut austesten, wir lernen unsere Grenzen zu bestimmen und einen eigenen Stil zu finden. Haben wir indes keine Schwester, so machen wir diese Erfahrungen in der Kindheit vielleicht mit einer Sandkastenliebe oder einem Mädchen in der Nachbarschaft, unserer ersten Freundin.

Mit dem **MC im Steinbock** sollen wir die natürliche Ordnung innerhalb der Sippe wiederfinden, in der wir den Platz einnehmen, der uns zusteht. Nur dafür sind wir verantwortlich. Hinter uns lassen müssen wir die einseitige Identifizierung mit unseren frühen Erfahrungen, die vor allem durch die Mutter und deren Familie geprägt waren (IC Krebs). Liegt unser **MC im Wassermann** sollen wir den Weltbildern und Werten unserer Sippe (hier vor allem der Sippe des Vaters, IC Löwe) untreu werden und unseren ganz eigenen Weg gehen, dorthin, wo wir wirklich zu Hause sind. Doch wir haben Angst, nicht mehr dazuzugehören, wenn wir dies tun. Diese Furcht müssen wir überwinden. Nur dann können wir unseren stimmigen, individuellen Platz in der Gesellschaft finden (einen anderen als den, den uns die Familie zuwies) – und schließlich zum unabhängigen, autonomen Menschen reifen.

Aszendent Zwillinge

Was soll ich sein? Ein flexibler »Brückenbauer«. Mit einem Zwillings-Aszendenten streben wir danach, immer wieder Brücken zu schlagen und Verbindungen zu knüpfen. Aus dieser Rolle ziehen wir Bedeutung. Oft wird freilich Anmaßung daraus, z. B. wenn wir uns als »Blitzableiter« für zwei sich streitende Parteien (etwa die Eltern) zur Verfügung stellen. Der Preis ist, dass wir meist ziemliche Schwierigkeiten haben, uns auf eine Sache festzulegen bzw. unser *eigenes* Anliegen darzulegen. Ebenso bereitet es uns Mühe, stehen zu bleiben und uns einzureihen – etwa in die Geschwisterfolge.

Dort, wo Merkur sich befindet, sollen wir Informationen einholen, beweglich bleiben und kommunizieren, also letztlich vermitteln und Brücken schlagen. Ist Merkur in seiner Position jedoch belastet, haben wir nur eingeschränkten Zugang zu dieser Qualität. Steht Merkur im 12. Haus oder in den Fischen bzw. in Konjunktion zu Neptun, so dürfen wir vermuten, dass ein Kind verloren ging, von dem wir das Geschlecht nicht wissen (vielleicht auch ein Zwilling). Steht Merkur im Skorpion oder in Konjunktion mit Pluto, sollten wir fragen, ob es in der Vergangenheit ein Drama mit einem Kind gab. Beide Male geht es darum, den verlorenen Merkur wieder zu uns zu holen – damit wir seine wichtigen Qualitäten voll zur Verfügung haben.

Mit **MC im Wassermann** sind wir aufgerufen, nach Unabhängigkeit zu streben und diese zu bewahren, das heißt, unsere Fähigkeiten nicht von anderen ausnutzen zu lassen oder in deren Dienst zu stellen. Zugleich empfinden wir uns als Teil einer sozialen »Gemeinschaft«, in der wir das Urteilen aufgeben und für Gleichberechtigung eintreten. Unsere Kindheitserfahrungen, von der väterlichen Linie geprägt (IC Löwe: Hauptsache selbst gut dastehen!), lassen wir zurück. **MC Fische**: Unserer Bestimmung vertrauend bleibt uns letztlich nichts anderes übrig, als uns dem Chaos des Lebens und seiner Unberechenbarkeit auszusetzen. Das fällt uns schwer, denn mit dem IC in der Jungfrau haben wir gelernt, »ordentlich« zu sein und uns anzupassen. Doch im Laufe der Zeit müssen wir erkennen: Es gibt große universelle Gesetzmäßigkeiten, denen wir uns beugen müssen.

Aszendent Krebs

Was soll ich sein? Achtsam und meine Bedürfnisse wahrnehmend. Mit einem Krebs-AC glauben wir, wir müssten stets für andere da sein und für sie Verantwortung übernehmen. Dabei kommen wir selbst zu kurz. Das aber macht uns traurig, und so suchen wir unentwegt nach *der* Geborgenheit, die wir als Kind vermissten. Das bedeutet: Mit einem Krebs-AC suchen wir letztlich nach der Mutter.

Wo steht der Mond? Ist er belastet, so gilt es in einem ersten Schritt, die Mutter zu achten und sie »zu nehmen«, wie sie war oder ist, damit wir selbst unseren inneren Mond erspüren können und zu unseren Gefühlen kommen. Der Mond ist ein Geschenk der mütterlichen Linie. Wenn wir dieses Geschenk dankbar annehmen, lernen wir auch, für uns selbst zu sorgen. Das müssen wir, denn vom anderen, zum Beispiel vom Partner, bekommen wir diese Fürsorge nicht; der Partner ist nicht unsere Mutter!

Gerade wenn wir den AC im Krebs haben, ist ein Blick auf den MC (unsere Bestimmung) besonders interessant. Mit **MC im Widder** sind wir aufgerufen, die scheinbar heile Welt unserer Familie zu verlassen, in der Konflikte in der Regel unter den Tisch gekehrt wurden (IC Waage). Es gilt, den Schritt hinaus in eine unbekannte Welt zu wagen, auch wenn das mit Entscheidungen verbunden sein mag, die mit den Bedürfnissen anderer kollidieren. Zugleich werden wir aufgefordert, überholte und für uns nicht mehr stimmige Strukturen zu verlassen. Dies verlangt von uns, aus uns selbst heraus zu leben und für unsere eigenen Belange einzutreten – und dafür die volle Verantwortung zu übernehmen. Mit **MC in den Fischen** wiederum sollen wir unsere alten Suchmuster nach Geborgenheit in »ordentlichen« Verhältnissen auflösen. Stattdessen werden wir aufgefordert, unserer Bestimmung und der »göttlichen Führung« zu vertrauen. Liegt schließlich unser **MC im Wassermann**, sind wir angehalten, »aus dem Nest zu flüchten« – mit dem Ziel, ein autonomer Mensch zu werden, mit allen Rechten und Pflichten.

Aszendent Löwe

Was soll ich sein? Lebendig und kreativ. Mit einem Löwe-AC halten wir uns für den König im System, gleichgültig, ob wir Mann oder Frau sind. Nicht selten vertreten wir deshalb auch den Vater, wenn wir ihn für unzureichend oder schwach halten – weil wir glauben, dass wir in jedem Fall das bessere »Oberhaupt« der Familie sind. Das ist eine ziemliche Anmaßung und ein Platz, der uns nun überhaupt nicht zusteht. Dahinter steht in Wahrheit, dass wir den Vater nicht wirklich und im Herzen annehmen können, unsere Seele aber auf der Suche nach ihm ist! Wo steht die Sonne? Dort finden wir den Vater. Annehmen können wir ihn aber nur, wenn wir kleiner werden und den Vater als den »Großen« anerkennen, der uns das Größte gab, was es gibt: das Leben – egal, wie sehr die Sonne auch belastet sein mag.

Oft haben wir viele Jahre darauf verschwendet, unsere Größe und Macht aufzubauen und zu erhalten. Das ging an unsere Substanz und kostete unsere Lebendigkeit. Doch leider verlassen wir den Thron meist erst dann, wenn wir ganz »am Ende« sind.

Mit **MC im Stier** sollen wir unseren Platz in der »Herde« einnehmen, und zwar den, der angemessen ist für uns. Das ist ein Schritt zurück von unserem Anspruch, der Primus zu sein, aber auch eine große Erleichterung, denn nun sind wir zwar immer noch einzigartig, doch zugleich einer unter vielen. Wir müssen nicht mehr größer sein als die anderen. Haben wir unseren »guten« Platz gefunden, dürfen wir uns auch sicher fühlen. Das ist wichtig, denn mit IC im Skorpion wurden wir schon früh mit den Themen Macht und Ohnmacht oder auch mit dem Tod konfrontiert, oft verbunden mit Tabus. Kein Wunder, dass wir unsere wahren Bedürfnisse unter Verschluss hielten. **MC Widder:** Wenn wir nicht länger den »großen Max« zu spielen brauchen, ins Glied treten und auch die anderen »ihr Ding« machen lassen (das zeugt von wahrem Selbstbewusstsein!), wächst uns wieder Energie zu. Wir sind dann frei, mutige Entscheidungen zu treffen, Impulse zu setzen und Initiativen zu starten – gleichgültig, ob damit Macht, Glanz und Kontrolle verbunden sind oder nicht. Dann entwachsen wir wie selbstverständlich unseren Eindrücken in der Kindheit, in der man uns die harmonische Familie vorspielte und Streiten verpönt war (IC Waage).

Aszendent Jungfrau

Was soll ich sein? Lebenstüchtig. Wir wollen unsere Hände in Unschuld waschen, aus Angst vor der Realität des Lebens. Denn wir wissen: Wenn wir uns auf das Leben ganz einlassen, werden wir zwangsläufig immer wieder schuldig. Hinter dieser oft ängstlichen Vorsicht steckt letztlich eine in der Familie lange bewährte Erfahrung: Wer gegen die (schützende) Ordnung, Sauberkeit und Moral verstößt, wird bestraft! Und so fühlen wir uns mit dem Jungfrau-AC aufgefordert, die Rolle des Saubermanns (der Sauberfrau) zu übernehmen – oder wir werden zur »Krämerseele«. Dazu gehört auch, dass wir andere liebend gerne kritisieren. Das heißt, wir leugnen unsere eigenen Fehler, indem wir sie auf andere abwälzen. Wir könnten uns natürlich auch einreden, dass wir vor allem nützlich sein wollen. Doch das ist vordergründig. In Wahrheit dienen wir anderen, um Schuld, Schmutz und Chaos von uns fernzuhalten. Dabei vergessen wir, dass wir ziemlich anmaßend sind, wenn wir uns nur in den Dienst anderer stellen. Ich werte nämlich mein Gegenüber ab, wenn ich glaube, dass er sich in keinem Fall selbst helfen kann.

Dort, wo Merkur steht, werden wir deshalb oft mit der Frage konfrontiert: Wo wird (vermeintlich) Unmoralisches versteckt?

Dies gilt vor allem dann, wenn Merkur durch Neptun oder Pluto »belastet« ist. Dies kann dann darauf verweisen, dass jemand in der Sippe einen Fehlgriff getan hat, z.B. gab es ein uneheliches Kind, oder ein Kind wurde weggegeben, verleugnet, ging »verloren« oder durfte nicht leben. Und »Gründe« dafür findet die Familie fast immer. Zugleich können wir dort, wo Merkur steht, lernen, unser Leben selbst so gut wie möglich zu organisieren, das bedeutet, zu aller erst uns selbst zu dienen, damit wir anderen nützlich sein können, ohne uns zu verlieren.

In diesem Zusammenhang bleibt wichtig zu eruieren, wer die Rolle Merkurs in der Geschwisterreihe übernommen hat. Dieses Geschwister muss in seinem Zwiespalt zwischen »ich« und »du« geachtet werden. Haben wir selbst die Rolle des Merkurs inne, müssen wir das in der Vergangenheit (aufgrund einer »unmoralischen Verfehlung«?) verlorene Kind würdigen und zur Familie gehörig anerkennen. Nur dann können wir unser Leben wirklich angemessen realisieren und gut »auf die Reihe bringen«.

Haben wir den **MC in den Zwillingen**, sind wir aufgerufen, neugierig zu bleiben für alles, was außerhalb unserer geordneten, eindeutigen Welt liegt. Wir lernen, alles ist relativ und nichts ist perfekt. Wir dürfen also durchaus mal neutral bleiben. Das entlastet unsere Seele, weil wir nicht mehr alles wissen müssen, um angenommen zu werden (IC Schütze). Mit **MC im Stier** ist es wichtig, dass wir unseren Platz in der Gemeinschaft finden, einen Platz, an dem wir sicher sind (mit IC im Skorpion waren wir es nicht), an dem wir keine Moral mehr brauchen, keinen Sauberkeitsfimmel, keine Pedanterie, und auch keine »untertänige« Anpassung, um uns zu schützen.

Aszendent Waage

Was soll ich sein? Ausgleichend und ausgeglichen. Wir wollen ausgleichen.[25] Deshalb leben wir eher im Du als bei uns! Dort im Du suchen wir die Ergänzung dessen, was uns vermeintlich fehlt. Oder wir erhoffen uns von anderen einen Ausgleich für etwas, das ungleich geworden ist (beachte: Jungfrau Haus 12 = Verlust der Fähigkeit, das Leben zu ordnen). Darin liegt auch unser Unentschieden-Sein begründet: Eine Entscheidung könnte nämlich die Balance, nach der wir streben, gefährden. So suchen wir andere, die für uns entscheiden. Wir selbst bleiben nett und unverbindlich. Wir wollen gut aussehen und attraktiv sein, damit wir andere nicht verärgern oder Ablehnung hervorrufen.

Systemisch steckt hinter einem Waage-AC das Bedürfnis unserer Seele, das verblasste Andenken oder Schicksal einer Person oder mehrerer Personen wieder ins Sippengedächtnis zu holen. Die Familie, so wünschen wir es, möge wieder in harmonische Balance kommen. Das heißt, wir wollen das, was fehlt, nicht eingehalten oder gewürdigt, vergessen oder verloren wurde, jetzt in die »Waagschale« legen, damit das System ins Gleichgewicht findet. Dies macht unsere Furcht vor Entscheidungen noch verständlicher, denn jede Bevorzugung einer Partei könnte unseren Wunsch nach einem Ausgleich im System zum Scheitern verurteilen.

Mit einem Waage-AC können wir davon ausgehen, dass es in der Familie Liebesbeziehungen gab, die belastet waren – nicht selten durch dramatische Ereignisse, Verrat, Verluste oder Verzichte, unabhängig von Stellung und Disposition der Venus. Daraus ergeben sich bestimmte Beziehungsmuster, die wir weitertragen. Was indes keine Lösung bringt, sondern nur das Un-

25 Oft sitzt hinter diesem Bedürfnis ein tiefes subjektives Ungerechtigkeitsgefühl. Der angestrebte Ausgleich muss daher nicht immer friedfertig sein, vor allem dann, wenn Pluto im Spiel ist. Dabei kann der Betreffende privat durchaus seine »nette« Fassade beibehalten. Das heißt, auch ein Verbrecher kann mit einem Waage-AC auf die Welt kommen.

gleichgewicht fortgesetzt. Umso mehr müssen wir von einem »Beziehungsdrama« ausgehen (immer auch verbunden mit Wertfragen!), wenn die Venus direkt in gespannter Verbindung steht mit Langsamläufern, respektive mit Neptun oder Pluto.

Zugleich gibt uns die Stellung der Venus einen Schlüssel in die Hand, der unsere Beziehungen und damit uns selbst in Balance bringen kann. Daher ist es wichtig, die Person zu würdigen, die in unserem Familiensystem die Venus verkörpert. Meist ist das die große Schwester. Sind wir (als Frau) die Erstgeborene, so übernehmen wir selbst diese Rolle. Nicht selten spielen wir dann – in Verbindung mit der Sonne – den Part der Geliebten des Vaters, indem wir ihm quasi zum Ausgleich die Partnerin ersetzen. Als männliches Einzelkind finden wir die Venus vielleicht in unserer Lieblingstante wieder, oder ihr Bild reicht noch viel weiter zurück (Venus am Südknoten). Zuweilen erkennen wir sie auch in einem Nachbarskind, das in unserer frühen Jugend die verzehrende Sehnsucht nach »dem fehlenden Du« verkörperte.

Ergänzend sei vermerkt: Ich habe festgestellt, dass es bei einem Waage-AC tatsächlich primär um die »gestörte Liebe« in der Familie geht. So gibt es reichlich missglückte Beziehungen, Trennungen und daher immer auch Halbgeschwister, in jedem Fall aber meist unglückselige Verwicklungen. Zum Beispiel hatte der Vater eines Klienten mit Waage-AC, nachdem er geschieden war, die frühere Frau seines Bruders geheiratet, was böses Blut in der Familie gab.

Bei einem **MC im Krebs** haben wir »der Mutterseite etwas zurückzugeben«[26]. Dazu müssen wir unsere Sicht des Erlebens aus den Verstrickungen der Vergangenheit befreien, einer Vergangenheit, die Gefühle als unnötig und unstatthaft abwertete. Auch war unsere Kindheit oft karg und unsere Bedürfnisse wurden nicht wahrgenommen. Was uns zu der (Skript-) Entschei-

26 Siehe dazu: Ingrid Zinnel: *Familienkonstellationen im Horoskop*, Tübingen 2003, S. 46.

dung führte: »Ich brauche niemanden.« (IC Steinbock) Doch wir haben ein Recht auf unsere Gefühle und auf die Erfüllung unserer Bedürfnisse! Zugleich sollen wir erkennen: Nur das, was wir wahrnehmen, hat wirklich Bedeutung! Systemisch gesehen geht es letztlich darum, ein Ungleichgewicht in Balance zu bringen, indem ich der »weiblichen Seite« in meinem Leben wieder zu ihrem »Recht« verhelfe. So denkt ein Klient mit Waage-AC jetzt mit 40 Jahren ernsthaft darüber nach, ob er seinen Job aufgeben und die Leitung eines Waisenhauses übernehmen soll. Mit **Löwe am MC** wiederum haben wir der Vaterseite etwas zurückzugeben. Dazu müssen wir unsere Verhaltensweisen aus früheren Verstrickungen befreien, Verstrickungen, die dazu führten, dass wir in der Kindheit stets »dieses Fremde« spürten; oft fühlten wir uns selbst fremd in der Familie. Folge war schließlich, dass wir uns von unseren Gefühlen abspalteten. Das können wir besonders gut, wenn wir den Rebellen spielen (»Hört bloß auf mit der alten Kacke«), oft tun wir dies auch noch als Erwachsene. Oder wir schlüpfen in die Rolle des bunten Vogels (vielleicht um an einen früheren Außenseiter zu erinnern). Fast immer ziehen wir von zu Hause weg, um Distanz zu gewinnen. Zuweilen ist diese Distanz niemals genug für uns, und es drängt uns, wieder und wieder umzuziehen (IC Wassermann), selbst wenn wir es dann doch unterlassen. Systemisch gesehen geht es mit Löwe am MC letztlich darum, dem selbstverantwortlichen männlichen Handeln wieder die Ehre zu geben! Wir sind aufgefordert, kreativ und lebendig in die Welt hinauszutreten.

Aszendent Skorpion

Was soll ich sein? Selbstbestimmt, so gut ich es vermag. Lange haben wir unseren eigenen Weg, die Macht über unser Leben, dem Sippengewissen geopfert. Wir empfinden uns verstrickt in die Geschichte unserer Familie, was uns viel Energie kostet. Oft erfahren wir uns beladen mit fremden Emotionen. Wobei wir diese Gefühle immer wieder auf Personen richten, die damit im Grunde nichts zu tun haben (es ist jemand in der Familie gemeint!).

Zugleich empfinden wir uns angetrieben, nach dem Verborgenen zu graben. Immer mehr erscheint uns dabei wichtig, vor allem in unserer Sippe nach dem »Getarnten« zu forschen, herauszufinden, auf welche Weise wir daran gebunden sind. Es ist dies quasi die Suche nach des »Pudels Kern«, die uns drängt, die Suche nach dem Drama, das die Familiengeschichte bestimmt.

Wo steht Pluto? Dort laufen wir Gefahr, für jemanden ein Schicksal zu übernehmen (»lieber ich als du«) bzw. den eigenen Lebensweg, der uns aufgetragen ist, einem falschen Bild zu opfern – so wie es die Person getan haben mag, die vor uns war. Es ist, als fühlten wir uns verpflichtet, auf diese Weise das frühere Drama zu sühnen und damit auszugleichen. Das ist hier die Anmaßung und leider wird dadurch nichts besser. Für uns selbst bedeutet es, dass unser eigener Weg in Selbstbestimmung besetzt bleibt, wir können ihn nicht gehen.

Mit einem Skorpion-AC ins Leben geschickt, müssen wir uns mit Pluto, dem wir unsere Selbstbestimmung und unsere Lebendigkeit »geopfert« haben, zutiefst und kompromisslos auseinandersetzen (beachte: Skorpion/Pluto und Löwe/Sonne stehen in archaischer Grundspannung zueinander). Dabei geht es nicht um Larifari, sondern um ein Entweder-Oder. Wobei uns zugutekommt: Wenn wir uns auf den Weg ins Leben machen, bleiben wir dabei, mit großer Leidens- und enormer Regenerationsfähigkeit. Will heißen: Wir geben niemals auf.

Systemisch gesehen repräsentiert Pluto oft eine Großmutter, die im Hintergrund die Fäden zieht und um jeden Preis »die Scholle rein halten will« (Erich Bauer). Für sie steht das Überleben der Sippe über jedweder Individualität. Koste es, was es wolle. Das ist keine Bösartigkeit, sondern ein innerer Drang und Auftrag. Im Guten sorgt sie dafür, dass die Familie lebensfähig bleibt und weiterbesteht. Ihre Kraft, ihre ungeheure Ausdauer und ihre Leistung sind zu achten! Alles andere, vor allem ihr Opfer, darf und soll bei ihr bleiben.

Auch hier ist die Betrachtung des MC besonders aufschlussreich: Mit dem **MC im Löwen** sollen wir lebendig werden und zugleich die volle Verantwortung für unser Leben übernehmen (mit IC Wassermann erleben wir, wie Verantwortung vermieden wird). Dazu müssen wir die Wurzeln unseres Selbst ganz aus der Gefangenschaft befreien. Der Lohn ist, dass uns »die Flügel wachsen, auf die wir zeitlebens gewartet haben«.[27] Haben wir andererseits den **MC in der Jungfrau** bleibt uns letztlich nur, klein beizugeben, anders gesagt: Das große Drama einfach sein zu lassen! Die tägliche Bewältigung des Lebens wie auch der Dienst am Leben, das ist es, um was es gehen soll. Oft ist uns das zu wenig, dann zwingt uns das Schicksal, bescheidener und demütiger zu werden und vor allem, von unseren »Macht- und Ohnmachtphantasien« Abschied zu nehmen. MC in der Jungfrau heißt auch, endlich Orientierung zu haben und dem kindlichen Chaos der Gefühle zu entrinnen (IC Fische). Bleibt anzumerken: Mit IC in den Fischen können wir davon ausgehen, dass es uneheliche Kinder in der Familie gab (gilt auch bei Neptun in Haus 4). Vielleicht wurden wir selbst unehelich gezeugt. Nicht selten sind mit diesen Erfahrungen dramatische Ereignisse verbunden (AC Skorpion).

Aszendent Schütze

Was soll ich sein? Offen, weit und nach Erkenntnis strebend. Schon als Kind fühlen wir uns »größer« als andere, größer als unsere Geschwister, und vor allem größer als die Eltern. Nur wir wissen, was »Sache« ist! Wer so groß ist, glaubt, dass er die anderen bekehren oder gar erretten muss. Dabei fühlen wir uns aber immer wieder missverstanden. So fragen wir: Versteht mich denn keiner? Das ist unsere Crux. Weil wir unseren Mitmenschen unser Verständnis als das »Wahre, Gute« verkaufen

27 INGRID ZINNEL: *Familienkonstellationen im Horoskop*, Tübingen 2003, S. 49.

wollen, werden wir für sie zuweilen unerträglich. Doch die Suche nach verstehen wollen, nach Sinnhaftigkeit und danach, dass sich etwas fügt, ist unser innerster Antrieb. Wir müssen nur darauf achten, dass wir das, was wir gefunden haben, nicht für *die* Wahrheit halten! Dann mögen wir erkennen, dass es viele Wahrheiten gibt. Und jede Wahrheit ist so gut wie die andere. Das nennen wir Toleranz. In diesem Sinn ist unsere Suche letztlich die Suche nach Einsicht. Diese finden wir aber nicht in unserem begrenzten Verstand, sondern in Räumen, die weit darüber hinausreichen – jenseits der Schwelle von Saturn, der urteilt und trennt. Wir finden sie im kosmischen Ur-Vertrauen des Fisches. Dort hat alles, was ist, seinen Sinn. Dort müssen wir nicht länger verzweifelt nach dem *einen*, unserem Sinn, suchen (beachte: Jupiter ist der alte Herrscher der Fische). Das ist schmerzlich, weil es loslassen bedeutet, loslassen von der eigenen Hybris des immerwährenden Verstehen-Wollens. Die endgültige Einsicht lautet: Es gibt nichts zu verstehen, es gilt, einverstanden zu sein.

Dort, wo Jupiter steht haben wir die Chance zu wachsen. Ist Jupiter »belastet« (zu beachten sind hier vor allem Spannungsaspekte mit Pluto) steht er für ein Familienmitglied, das in seiner inneren und äußeren Entwicklung gehindert wurde und dadurch vielleicht am Sinn seines Daseins verzweifelte. An diese Person müssen wir uns erinnern. Manchmal wird sie repräsentiert durch einen Großvater, der seinem engen Umfeld nicht zu entkommen vermochte und seinen Drang nach Weite der Sippe opferte. So hatte ich eine Klientin, deren Opa gerne – wie seine Brüder – nach Amerika ausgewandert wäre. Stattdessen blieb er auf dem Hof und baute Wägelchen. Später wurden seine Hüfte und seine Beine steif und er konnte sich nicht mehr bewegen. Ich machte der Klientin klar, dass sie am Bild ihres Großvaters ihren bisherigen Umgang mit dem eigenen Jupiter in sich erkennen konnte.

Zuweilen symbolisiert Jupiter auch den Großvater oder Onkel, der im Krieg geblieben ist, und deshalb glorifiziert wird, als ginge eine unbestimmte, heimliche Sehnsucht dorthin. Nicht selten stellt sich auch heraus, dass dieser Großvater oder Onkel freiwillig in den Krieg zog, vielleicht weil er glaubte, nur auf diese Weise der engen Spießigkeit seines Dorfes und den Verpflichtungen seiner Sippe entgehen zu können (Skorpion ist der Nachbar des Schützen!).

Zuweilen ist Jupiter, vor allem bei Mond-Aspekten, auch der erste Geliebte der Mutter, den sie nicht haben durfte, dem sie dennoch oder gerade deshalb inniglich verbunden ist. Wird dieser »erste Mann« nicht gewürdigt und damit »entlassen«, hat der Vater (Sonne) kaum eine Chance, denn das Herz der Mutter (Mond) ist besetzt. Oft ist es dann so, dass ein Sohn die Rolle dieses früheren Geliebten der Mutter übernimmt. Manchmal tut das auch eine Tochter. So stellte sich bei einer Frau mit einem Schütze-AC heraus, dass sie mit dem ersten Mann der Mutter (gegengeschlechtlich) identifiziert ist. Sie fühlte sich immer fremd in ihrem Körper, dachte gar an eine Geschlechtsumwandlung. Heute lebt sie in einer lesbischen Beziehung.

Ob Jupiter in einer gespannten Konstellation steht oder nicht: Mit einem Schütze-AC ist die hinter Jupiter stehende Person immer sehr wichtig für uns. Wenn wir uns an sie wenden, sie anerkennen, wird sie uns auf unserem Weg fördern. Das bedeutet für uns aber auch, ein gutes Stück zurückzutreten, kleiner zu werden. Dann erst nämlich, wenn wir auf Normalgröße geschrumpft sind, können wir auch Hilfe annehmen. Das ist für schützebetonte Menschen nicht leicht, denn ihr Lieblingsmotto lautet: »Ich brauche die anderen nicht.«

Kleiner werden heißt ebenso zu erkennen, dass wir immer auch Kind sind, nämlich das Kind unserer Eltern. Hat nicht jedes Kind die Aufgabe, erst einmal anzunehmen, was es bekommt? Und wenn es »nur« das Leben ist, das ihm geschenkt wurde. Diese schlichte Geste aber fällt uns schwer. Also suchen wir nach Argumenten dafür, nichts nehmen zu müssen, da wir ja selbst alles haben. Dies nimmt unserer Seele die Kraft. Schließlich aber, nach vielen Argumenten und oft verzweifeltem Ringen um Wissen und Verständnis, bleibt uns nichts anderes übrig, als anzunehmen, was gegeben wird, bedingungslos.

Bis dahin aber verteilen wir unsere Weisheit auf dem Boden anderer und ziehen uns dann beleidigt zurück, wenn diese keine Früchte trägt oder die anderen unsere »Rettung« gar nicht wollen, das heißt, unseren Antrieb, sie auf den rechten Weg zu bringen, nicht ausreichend würdigen. Dabei verkennen wir, dass kein Mensch sich geachtet fühlen kann, wenn man ihm nicht zutraut, sich im eigenen Rhythmus weiterzuentwickeln und zu wachsen, den eigenen Lebenspfad zu finden und zu gehen.

An diesem Punkt gilt es, uns das vermutlich wahre Motiv unseres Lehren- und Rettenwollens einzugestehen. Wir möchten nämlich, wie alle Menschen, angenommen und *geliebt werden*. Um geliebt zu werden, müssen wir aber zuallererst fähig sein, *Liebe anzunehmen*. Solange wir dies nicht lernen – also vom Lehrer zum Schüler werden –, gehen wir leer aus. Denn was nutzt es uns, wenn unsere Eltern stolz auf uns sind, wir uns aber ihrer vielleicht sogar schämen? Liebe lässt sich nicht nehmen und geben, wenn wir auf dem hohen Ross sitzen. Anders gesagt: Das angemaßte Amt des Schütze-AC und eigentlich aller schützebetonter Menschen ist das des Entwicklungshelfers. Von dieser Anmaßung wird er Abstand nehmen müssen. Das braucht Zeit. Auch braucht es Zeit, sich daran zu gewöhnen, sein Wissen im Zweifel für sich zu behalten und eher seiner inneren Stimme und Wahrnehmung zu vertrauen wie auch endlich seinen Bedürfnissen Ausdruck zu verleihen, die im Hintergrund warten (beachte: der Schütze ist im Krebs gespiegelt). Dann erst ist er reif für seine eigene Entwicklung in großen Schritten.

Mit **MC in der Jungfrau** müssen wir auf unserem Lebensweg oft viele Federn lassen. Und wir müssen lernen, kleinere Brötchen zu backen. Meist lehren uns bittere Lektionen, Demut zu üben und uns einverstanden den Realitäten anzupassen. Woraus folgt, dass wir erst einmal den Alltag zu meistern haben, so gut wir können. Man kann auch sagen: Je älter wir werden, desto mehr zeigt sich die Sinnhaftigkeit unseres Lebens im Gewöhnlichen. Ebenso gilt: Indem wir uns selbst achtsam dienen, können wir auch anderen dienen, ohne uns zu verlieren. Auf diesem Weg entsagen wir der Angst, entwurzelt und heimatlos zurückzubleiben (IC Fische). Als Kind hatten wir Angst, dass die Mutter uns verlässt oder stirbt! Männer übertragen das später oft auf ihre Frauen (Haus 8 im Krebs). Bleibt zu erinnern: IC in den Fischen heißt auch, dass es in unserer Familie uneheliche Kinder gab (dito bei Neptun in Haus 4). Oft sind wir selbst unehelich geboren. Dazu passt, dass wir uns meist nur undeutlich an unsere Kindheit erinnern können! Bei **MC in der Waage**, haben wir zu lernen, dass wir keinen Deut besser sind als andere, und »mehr wissen« uns schon gar nicht über andere erhebt. Bis wir das einsehen, werden wir durch viele »Beziehungskisten« geschleust. MC in der Waage heißt IC im Widder. Das heißt, in unserer Familie wurden rücksichtslos die Bedürfnisse einer Seite durchgesetzt, es gab oft Streit, oder es herrschte unterschwellig eine aggressive Grundstimmung. Als Kind agierten wir diese Energie quasi stellvertretend aus, indem wir z.B. Unfälle erlitten, uns schnitten oder am Kopf verletzten. Haben wir das **MC im Skorpion,** dann müssen wir im Laufe des Lebens lernen, uns von Fremdbestimmung zu befreien, auch von der, die zu viel Opfer von uns forderte, nur um der Anerkennung willen. Vor allem gilt es, von unserer Macht Abstand nehmen. Das ist ziemlich schmerzlich, weil wir dann das Gefühl haben, andere (unsere Schüler?) im Stich zu lassen. Und doch müssen wir sie in die Freiheit entlassen. Wir entwachsen damit unseren ersten Erfahrungen in der Kindheit, in der nur materielle Werte zählten. Denn wir hatten uns einst entschieden: Wir brauchen Besitz und müssen ihn festhalten, sonst gehen wir unter (IC Stier)!

Wir suchen den Sinn unseres Lebens in der Fremde,
in Bildung, Wissen, in Religion und Kirche,

indem wir Lehrer oder Heiler werden –
nur um damit die Leere zu füllen;

erst später, viel später erkennen wir,
dass er zu Hause auf uns wartet …[28]

Aszendent Steinbock

Was soll ich sein? Selbstverantwortlich und ohne Urteil. Schon als Kind schlüpfen wir in die Erwachsenenrolle, geben uns als kleine Erwachsene. Vor allem auch deshalb, weil wir früh mit Aufgaben und Verantwortungen betraut werden, die für uns eigentlich viel zu groß sind und uns keine Zeit zum Spielen lassen, die uns auch ernst machen, ernster jedenfalls als andere Kinder. Auf diese Weise werden wir darin bestärkt, dass wir gleichsam die Last anderer tragen und dadurch etwas »ordnen« sollen, was die anderen, insbesondere die Eltern, offenbar nicht schaffen. So sagen wir: Ich trage es für dich![29] Oder auch: Nehmt mich, ich kann es tragen. Dahintersteckt, dass wir anderen ihr Schicksal nicht zumuten. Das ist unsere Anmaßung.

Unsere Aufgabe in diesem Leben lautet daher, die Last, die nicht unsere ist, zurückzugeben an die, die sie tragen müssen. Und wir dürfen ihnen zumuten, dass sie diese sehr wohl auch tragen können. Das bedeutet nichts anderes als zu erkennen, dass wir in erster Linie nur für uns selbst verantwortlich sind.

28 Vgl. dazu auch Peter Orban, Ingrid Zinnel: *Der Tanz der Schatten, München*, 5. Auflage 1996 S. 121

29 Vgl. dazu auch Ingrid Zinnel: *Familienkonstellationen im Horoskop*, Tübingen, 2003, S. 52

Leider fällt es uns ungemein schwer, die vertrauten Lasten abzugeben. Wie könnten wir sonst Anerkennung erhalten und Beachtung finden?

Dort wo Saturn steht, übernehmen wir schon als Kind eine Elternrolle, die uns nicht zusteht. Dort müssen wir lernen, zurückzutreten und kleiner zu werden. Erst dann finden wir genau hier den Schlüssel für unsere eigene Bestimmung und hin zu unserem Lebensziel.

Die Erfahrung zeigt, dass Saturn meist eine weibliche Person, in der Regel eine Großmutter, repräsentiert, die als »moralische Instanz« in der Familie dafür sorgt, dass keiner über die Stränge schlägt. Männer, die dem zuwider handelten, wurden »entmannt«. So gibt diese Moralhüterin der Tochter das Gebot mit auf den Weg: »Vorsicht, alle Männer sind Schweine!« Im Guten verleiht diese Frau der Familie Halt, Sicherheit und Verlässlichkeit. Sie beweist Zähigkeit, Disziplin und großes Verantwortungsgefühl. Insbesondere bei Saturn im Krebs habe ich oft gesehen, dass diese Frauen meist eine verlässlich klare Wärme ausstrahlen. Die Kinder kommen daher gern zu ihr. Dafür ist dieser Frau zu danken. Umso mehr, wenn Saturn belastet ist, etwa durch Pluto (Opfer der eigenen Bestimmung). Dann muss das Opfer dieser Frau gewürdigt und bei ihr gelassen werden. Zugleich sind wir aufgefordert, unsere eigene Bestimmung, den eigenen Weg ganz und gar zu bejahen (siehe Saturn-Pluto S. 242).

Ergänzend sei vermerkt: Selten habe ich erlebt, dass Saturn durch einen männlichen Vorfahren repräsentiert wird, der die oben beschriebene strenge Moral in der Sippe vertrat; doch es gibt auch hier Ausnahmen (beachte: Saturn ist der alte Herrscher des Wassermanns).

Mit **MC in der Waage** (in Südeuropa möglich) gilt es, der Liebe und dem Ausgleich der Interessen die höchste Priorität im Leben zu geben. Haben wir, wie in Mitteleuropa, den **MC** nahezu ausschließlich **im Skorpion**, sind wir vor allem aufgerufen, dem Wandel zuzustimmen. Unsere Ordnung, die wir mühsam aufgebaut haben (weil wir glaubten, ohne uns geht es nicht), bricht zusammen. Und es entsteht eine neue Ordnung. Das ist oft mit Trauer, Verlust und Tod verbunden. Doch wir dürfen das jetzt zulassen. In diesem Prozess lernen wir auch: Wir können nichts festhalten, und es gibt letztendlich keine Sicherheit, die uns vor dem Leben schützt (IC Stier). Auch ein **MC im Schützen** ist möglich, je weiter wir nach Norden kommen. Dann müssen wir lernen, der Entwicklung zu vertrauen, einer Entwicklung, die uns letztlich hinausführt aus unserer begrenzten persönlichen Sicht der Dinge hin zur Einsicht, das heißt, in die spirituelle Dimension unseres Seins. Dann müssen wir uns nicht mehr anstrengen, nicht mehr urteilen – und der Sinn unseres Lebens wird uns geschenkt. Das bedeutet auch, dass wir herauswachsen aus der Unentschiedenheit des Zwillings (IC Zwillinge), die uns dazu getrieben hat, Informationen zu sammeln, zu schreiben, zu sprechen, uns auszutauschen, ohne eigentlich zu wissen, warum. Bleibt zu ergänzen: Mit IC in den Zwillingen prägen vor allem die Geschwister, Verwandte, Bekannte und Nachbarn unsere ersten Lebenseindrücke und Erfahrungen, was sicherlich sehr interessant ist für uns, doch Klarheit, Eindeutigkeit und Struktur in unserem Empfinden und in Bezug auf unsere Bedürfnisse vermissen lässt (beachte: das Zwillingszeichen steht in Spiegelpunktkonstellation zu Steinbock).

Aszendent Wassermann

Was soll ich sein? Autonom. Mit unserem Wassermann-AC haben wir das Gefühl, dort wo wir sind, fremd zu sein. Wir können auch sagen: Wir tragen das Nicht-angepasste in das System, dasjenige, das oft am wenigsten akzeptiert wird. Weil wir wissen »wir sind anders«, verlassen wir die Geborgenheit der Familie und werden damit zugleich zum Verräter an deren Werten (IC Stier).

Wo steht Uranus? Wer wurde ausgegrenzt in der Familie: als »schwarzes Schaf«, Sündenbock, Tunichtgut, untreuer Stenz bezeichnet? In der Regel steht Uranus für eine männliche Person, selten für eine Frau, was dann zuweilen zu einer gegengeschlechtlichen Identifikation führt. Jedenfalls geht unsere Solidarität zu dieser Person hin. Deshalb können wir auch unsere eigene Freiheit nicht wirklich annehmen (selbst wenn wir glauben, wir sind frei), denn sie ist ja an jemand anderen gebunden. Ersatzweise suchen wir den Kick, das Außergewöhnliche, den Reiz des stets Neuen, um an die zu erinnern, die »aus der Reihe tanzten«, ausgegrenzt oder nicht geduldet wurden. Doch erst, wenn wir diese Personen als zugehörig anerkennen, werden wir als Mensch autonom. Dann erfahren wir uns zwar immer noch als »besonders«, und sind dennoch nur Teil des sozialen Gebildes unserer Familie, wie andere Sippenmitglieder auch.

Liegt **das MC im Skorpion** ist uns aufgetragen, unsere Bindungen anzuerkennen, unsere Bindungen an die Familie (ohne uns von ihr vereinnahmen zu lassen) und an unsere genetische Herkunft. Anerkennen müssen wir aber auch unsere Bindung an das unausweichliche Gesetz des »Stirb und Werde«, dem wir unterworfen sind, ob wir wollen oder nicht! Wir können uns hier nicht raushalten! Auch wenn wir einst den Hort der Familie (IC Stier) verlassen haben, auf der Suche nach Freiheit! Haben wir dagegen den **MC im Schützen**, sind wir aufgefordert, Verständnis und Toleranz zu entwickeln für alle die, die ausgeschlossen wurden, in die Fremde gingen, anders waren. Dazu gehört auch Verständnis für uns selbst und unseren eigenen Weg. Wir erkennen, dass jeder dazugehört, auch wenn er anders denkt und die Welt anders sieht als wir. Dann fügt sich unsere frühe Neugier auf die Welt, die uns freilich oft unzufrieden zurückließ (IC Zwillinge), endlich in ein schlüssiges, sinnhaftes Ganzes.

Aszendent Fische

Was soll ich sein? Vertrauensvoll, im Einklang mit dem Sein. Häufig fühlen wir uns unerwünscht – meist waren wir es auch – und fremd in dieser Welt und in diesem Körper. Zugleich spüren wir, dass wir mit einem Teil unseres Selbst (mit unserer Seele?) nicht im Hier sind, sondern »auf der anderen Seite«, in einer jenseitigen Welt, bei den Verstorbenen oder noch nicht Geborenen. Dort zieht es uns hin. Wir sehnen uns nach dieser Einheit, in der wir noch nicht getrennt sind, in der wir uns nicht klar entscheiden müssen mit allen Konsequenzen (gleich dem Embryo in der Fruchtblase des Mutterleibes).

Weil wir uns selbst in diesem Leben unwirklich fühlen, solidarisieren wir uns auf unerklärliche Weise mit all den Ausgeschlossenen und Schwachen dieser Welt. Wir sind mit ihrem Leid verbunden und leiden mit, da wir durchlässig sind für die unsichtbaren Schwingungen jenseits des Materiellen und uns davor kaum abgrenzen können.

Oft identifizieren wir uns auch mit dem Verlorenen, einem früheren Geheimnis, das nicht gelüftet werden darf. Meist ist dieses Geheimnis an Verstorbene gebunden, um die nicht getrauert wurde, ja, die wir vielleicht nicht einmal kennen, weil uns niemand von ihnen erzählte. Indem wir selbst leiden und uns »abwesend« fühlen, glauben wir, vergangenes Leid wieder ein Stück zu heilen. Das ist unsere Anmaßung. Denn unser Platz ist nun mal hier auf dieser Welt. Er kann nicht bei den Toten sein, und wir sind keine Engel. Die Toten wollen schon gar nicht, dass wir zum Engel werden. Sie haben uns auf die Erde geschickt, dass wir auf ihr leben und genau hier unsere Fähigkeiten nutzen, zwischen die Welten zu sehen, das Verlorene und die Geheimnisse zu erkennen und zu benennen, sie gewissermaßen »aufscheinen« zu lassen (W. Döbereiner). Somit lautet unsere Aufgabe, im Diesseits heil zu werden. Sonst wären wir nicht »auf dieser Seite«. Die Gabe, in das Jenseitige zu blicken, können wir dabei nutzen. Wenn wir Haus 2 betrachten, das in der Regel vom Widder beherrscht wird, dann sind wir sogar aufgefordert, unsere körperliche Existenz und unsere Muskelkraft, überhaupt das Materielle (sogar Geld!) als wertvoll zu erkennen. Widder als Herrscher des 2. Hauses kann uns auch bei Entscheidungen helfen. Diejenige Alternative, die uns erdet bzw. mit »körperlichen Erfahrungen« zu tun hat, sollte uns stets *wichtiger* erscheinen als andere.

Wo steht Neptun? In der Regel repräsentiert er eine frühere Frau, eine Verstorbene, um die nicht getrauert wurde bzw. deren Existenz verschwiegen wurde. Manchmal müssen wir im Kloster, zuweilen auch in der Psychiatrie suchen. Bei gespannten Aspekten zur Sonne ist Neptun manchmal auch die erste Geliebte des Vaters. Dort ging seine Sehnsucht hin, die jedoch nie erfüllt wurde. Es herrscht eine große Trauer um diese Frau. Ehe sie nicht gewürdigt wird, ist das Herz des Vaters »verschleiert« und damit unsere eigene Lebendigkeit geschwächt.

Mit AC in den Fischen genügt es für den Großteil Europas nur das **MC im Schützen** z betrachten. Der Schütze im Zenit bedeutet hier, dass wir aufgerufen sind, Brücken zu schlagen zwischen der diesseitigen und der jenseitigen Welt, zwischen persönlicher Sphäre und Transzendenz! Damit verankern wir uns im Diesseits und blicken in die Welt dahinter! Unser irdisches Sein bekommt so einen erhabenen Sinn! Und wir können diese Begabung weitervermitteln, indem wir zum Beispiel zu wunderbaren geistigen Führern reifen. Dann dürfen wir auch unserem kleinen neugierigen Kind vertrauen, das uns an der Hand nimmt und über die Brücke führt (IC Zwillinge).

Die systemische Bedeutung des 8. Hauses

Neben den Hauptachsen ist vor allem die Existenzachse 2 – 8 aus systemischer Sicht bedeutsam. Im 8. (Skorpion-) Haus sind wir in unserem Alltagsleben am stärksten an bestimmte Vorstellungen und das Erbe unserer Sippe gebunden. Dort, in Haus 8, sitzt das »Sippengewissen«, das uns beschwörend suggeriert: Bestimmte Verhaltensmuster haben immer funktioniert, nur durch sie haben wir über Generationen hinweg überlebt. Das ist eine schwere Hürde für uns und mit Schuldgefühlen verbunden, wenn wir sie überspringen. Daher können wir in Haus 8 auch nur äußerst schwer loslassen. Doch solange wir hier festhalten, bleiben wir fremdbestimmt, was zugleich bedeutet, dass wir unseren eigenen Platz und unseren eigenen Wert (Haus 2) in dieser Welt noch nicht wirklich gefunden haben. Denn die Bilder, denen wir uns in Haus 8 verpflichtet haben, bestimmen das, was wir gegenwärtig als Persönlichkeit ausdrücken (Weg durch das Horoskop im Uhrzeigersinn). So verwundert kaum, dass die Löschung dieser »Programme« meist nur mit Hilfe tiefgehender, intensiver Erfahrungen und/oder therapeutischer Prozesse (Skorpion, Pluto) möglich wird, was freilich oft recht langwierig ist. Doch die Hoffnung (Schütze, Jupiter) auf Wandlung und Entwicklung trägt uns. Und sie drängt uns immer wieder, die geistige Energie, die in diesen Vorstellungen (wir stellen etwas *vor* uns!) gebunden ist, freizusetzen, so dass wir über sie verfügen können. Dann dürfen wir uns gestärkt auf unseren eigenen Weg machen, der uns zu Wachstum, Reife, Autonomie und Einsicht führt (Haus 9 bis 12 gegen den Uhrzeigersinn). Das Ur-Vertrauen in das Leben kehrt zurück! Zugleich werden unsere Begegnungen und unsere persönlichen Veranlagungen (Haus 7 bis 1 im Uhrzeigersinn) nicht länger von Bildern der Vergangenheit überlagert. Bedeutsam ist gewiss auch der Herrscherplanet des 8. Hauses und in welchem Haus er sich befindet. Weil wir dann wissen, dass die Person, die ihn vertritt, in ihrem Tun und Lassen der Sippenseele besonders verpflichtet ist.

Haus 8 im Widder: Wir sind an familiäre Muster der Selbstbehauptung, Durchsetzung und Aggression gebunden. Diese haben oft zu tun mit Täter-/Opferbeziehungen und mit Machtmissbrauch. Diese alten Programme müssen bloßgelegt werden, auch wenn wir dafür den tiefsten Schmerz wiedererleben müssen. Andererseits ist für den therapeutischen Prozess wichtig, dass wir unsere eigene Kraft und Durchsetzungsfähigkeit neu entdecken und spüren: Beides darf gelebt werden, ohne dass Gefahr für Leib und Leben droht. Unterstützend können wir auch Kampfsport machen, sofern ein positives geistiges Konzept dahintersteht.

Haus 8 im Stier: Wir sind gebunden an familiäre Wertvorstellungen (»wertvoll ist nur ...«). Diesen Werten sind wir verpflichtet, koste es, was es wolle! Passende Therapieansätze wären z.B. Körperarbeit, Arbeit mit Ton und Erde, Naturerfahrungen.

Haus 8 in den Zwillingen: Wir sind gebunden an bestimmte Formen des Ausdrucks; das heißt, nur so und nicht anders stellt man sich dar, spricht und kommuniziert »man«! Alles andere wird abgelehnt oder nicht wahrgenommen. Passende Therapien wären z.B. Tanztherapie und Pantomime, Verhaltens- und Gesprächstherapie, Atemtherapie und Arbeiten mit der Stimme.

Haus 8 im Krebs: Wir sind gebunden an Gefühle, die nicht zu uns gehören. Meist haben sie mit unserer Mutter zu tun. Ihr und ihrer Familie sind wir stark verbunden. Ihrer Geschichte haben wir unsere eigenen Bedürfnisse geopfert, ihrer Sippe fühlen wir uns vor allem anderen verpflichtet. Daher rührt auch, dass wir schon von Kindheit an bestimmte Bilder von Geborgenheit verinnerlicht haben: So sagen wir: Geborgenheit gibt es nur unter unverrückbaren Bedingungen, oder gar nicht. Hilfreich ist hier z.B. die klassische Psycho(-Individual)-therapie, die vor allem auf die Bearbeitung der Mutterthematik und das (Wieder-)Zulassen von Gefühlen abzielt, daneben Bonding und die Festhaltetherapie nach Irina Prekop.

Haus 8 im Löwen: Wir sind an die Vorstellungen unserer Sippe in der Frage gebunden, was das Leben ausmacht. Zugleich fühlt sich unsere Seele in erster Linie dem Vater und seiner Geschichte verpflichtet. Solange wir aber hier nicht loslassen können, opfern wir diesen alten Bildern unsere eigene Lebendigkeit. Helfen können hier z.B. Kreativtherapien, Theater, Malen, Förderung des Selbstausdrucks (Bejahen der Lebendigkeit), Verhaltenstherapie.

Haus 8 in der Jungfrau: Wir sind gebunden an bestimmte Vorstellungen unserer Sippe, wie das Leben im Alltag zu funktionieren hat, wie »man« Ordnung hält (Ordnung gibt es nur auf *eine* Art und Weise, alles andere wird unversöhnlich abgelehnt) und wie »man« arbeitet. Auch bringen wir die Erfahrung mit, dass mit Krankheit Macht ausgeübt werden kann. Passende Therapieansätze wären z.B. klassische Psychoanalyse, Verhaltenstherapie, Logotherapie.

Haus 8 in der Waage: Wir sind gebunden an übernommene Vorstellungen von Liebe und Partnerschaft, weil die Sippenseele sagt: »Alles andere führt zu Unheil, ich habe genug Beweise dafür! Also funktioniert es nur auf diese Weise – oder gar nicht!« Helfen kann hier oft eine intensive (systemische) Paartherapie.

Haus 8 im Skorpion: Wir sind gebunden an Erfahrungen, in der Sterben und Tod, Macht und Ohnmacht, auch Sexualität und Fortpflanzung eine übergroße, unangemessene Rolle spielten.

Die damit zusammenhängenden inneren Bilder haben sich uns tief eingeprägt. Ihnen fühlen wir uns verpflichtet. Hier hilft meist nur eine intensive, karthatische Therapie, die uns konfrontiert mit dem, was tief in uns vergraben ist. Nur so können wir uns aus dieser »Verstrickung« befreien und letztlich unseren eigenen Weg finden. Passende Therapieansätze wären z.B. die systemische Familientherapie mit Aufstellungsarbeit, schamanische Praktiken, auch Sexualtherapien und Tantra.

Haus 8 im Schützen: Wir sind gebunden an eine bestimmte Weltanschauung bzw. an eine Religion, die in unserer Familie zum unverrückbaren, ideologisierten und oft fanatischen Leitbild erhoben wurde. Dieser Sicht der Dinge sind wir verpflichtet, ihr opfern wir gewissermaßen unsere eigene Entwicklung und unser menschliches Wachstum. Retreats und Seminare im Ausland, auch die Arbeit zum Beispiel mit Pferden können uns helfen, den Blick zu weiten und den eigentlichen Sinn unseres Lebens wiederzufinden.

Haus 8 im Steinbock: Wir sind gebunden an die strikten Regeln und Gebote unserer Sippe, die, vermutlich aus Gründen des Überlebens, entscheiden, was »richtig« und »falsch«, »gut« und »böse« ist. Diese Urteile haben wir in unserer Seele festgezurrt, ihnen opfern wir unsere Bestimmung. Doch wir müssen sie sterben lassen, damit wir dem Ruf unseres Lebens folgen können (die Thematik gilt im Kern für alle Saturn/Pluto-Verbindungen, siehe »Systemische Aspektdeutung«, Seite 242). Yoga oder auch eine meditative Einkehr in einsamen Berggegenden oder in Klöstern können hier tatsächlich große transformatorische Wirkung haben.

Haus 8 im Wassermann: Wir sind gebunden an eine bestimmte Art »Freiheit« zu leben, die letztlich keine ist, sondern lediglich nur die »Freiheit« des Andersseins, des Außenseiters. Anders gesagt: Wir opfern unsere eigene, wahre Autonomie, indem wir uns verpflichtet fühlen, ebenfalls anders zu sein, nicht dazuzugehören. Das ist der Sippengeist der Familie, der sagt: Wir sind anders. Diese Anbindung gilt es zu durchschauen, und sich davon zu lösen. Der beste Rahmen dafür sind intensive Gruppenprozesse (Gruppenarbeit).

Haus 8 in den Fischen: Wir sind gebunden an Misstrauen, das die Familie beherrscht, nachdem einst das Vertrauen geopfert wurde. Das hängt zusammen mit einer tiefen Furcht, vergessen und enttäuscht zu werden. So wie vielleicht Ahnen vergessen wurden, um die auch nicht getrauert wurde. Und so ängstigen sie uns gewissermaßen »aus dem Jenseits«. Es gilt, dieses Misstrauen und diese Angst wieder umzuwandeln in tiefes Vertrauen. Spirituelle, ganzheitliche Therapieformen (auch Tantra = Heilung sexueller Ängste) können uns dabei helfen.

Die systemische Bedeutung von Aspekten

Planetenaspekte im Horoskop kennzeichnen Beziehungen zwischen Familienmitgliedern bzw. die Beziehungen zwischen Persönlichkeitsanteilen in uns selbst. Besonders bedeutsam sind die sogenannten Spannungsaspekte oder die »herausfordernden« Aspekte, da sie uns darauf hinweisen, dass zwischen den Aspektfaktoren (Personen) ein Ungleichgewicht oder ein »Missverständnis« herrscht, das bewusst gemacht und gerade gerückt werden soll. Die wichtigsten Spannungsaspekte aus systemischer Sicht sind nach abnehmender Gewichtung: Konjunktion, Quadrat, Opposition und Quinkunx (wobei der Konjunktion eine besondere Rolle zukommt, siehe Seite 152). Zuweilen geben uns auch Halbquadrate und Anderthalbquadrate, Quintile (72°) und Bi-Quintile (144°) sowie Spiegelpunkte ergänzende und nützliche Hinweise. Die harmonischen Aspekte Trigon und Sextil hingegen zeigen oft an, welche Personen uns in der Familie fördern und unterstützen. Dabei nehmen wir deren Hilfe meist als selbstverständlich an. Und doch ist es gut für unsere Entwicklung, wenn wir uns ihr Wohlwollen immer wieder vergegenwärtigen. Wir sollten daher die Möglichkeiten nutzen und diese Menschen auch tatsächlich besuchen, besonders dann, wenn wir in Lebenskrisen stecken. Falls das nicht mehr möglich ist, weil diese Personen schon gestorben sind, können wir auf geistiger Ebene mit ihnen in Kontakt treten, etwa mit Hilfe von Visualisierungen. Das mag uns frischen Mut und neue Kraft geben. Besonders in Krisen tut es gut, derartige Kontakte wieder neu aufzunehmen oder zu pflegen. Dennoch werden wir uns bei den folgenden Deutungshinweisen vorwiegend auf die Spannungsaspekte beschränken, da diese uns oft weh tun und unmittelbar zu Entwicklungsschritten auffordern.

Wobei wir in dieser Betrachtung großzügige Orben beachten sollten. Systemisch entscheidend ist nämlich in erster Linie die Beziehungsqualität der Zeichen, in denen sich die Aspektplaneten befinden. Beispiel: Die Sonne steht im Widder auf 25°, Neptun ist in der Waage auf 5°. Üblicherweise wird dies nicht mehr als Opposition gesehen und im Horoskopbild auch nicht automatisch angezeigt, da der Orbis hier zu groß ist. Doch in der Aufstellung (ob in der Einzelsitzung oder in der Gruppe) erkennen wir meist, dass zwischen diesen beiden Symbolträgern durchaus eine wichtige Beziehung besteht. Grundsätzlich gilt dabei, dass applikative Aspekte (solche, die nach der Geburt exakt werden) im Leben stärker »wirken« als separative Winkelbeziehungen (solche, die nach der Geburt auseinanderlaufen).

Die wichtigsten Aspekte und ihre innere Dynamik

Bevor wir auf die einzelnen Planetenaspekte eingehen, soll erläutert werden, wie wir ihre inneren Qualitäten bestimmen können. Dazu nutzen wir das Instrument der »Häuserdrehung«, eine Methode, die uns helfen wird, die Beziehungen der jeweiligen Energien zueinander zu untersuchen. Wobei wir sinnvollerweise von einer analogen Betrachtung ausgehen, das bedeutet, Haus 1 entspricht Widder, Haus 2 entspricht Stier usw. (30°-Häuser).

Häuserdrehung entsteht, wenn wir etwa das 7. Haus als das 1. Haus des anderen betrachten, das 8. Haus als das 2. Haus des anderen (= das 2. Haus des 7. Hauses), das 9. Haus als das 3. Haus des anderen (= das 3. Haus des 7. Hauses) usw.

Beispiel: 0° Widder / Spitze Haus 1 steht im Quadrat zu 0° Krebs / Spitze Haus 4. Wenn wir dem Tierkreis gegen den Uhrzeigersinn folgen, entspricht Haus 4 dem 4. Haus des 1. Hauses.

Wie haben hier also eine Mond-Qualität. Wir drehen nun das Häusersystem so, dass wir die Beziehung von 0° Widder / Haus 1 zu 0° Krebs / Haus 4 rückwärts, also im Uhrzeigersinn betrachten. Demnach ist Haus 4 das 10. Haus des 1. Hauses. Das heißt, wir finden hier die Qualität Saturn. Damit weist das Quadrat von 0° Widder / Haus 1 zu 0° Krebs / Haus 4 die Qualität Mond / Saturn auf. Entsprechendes gilt für jedes Quadrat. Die gleiche Vorgehensweise erlaubt uns, für alle wichtigen Beziehungsaspekte innere Dynamiken zu finden. Nebenstehende Tabelle zeigt eine Übersicht der wichtigsten Aspekte, ihren Bezug gemäß »Häuserdrehung«, die entsprechenden Aspektqualitäten und die daraus folgende innere Bedeutung.

Konjunktion

Die Konjunktion verdeutlicht die intensivste Bindung unter den Aspekten. Denn hier haben wir eine bestimmte Fähigkeit (Anlage) meist ganz in den Dienst der anderen Energie gestellt; es fällt uns daher schwer, sie in dieser quasi symbiotischen Verbindung als eigenständig zu erleben bzw. sie zu uns »zurückzuholen« und neu auszurichten.

Konjunktionen haben die singuläre Qualität von Mars. Das bedeutet auch: Wir fühlen uns hier gleichsam als Einheit bzw. wie ein einziges »Wesen« und vermögen daher das Eine kaum vom Anderen zu unterscheiden. Die immerwährende Frage lautet: Was ist eigentlich mein Anteil, und was gehört nicht zu mir, also zu jemand anderem? Wir könnten auch sagen: Eine bestimmte Fähigkeit ist mit einer anderen Person verwoben, die diese andere Energie vertritt. Was dazu führt, dass wir diese Anlage unbewusst entweder an diese andere Person abtreten bzw. sie uns ihretwegen versagen. So leben wir gewissermaßen wie aus *einer* energetischen Gemengelage heraus, die für uns zunächst nur schwer unterscheid- und differenzierbar ist. Entscheiden wir uns aber doch – und das müssen wir in diesem Spannungsfeld, das ja auch einen stetigen Konflikt (Mars) an-

Aspekt	Häuserbe- ziehung	Aspekt- qualität	Bedeutung
Konjunktion	Haus 1 / Haus 1	Mars	Konflikt zwischen zwei symbiotisch verbundenen Energien, der immer wieder Entscheidungen fordert. Zugleich Neubeginn, der diese Energieverbindung »ans Licht« bringen will, damit die Teile sich entwickeln.
Confinis / Halbsextil (als Planetenaspekt kaum beachtet, wichtig aber im Hinblick auf die systemischen Beziehungen der Tierkreisenergien zueinander, siehe Seite 22)	Haus 12 / Haus 2	Neptun / Stier-Venus	Im Grunde unvereinbar: Größte Stofflichkeit vs. Nicht-Materie. Es geht also immer wieder darum, Werte / Sicherheiten aufzugeben und Grenzen durchlässig zu machen, wenn das Leben sich entfalten soll.
Sextil	Haus 11 / Haus 3	Uranus / Zwillings-Merkur	Neue Wege beschreiten
Quadrat	Haus 10 / Haus 4	Saturn / Mond	Bewusste Wahrnehmung bzw. Wahrnehmung des verdrängten Anderen. Die Aufgabe lautet also: »Ich wende mich dir jetzt zu und übernehme die Verantwortung für das, was ich sehe.«
Trigon	Haus 9 / Haus 5	Jupiter / Sonne	»Wir fördern uns.« Wachstum, Entwicklung, Fülle im Leben finden; auch: Verwirklichung der Synthese
Quinkunx	Haus 8 / Haus 6	Pluto / Jungfrau-Merkur	Die betroffenen Energien unterliegen bestimmten eingefahrenen Alltagsmustern. Aufgabe: Analyse dieser »Rituale«. Und: An der Metamorphose, der Wandlung arbeiten, zum eigenen, selbstbestimmten Weg finden. Nicht mehr so, aber noch nicht anders. »Ich bleibe dran, dann schaffe ich es!«
Opposition	Haus 7 / Haus 7	Waage-Venus	Konfrontation, Begegnung, Ergänzung. Was projiziere ich auf andere, das ich selbst nicht will? Hinschauen: »Du bist du, auch wenn du mit mir zu tun hast. Danke, dass du mir etwas spiegelst. Ich setze mich damit auseinander.«

zeigt, leider nun doch immer wieder tun –, werden wir zwangsläufig stets aufs Neue Schuldgefühle gegenüber dem anderen Teil haben.

Letztlich haben wir keine Wahl. Denn es soll zugleich ja auch Neues beginnen. Das aber kann nur sein, wenn die Symbiose gelöst wird, wenn ich also lerne, klar zu unterscheiden: Das ist Meins, das Deins. Anders formuliert: Etwas, und zwar mein Anteil, meine Fähigkeit oder Anlage, die bisher noch eingebunden in der Einheit oder im Dunkel war, will »aufscheinen«, quasi ins Leben treten und sich dort entwickeln. Es ist wie eine Geburt. Wobei das, was »ausgetrieben« wird, das Frühere, in das es eingefügt war, achten muss. Auf diese Weise beginnt nun gleichsam ein neuer Zyklus. Die Planeten laufen nach einer Konjunktion am Himmel auseinander, der Schnellere entfernt sich dabei von dem Langsameren.[30] Dies soll uns bewusst werden, d. h., die Mars-Qualität der Konjunktion fordert auf, an dieser Stelle neu anzufangen, also genau hier die entscheidenden Schritte zu tun! Anschaulich verdeutlicht uns dies der Sonne/Mond-Zyklus, der immer wieder aus dem Neumond »geboren« wird.

Halbsextil (Confinis)

Das Halbsextil zeigt uns die Aspektqualtät Stier-Venus / Neptun an. Das bedeutet, Planeten bzw. Personen, die in benachbarten Zeichen (und auch Häusern) stehen, sind sich zunächst fremd und haben keinen Zugang zueinander (= ihre Werte sind unvereinbar). Doch verweisen sie darauf, dass wir die Grenzen,

30 Das heißt auch, dass die Bindung an die Einheit, die Nicht-Unterscheidbarkeit in den ersten Lebensjahren im Laufe der Entwicklung abnimmt und die Unterschiede bis hin zu den Konflikten dann deutlicher zu Tage treten. Zum Beispiel läuft der schnelle Mond aus der Neumondkonjunktion der Sonne »davon« und schafft so ein Gegenüber. Im Übrigen wird die Differenzierung auch durch die unterschiedlichen Progressionen von Mond und Sonne deutlich.

die beide Räume umgeben, gewissermaßen auflösen müssen, indem wir den Schritt »hinüber« wagen – in die jeweils andere Richtung. Dies ist dann verbunden mit der Einsicht, dass es keine Grenzen gibt und wir letztlich weder räumlich noch in unserem körperlichen Sein voneinander getrennt sind. Das heißt, konkret, dass wir beide Energien bzw. inneren Persönlichkeitsanteile in die Existenz bringen, so gut es geht – ohne Wertung. Stehen z.B. Sonne und Mond in benachbarten Zeichen, so sind meine Bedürfnisse (weiblich) und mein Handeln (männlich) im Grunde nicht miteinander vereinbar, das heißt, Mann und Frau, Vater und Mutter, leben nebeneinander her, ohne sich wirklich zu kennen. Erst wenn wir einsehen, dass dieses Getrenntsein letztlich eine Illusion ist, können wir die beiden Energien in uns zusammenführen und miteinander vereinbaren.

Quadrat

Das Quadrat beinhaltet die Aspektqualität Mond / Saturn, das heißt, es verweist zunächst auf eine »Blockade« (Saturn) unserer »Wahrnehmung« (Mond). Die Aufgabe lautet, diese Blockade wahrzunehmen, sich ihrer bewusst zu werden. Beim Quadrat stehen die Planeten (Personen) im 90°-Winkel zueinander. Was bedeutet, dass wir »den anderen« zunächst nur schemenhaft und undeutlich aus den Augenwinkeln wahrnehmen. Erst wenn wir den Kopf drehen und ihn anblicken (bzw. unseren Körper ihm zuwenden), können wir wahrnehmen, wer hier steht! Das ist dann oft eine wesentliche (Saturn) Erfahrung (Mond).

Opposition

Die Opposition hat reine Begegnungsqualität (Waage-Venus) und damit zugleich den Charakter einer direkten Konfrontation, das heißt, die betroffenen Planetenenergien bzw. die Personen, die sie vertreten, sind Gegenspieler. Ihre Unterschiede gewinnen mehr Kontur (weshalb es oft schnell geschieht, dass wir uns mit einem Pol identifizieren und den anderen gerne auf andere projizieren). Dies ist gleichzeitig auch eine Chance zur Bewusstwerdung – weil wir dem anderen wirklich ins Gesicht sehen können. Was uns, wenn etwa Pluto gegenübersteht, zu erkennen hilft, wo wir gefangen sind oder wo wir uns gebunden bzw. verpflichtet fühlen. Doch obgleich uns die Opposition den »Feind« auf dem Tablett serviert, scheuen wir oft die Auseinandersetzung und weichen aus. Doch die Aufforderung ist unmissverständlich. Sie lautet, das andere oder die Person, die hinter dem anderen steht, anzunehmen als zu uns selbst gehörig (Rücknahme der Projektion). Denn wir sollten wissen: Lehnen wir »den anderen« ab, lehnen wir zugleich einen bedeutsamen Teil in uns selbst ab.

Quinkunx

Das Quinkunx (150°-Winkel) besitzt die Aspektqualität Pluto / Jungfrau-Merkur. Es verweist auf ein übernommenes Muster (Pluto) in Bezug auf die beteiligten Planeten bzw. Personen, ein Muster, das unser damit verbundenes Alltagsleben, die uns wesensgemäße Lebensgestaltung (Jungfrau-Merkur) überlagert bzw. unterdrückt. Was heißt, dass wir aufgefordert sind, diesem Lebensmuster auf die Schliche zu kommen, es gewissermaßen unbestechlich zu analysieren. Zugleich werden wir immer wieder gedrängt, an der »Transformation« dieses Musters (Pluto) zu arbeiten (Jungfrau-Merkur), mit dem Ziel, selbstbestimmt (Pluto) unseren Lebensalltag so gut wie möglich zu organisieren (Jungfrau-Merkur).

Ergänzend hier noch die Aspektqualitäten der »harmonischen« Aspekte. So weist das Trigon (120°) einen Sonne-Jupiter-Zusammenhang auf, das Sextil (60°) wiederum sieht den Uranus/ Zwillinge-Merkur als innere Qualität (siehe Übersicht Seite 153).

Systemische Deutung der einzelnen Planetenkonstellationen

Wir betrachten hier nur die direkten Aspekte zwischen zwei Planeten. Die energetischen Analogien, die sich aus den Planetenstellungen in den Zeichen oder Häusern ergeben, werden nicht berücksichtigt. Ebenso wenig beziehen wir das Häusersystem mit ein (z.B. Herrscher von 1 in 8 entspricht Mars-Pluto). Der Grund dafür ist, dass meines Erachtens und natürlicherweise nur konkrete Himmelskörper (die Planeten) auch reale Personen verkörpern können. Daher erscheint aus meiner Sicht wenig logisch, wenn etwa dem 4. Haus die Mutter zugeordnet wird, in manchen Schulen auch der Vater oder gar wechselweise Mutter oder Vater. Denn wie kann der »Lebensbereich« eines Hauses, der sich aus dem scheinbaren Tageslauf der Sonne um die Erde ableitet, eine Person repräsentieren? Derartige Entsprechungen entstammen nach meinem Verständnis nicht zuletzt der Unsitte, Planeten, Zeichen und Häuser in der Deutung unterschiedslos in einen Topf zu werfen.

Ferner ist zu bemerken: Die Verbindungen persönlicher mit transpersonalen Planeten symbolisieren in der Regel Abhängigkeiten zwischen zwei unterschiedlichen Wirkebenen, konkret der Ebene der Jetztfamilie und der Ursprungsfamilie. Da hier ein meist unbewusster Wechsel der Ebenen vielfach merkliche Identitätskrisen verursacht, nehmen die Erläuterungen zu diesen Aspekten im Folgenden auch deutlich mehr Platz ein.

Wir beginnen mit den Sonne- und Mond-Aspekten. Was die aspektierten Planeten betrifft, so folgen wir in unserer Analyse den Herrschern der Tierkreiszeichen gegen den Uhrzeigersinn (dem Jahreslauf der Sonne durch die Zeichen). Das heißt, die Merkur-Konstellation wird erst nach Mars und Venus betrachtet, so wie bei den Kindern der Merkur-Repräsentant immer auch den Erstgeborenen Mars und Venus folgt. Die Orientierung am Tierkreis gilt im Übrigen für alle Aspektdeutungen – mit Ausnahme von Pluto. Seine Beziehungsmuster nehmen wir uns jeweils zum Schluss der einzelnen Abschnitte vor. Das ist astronomisch nachvollziehbar, denn auch im Sonnensystem tanzt Pluto aus der Reihe (allein schon, wenn wir die Diskussion betrachten, ob er überhaupt als Planet zählt; inzwischen haben die Astronomen dies, wie wir wissen, verneint, obgleich sie darüber immer noch zerstritten sind). Auch verläuft seine Bahn um die Sonne ungewöhnlich exzentrisch, er zieht weit draußen seine Kreise, ist sehr klein, wenn auch mit großer Masse, und nur mit den mächtigsten Teleskopen erkennbar.

Für uns Astrologen ist er wichtig. Selbst wenn die Wissenschaft (der Kopf) Pluto »nicht sehen will« bzw. ihn abwertet – in unserer Seele zeigt er intensivste Wirkung, wie wir Menschen immer wieder erfahren. Wir dürfen nicht vergessen: Pluto symbolisiert unsere übernommenen, tief in der Seele verankerten Sippenprogramme wie auch unser unbewusstes Sippengewissen, das uns oft über Generationen in Bann hält und prägenden Einfluss auf unser Leben ausübt.

Schließlich müssen wir sehen, dass die Planeten immer auch von den kollektiven Energien der Zeichen geprägt sind, in denen sie stehen. Auch sind die einzelnen Konstellationen natürlich nur sehr selten isoliert. In der Regel sind sie eingebunden in andere Aspekte, die auf sie wirken – so wie die Beziehung zwischen zwei Familienmitgliedern energetisch stets abhängig ist von weiteren Personen, die auf sie Einfluss ausüben.

Sonne-Aspekte

Sonne-Mars

Signifikante Sonne/Mars-Aspekte (siehe S. 150) verweisen auf eine enge Beziehung des (in der Regel) erstgeborenen Sohnes zum Vater, eine Beziehung, die aus einem zunächst vielleicht spielerischen Wettkampf Rivalität werden lässt. Und so liegt der Sohn mit seinem Vater im Clinch oft bis ins Erwachsenenalter; er will ihn übertrumpfen und »stänkert« deshalb bei jeder Gelegenheit. Dies gilt ganz besonders bei einer Sonne/Mars-Konjunktion.

Sigmund Freud sah hinter einem solchen Verhalten ein »ödipales Muster«, das aus dem Versuch des Kindes resultiert, den geliebten gegengeschlechtlichen Elternteil, hier die Mutter, durch einen Wettkampf mit dem Elternteil des eigenen Geschlechts für sich zu gewinnen (vgl. in diesem Kontext auch die Konstellation Mond-Mars, S. 177). Hingegen sieht die britische Psychologin und Astrologin Liz Greene hinter dem Bedürfnis, jedweden Anlass zu einem Wettkampf zu machen, viel eher einen »ödipalen Abwehrmechanismus«[31], weil der Betreffende glaubt, nur durch einen Sieg im Wettkampf könne er seinen Selbstwert behaupten. Er will damit niemals wieder die Erfahrung der Kindheit wiederholen, in der er mit der Durchsetzung seiner Bedürfnisse scheiterte.

Wie auch immer: Der Sohn sieht den Vater weniger als Vater, denn als Rivale, und zwar auf gleicher Ebene. Damit aber steuert ein Muster seine Durchsetzungsqualität, und er hat den Mars nicht seinen wahren Bedürfnissen entsprechend zur Verfügung. Die Lösung heißt, er muss sich vor dem Vater (der Sonne) verneigen und ihm den Vortritt lassen, etwa so: »Lieber Vater, wenn ich mich mit dir messe, teste ich meine Grenzen aus. Ich weiß, ich darf nicht gegen dich kämpfen, um besser zu sein, sonst verliere ich an Kraft. Deshalb ehre ich dich jetzt als meinen Vater, der größer ist als ich, und ich bleibe immer dein Sohn.«

31 Liz Greene: *Abwehr und Abgrenzung, S. 33 ff.*, Mössingen 1998.

Sonne-Venus

Sonne/Venus-Aspekte kennzeichnen eine enge Verbindung zwischen Vater und erstgeborener Tochter. Vor allem, wenn die Venus in Konjunktion eng bei der Sonne steht, verweist dies in der Regel auf eine zu große Nähe zwischen Vater und Tochter (die sogenannte »Vater-Tochter«). Das *muss* keine erotische Komponente haben, kann es aber durchaus. In der Freud'schen Psychologie spricht man hier vom »Elektrakomplex«, dem Gegenstück zum Ödipuskomplex. Jedenfalls stellt sich die Tochter zwischen Vater und Mutter, indem sie sagt: »Schau Papa, ich bin die bessere Frau für dich.« Nicht selten ist es auch so, dass sich die Tochter zum Vater stellt und ihm die fehlende Frau (Geliebte) ersetzt oder auch die erste Frau, wenn diese nicht ausreichend geachtet wird. Im Grunde könnte man sagen: Die Tochter verzichtet dem Vater zuliebe auf ihre eigene Beziehungsfähigkeit. Auch hier gilt: Sie muss zurücktreten, indem sie zum Beispiel sagt: »Lieber Papa, ich bin nur deine Tochter, dort drüben steht deine (jetzige) Frau.« Bei Männern mit Sonne-Venus, die keine Schwester haben (was erfahrungsgemäß hier selten der Fall ist), müssen wir die Geschwisterebene des Vaters betrachten. Nicht selten gibt es nämlich dort eine Schwester, die dem Vater sehr nahe stand und ihm vielleicht ebenso die erste Frau oder Geliebte ersetzen wollte.

Sonne-Merkur

In der Regel übernehmen, wie schon erwähnt, die jüngsten Geschwister (Bub oder Mädchen)[32], also die »Nesthäkchen«, die Merkurrolle. In dieser Rolle bzw. an diesem Platz wollen sie vor allem vermitteln, Brücken schlagen. Doch wie können sie das, wenn sie nah bei der Sonne, also beim Vater stehen? Dies be-

32 bzw. der/die Drittgeborene; manchmal ist es auch der oder die Viertgeborene, wenn sich noch ein Jupitervertreter davorgeschoben hat.

deutet nämlich, dass das Kind sich einseitig am Vater orientiert und gewissermaßen in seinem Schatten steht. Generell ist sein Ausdruck damit vom männlichen Verhalten geprägt (in der klassischen Astrologie spricht man bei einer engen Sonne/Merkur-Konjunktion deshalb von einem »verbrannten Merkur«, der real nicht gelebt werden kann). Im Übrigen erscheint das vorrangige Augenmerk hin zur väterlichen Seite auch beim Quadrat und bei der Opposition zur Sonne signifikant, wenn auch nicht ganz so »symbiotisch«. Die Folge aber ist meist, dass die Brücke zur Mutter bzw. generell zur weiblichen Seite oft lange verbaut bleibt, und der eigene Ausdruck, die eigene Selbstdarstellung oft recht farblos oder unecht wirken. Kein Wunder, es fehlt der andere, zweite Teil. Daher kann Merkur seine Vermittlerrolle auch nicht wirklich übernehmen.

Die Lösung kann zunächst nur darin liegen, den Vater als Vater anzuerkennen, zugleich aber auch Distanz zu ihm einzunehmen. So könnten wir sagen: »Lieber Vater, ich stehe zwar nahe bei dir (bzw. ich halte mich zwar an dich), aber meine Aufgabe ist es, mich auch dem anderen Pol zuzuwenden. Bitte ermuntere mich, wenn ich das tue.« Oder alternativ: »Lieber Vater, ich bleibe unvollständig, wenn ich mich nur an dir orientiere und nur von dir lerne. Ich brauche auch die andere Seite, um weiterzugehen und meinen Weg zu finden. Bitte lass' mich das tun, ohne die enge Verbindung zu dir zu verlieren.«

Es lohnt sich, die »zwiegespaltene« Rolle Merkurs auch aus der Ordnung des Horoskops heraus zu beleuchten: Als Zwillings-Merkur hat er seinen Platz im Tierkreis *vor* dem weiblichen Krebs (Mond), als weiblicher Jungfrau-Merkur steht er wiederum *hinter* dem männlichen Löwen (Sonne). Allein schon daran zeigt sich sein Loyalitätskonflikt, den er eigentlich überbrücken will. So ist Merkur (respektive das Kind in der Merkurrolle) hin- und hergerissen zwischen Sonne und Mond, der männlichen und der weiblichen Grundpolarität – weil er es ja beiden, Vater und Mutter, gleichermaßen recht machen will.

Stellt er sich aber vorwiegend nur auf eine Seite, fühlt seine Seele sich schuldig.
Der Preis für diese Unentschiedenheit ist, dass das Merkurkind in seinem Ausdruck merkwürdig leer bleibt und es häufig Schwierigkeiten hat, eine Ordnung in seinem Leben zu finden (Steinbock im Spiegel von Zwillinge) wie auch die Balance in der Liebe zu erfahren (Waage im Spiegel zur Jungfrau). Umso mehr, wenn das »Merkur-Nesthäkchen« von den Eltern verhätschelt wird. Dann bleibt seine Seele lange ohne Orientierung, und es wird für diesen Menschen schwierig, eine klare Kontur in seiner Persönlichkeit zu entwickeln. Auch tut er sich schwer damit, für eine bestimmte Sache verantwortlich einzustehen. So ist auch nicht verwunderlich, dass gerade zwillingsbetonte Menschen oft mehrere Berufe haben, aber es meist an der letzten Konsequenz für eine Sache mangelt.

Die Verbindung zwischen den beiden Seiten einer Medaille kann letztlich nur gelingen, wenn das Merkur-Kind seine Thematik bewusst wahrnimmt. Auch das können wir unmittelbar aus dem Tierkreis ersehen: Der Zwillings-Merkur steht energetisch im Quadrat zum Jungfrau-Merkur. Und Quadrate haben, wie wir wissen, die innere Qualität Saturn-Mond.

Sonne-Mond

Hier ist angebracht, ein wenig näher auf einige spezifische Sonne/Mond-Verbindungen einzugehen. Vor allem die *Konjunktion* (Neumond) hat eine besondere Qualität. Sie zeigt an, dass Vater und Mutter eng miteinander verbunden sind. Andererseits aber erscheinen sie so sehr aufeinander bezogen, dass sie für uns als Vorbilder kaum unterscheidbar und daher gewissermaßen auch nicht als klar bestimmbare Einheiten mit spezifischen Konturen sichtbar sind! Das führt dazu, dass wir oft Probleme haben, das, was wir empfinden und das, was wir tun, voneinander zu trennen. Und so verteilen wir schon als Kind unsere Loyalität mal da, mal dort, immer aber mit dem unguten Gefühl, dann vom jeweils anderen Elternteil nicht mehr gemocht zu werden. Psychologisch bedeutet das: Einmal gehen wir ins Handeln, ohne wahrzunehmen, ob das, was wir tun, uns gut tut, dann wieder fühlen und erspüren wir, ohne entsprechend zu handeln.

Dabei ist unser Wunsch, beide Elternteile zu sehen, die Grundpolaritäten »männlich« und »weiblich« gleichermaßen wahrzunehmen und sichtbar werden zu lassen – damit sie sich entwickeln können. So wie auch mit der Konjunktion ein neuer Sonne/Mond-Zyklus am Himmel beginnt. Wir könnten unser Bedürfnis diesbezüglich ausdrücken, indem wir zum Beispiel sagen: »Du bist mein Vater, und du bist meine Mutter! Ihr gehört zusammen, und doch seid ihr zwei verschiedenen Personen. Ich kann von euch *beiden* lernen!«

Was ist, wenn wir während einer Sonnenfinsternis geboren werden? Dann schiebt sich der Mond vor die Sonne und verfinstert sie. Das heißt, wir müssen den Mond (die Mutter, das Weibliche) innerlich bitten, uns den Blick auf das Leben (den Vater) wieder freizugeben.

Interessant ist in diesem Zusammenhang auch der vorgeburtliche (karmische) Neumond, das ist der letzte Neumond vor der Geburt. Wir können hier zunächst das Neumondhoroskop betrachten und es dann in Beziehung setzen zu unserem Geburtsbild (vgl. Claude Weiss[33] und merCur 4/02[34]). Grundsätzlich wird beim vorgeburtlichen Neumond eine »Idee« geboren, die im Radix dann auf individuelle Weise verwirklicht werden soll – und zwar in Bezug auf die beiden Grundpolaritäten persönlicher Erfahrung: das männlich Aktive und das weiblich Rezeptive. Wenn wir dann geboren sind, repräsentieren Vater und Mutter diese zuvor angelegte Idee in einem bestimmten Beziehungsverhältnis. Das heißt, in der Auseinandersetzung mit Sonnenstel-

33 Claude Weiss: *Karmische Horoskopanalyse Band II, S. 211 ff.*, Wettswil 1997.

34 merCur – Trends aus Astrologie, *Psychologie und Gesundheit 4 / 02, S. 16 ff.*

lung und Mondposition in unserem Geburtsbild wird diese Neumondenergie immer wieder und genau auf diese Weise aktiviert! Bei einer vorgeburtlichen Sonnenfinsternis ist die »Idee« derart, dass das Männliche in unserem Leben offenbar immer wieder in Gefahr gerät, verdeckt zu werden. Es muss also stets aufs Neue entdeckt werden. In diesem Fall ist dann auch das Vaterthema für uns besonders brisant.

Zurück zum Radix. Stehen hier Sonne und Mond im *Quadrat* zueinander, so erleben wir, dass Vater und Mutter sich im Grunde nicht verstehen und sich gegenseitig auch nicht genug achten. Stellen wir sie nämlich tatsächlich im Quadrat zueinander auf, so blicken sie aneinander vorbei. Wenn überhaupt, nehmen sie sich nur aus den Augenwinkeln heraus wahr. Ihr Verhältnis zueinander ist also irgendwie merkwürdig bis angespannt. Für uns als Kind bedeutet das, dass wir hier in einem besonders sensiblen und schwierigen Loyalitätskonflikt stecken. Zu welchem Elternteil wir uns auch »stellen« – stets werden wir Schuldgefühle gegenüber dem anderen Teil haben (vgl. Mond-Saturn als innere Qualität des Quadrats).

In der Regel erleben wir einen Elternteil auch stärker als den anderen. Was zur Folge hat, dass wir uns schon als Kind vorrangig an diesen Elternteil halten, weil wir glauben, hier können wir sicherer überleben. Unser Herz aber geht mit dem Schwächeren und imitiert dessen Verhalten. Das hat Auswirkungen auf unsere späteren Beziehungen, in denen wir immer wieder erleben müssen, dass unser Handeln und unser Fühlen, das »Männliche« und »Weibliche«, oft nicht zusammenpassen. Was jede Partnerschaft schnell in einschwieriges Fahrwasser bringt.

Auch die *Opposition* von Sonne und Mond zeigt an, dass Vater und Mutter unterschiedliche Interessen und Bedürfnisse haben und sich darüber auseinandersetzen. Doch im Gegensatz zum Quadrat ist die Konfrontation hier offener. Gleichwohl stecken wir als Kind auch hier in einem Loyalitätskonflikt. Wo sollen wir uns hinstellen, ohne den anderen zu kränken? Eine Lösung für Opposition wie Quadrat kann sein, dass wir sagen: »Lieber

Vater, liebe Mutter, ich achte euch beide. Was zwischen euch war und ist, lasse ich bei euch.«

In diesem Kontext wollen wir daran erinnern, dass der Widerstreit zwischen Vater und Mutter im Außen letztlich nur einen inneren Konflikt spiegelt. Macht die Mutter den Vater schlecht, zieht das Kind unbewusst den Schluss: 50 Prozent von mir taugen nichts! Was auch bedeutet, dass wir entweder unsere Bedürfnisse oder aber unser Tun abwerten. Gefühle vs. Verhalten: Wem sollen wir trauen? Aufheben lässt sich dieser Widerspruch nur, wenn wir immer mal wieder in den anderen Pol gehen. Das bedeutet: Wenn wir handeln, fragen wir: Stimmt das für mich? Und wenn wir etwas empfinden, ein Bedürfnis oder einen Wunsch haben, fragen wir: Wie können wir diese Wahrnehmung angemessen ins Tun bringen?

Sonne-Pluto

Die väterliche Linie ist durch dramatische Geschehnisse bzw. Gewalt und oft tragische Tode in der Vergangenheit belastet. Wir können auch sagen: Das Väterliche oder allgemein die männliche Schaffenskraft wurden unterdrückt bzw. einer »größeren Sache« geopfert. Manchmal sprach man Männern auch die Vaterschaft ab. Es mag zuweilen wie ein vererbter »Fluch« anmuten, der auf dem väterlichen Erbe liegt und sich oft durch Generationen zieht.

Das Problem ist, der Vater fühlt sich der früheren Tragik verpflichtet. Das kann soweit gehen, dass er diesem vergangenen Schicksal nachfolgt und sein Leben auf unbewusste Weise zu zerstören trachtet, also etwa früh stirbt. Manchmal unterdrückt er auch »nur« seine Lebendigkeit. Durch die eigene Ohnmacht glaubt er, früheres Leid auszugleichen. Doch kann auch sein, dass wir den Vater als gewalttätig erlebten, im magischen Wahn, auf diese Weise den alten Mächten zu dienen und sie zu besänftigen. Aber auch das ist ein verhängnisvoller Irrtum und zieht nur weiteres Drama nach sich. Insbesondere, weil wir unseren Vater oft für sein Verhalten hassen, ihm Vorwürfe machen oder unversöhnlich ablehnen. Dadurch bleiben wir an ihn und damit auch an seine Vergangenheit gebunden. In beiden Fällen kann der Vater für uns nicht da sein, da er in frühere Geschehnisse verstrickt ist – und wir gleich mit.

Die fatale Folge ist, dass wir aus Loyalität und Liebe zum Vater auch unser eigenes Leben nicht voll und ganz annehmen. Stattdessen opfern wir es dem Sippengewissen bzw. einem alten Sippenprogramm (beachte: Im archetypischen Tierkreis stehen Löwe und Skorpion im Quadrat zueinander, das heißt, sie sind zunächst widersprüchliche, unvereinbare Energien). Meist tun wir das, indem wir die Tragik und das Drama in der Geschichte des Vaters gewissermaßen nachbauen – im kindlichen Glauben, auf diese Weise früher geschehenes Leid ausgleichen und gut machen zu können. Oder aber wir schlüpfen in die Rolle dessen, der Macht ausübt, also in die Täterrolle. Doch auch dies ist letztlich nichts anderes als ein unbewusster Ausdruck unserer eigenen tiefen Ohnmacht. Lösen können wir solche »Verstrickungen« nur dadurch, indem wir das Schicksal unseres Vaters zwar achten, aber es bei ihm lassen. Etwa so: »Lieber Vater, du bist mein Vater, ich bin dein Sohn. Es war schwer mit dir. Aber ich verstehe nun, dass du nicht anders konntest. Ich achte dein Schicksal, und lasse es bei dir. Bitte gib mir deinen Segen, wenn ich mein Leben jetzt voll und ganz annehme und selbstbestimmt meinen Weg gehe.« Sinnvoll ist auch, wenn wir das Gute vorwegnehmen: »Lieber Vater, durch dich habe ich mein Leben bekommen. Das ist das größte Geschenk, ich nehme es jetzt dankbar an. Über dein Leben und deine Toten richte ich nicht. Ich lasse die Verantwortung (und/oder die Schuld) bei dir. Ich weiß, dass das Band zwischen dir und der Vergangenheit stärker ist als das zu mir (oder, wenn der Vater Täter war: das Band zwischen dir und dem Opfer). Ich stimme dem jetzt zu.« Ein stärkender Schlusssatz könnte auch sein: »Lieber Vater, ich muss jetzt gehen und meinen eigenen Weg finden. Mein Leben gehört mir, in voller Selbstbestimmung. Ich liebe dich trotzdem, und du bleibst mein Vater.« Wichtig ist, dass wir unserem Vater, dem Größeren, zutrauen, sein Schicksal selbst zu tragen. Denn wenn wir uns anmaßend einmischen (»ich kann das, und ich kann es besser« oder: »ich mache/trage es für dich«), nehmen wir ihm und damit auch uns selbst die Kraft.

Bleibt zu fragen: Wer ist Pluto? In Verbindung mit der Sonne repräsentiert Pluto in der Regel die Mutter des Vaters, die meist ein schlimmes Schicksal zu tragen hatte. Häufig vertritt sie das Sippengewissen oder dient als sein Werkzeug, indem sie das Männliche oder auch Väterliche einem größeren Ziel opferte bzw. opfern musste. Dieses Größere ist das absolute Gesetz des Überlebens der Sippe (der Kinder), dem sich jedes individuelle Selbst zu beugen hat. Manchmal wird das »Größere« auch auf eine Macht (ein Volk?) außerhalb der Familie projiziert. Dann geht es hier oft um Mütter, die im Krieg ihre Söhne verloren und dieser größeren Macht leidvolle Opfer brachten.[35] Kurzum: Auch oder gerade diese Frauen, ihre Schicksale und ihr Verschulden, aber auch ihre enorme Stärke müssen anerkannt und gewürdigt werden. Etwa so: »Liebe Großmutter, ich achte deine Motive, deinen Schmerz und dein Leid, aber ich lasse sie bei dir. Deine Kraft, deinen Überlebenswillen und dein Durchhaltevermögen nehme ich aber dankbar an. Bitte schau mich freundlich an, wenn ich jetzt meinem eigenen Weg folge.« Entscheidend bei Sonne/Pluto ist, dass wir unser eigenes Leben von der Tragik und dem Schicksal der Früheren klar trennen – in Achtung dessen, was war!

Wir fassen zusammen: Sonne-Pluto weist darauf hin, dass insbesondere die väterliche Linie stark belastet ist, radikal gesagt: Die väterliche, männliche Kraft wurde in der Vergangen-

35 Beachte: Pluto steht u.a. auch für eine Ideologie, die individuelles Leben unterdrückt oder gar vernichtet, d. h., im Einzelfall empfiehlt es sich, diese »Ideologie« als Person aufzustellen, etwa als Nationalsozialismus, dem das Leben geopfert wurde.

heit geopfert oder zerstört, zumindest unterdrückt. Diese Thematik soll nun wieder ins Bewusstsein gebracht und aufgelöst werden, so gut wir dies vermögen. In der Beratung gilt es daher stets zu klären: Was ist mit dem Vater? Was ist mit der Mutter des Vaters? Sind in der Familie Männer gewaltsam ums Leben gekommen? Gibt es ein Täter-Opfer-Drama? Wer gibt wem die Schuld? Bzw. wem gibst du die Schuld? Verachtest du den Vater? Machst du ihm Vorwürfe? Denn nur, wenn sich der Klient mit seiner Vergangenheit konfrontiert, sie achtet und damit auch seine Bindungen anerkennt, kann er wählen: Will ich fremdbestimmt bleiben, oder mein Leben selbst in die Hand nehmen, mit allen Konsequenzen?

Sonne-Jupiter

Entgegen üblicher Deutungsusancen verweisen signifikante Sonne/Jupiter-Aspekte (insbesondere auch die Konjunktion) keinesfalls zwangsläufig auf ein Leben in Glück und Erfolg. Nicht selten steckt hinter dieser Konstellation auch eine ziemliche Tragik, nämlich dann, wenn sich ein Leben in der Vergangenheit gewissermaßen nicht »erfüllen« konnte. Das gilt vor allem, wenn Pluto oder auch Neptun mit im Spiel sind (dabei dürfen wir nicht vergessen, dass hinter dem Spiegel der Sonne grundsätzlich immer auch Pluto lauert). In diesen Fällen blieb es dem Vater sehr wahrscheinlich versagt, Weite und Erfüllung im Leben zu finden – selbst wenn er alles dafür tat, nach Wissen und Bildung strebte oder sein Handeln strikt an religiösen oder sonstigen Überzeugungen orientierte. Das Leben selbst in all seiner Vielfalt musste dabei zu kurz kommen. Folglich, und weil wir es unserem Vater recht machen wollen, streben auch wir selbst nach Wissen und Bildung. Wir strengen uns an, vielleicht mehr noch als es der Vater tat. Letztlich aber bleibt ein leeres Gefühl. Und so versagen auch wir uns, aus Liebe und Solidarität zum Vater, die Erfahrung des »Glücks«.

Was wirkt hier im Hintergrund? Nun, systemisch gesehen steht Jupiter meist für einen Großvater (den Vater des Vaters); an ihn ist unser eigener Vater gebunden, ihm gehört sein Herz. Deshalb vermag er uns in der Kindheit meist nicht so zu unterstützen, wie wir uns das wünschen. Umso mehr, wenn dem Großvater einst die Würde genommen wurde, oder er sein Leben aufgrund gesellschaftlicher oder moralischer Zwänge (Saturn) nicht entfalten durfte. Vielleicht entfloh der Großvater auch seinem Heimatdorf, weil er die Enge dort nicht mehr ertrug. Manche gingen ins Ausland, andere suchten sich auf andere Weise Freiräume. So hatte ich z.B. einen Klienten, dessen Großvater mit Begeisterung als Soldat in den ersten Weltkrieg zog, weil er glaubte, dort in der Fremde die große Weite und Freiheit zu finden, die er suchte. Doch er fand nur den Tod. Dennoch oder gerade wegen seines Verhaltens wurde er in der Familie idealisiert und »auf den Sockel gehoben«. Tragischerweise wiederholte der Vater des Klienten diese Geschichte im 2. Weltkrieg. Auch er meldete sich freiwillig, kehrte aber nie mehr aus Russland zurück! Das Horoskop des Klienten zeigte eine Widdersonne (das Soldatische lag in der Familie) in Verbindung mit Jupiter und Neptun.

In der Kriegsgeneration repräsentiert Jupiter zuweilen auch Vaters Lieblingsbruder, der auf dem Schlachtfeld einen sinnlosen Tod starb. Nun ist das Herz des Vaters beim Bruder. Vielleicht fühlt er sich sogar schuldig, weil *er* aus seinem Leben »etwas machen« konnte, was dem Bruder verwehrt blieb. Auch dann kann der Vater uns nicht wirklich unterstützen auf dem Weg ins Erwachsensein, weil er uns viel zu fern ist.

Die Verstrickung rührt dabei oft aus Folgendem: Da wir als Sohn spüren, wie sehr sich unser Vater nach seinem Vater (oder seinem Bruder) sehnt, schlüpfen wir gerne in die Schuhe des geliebten Großvaters (oder Lieblingsonkels). Wir wollen unserem Vater den Vater oder den Bruder ersetzen, damit er wieder glücklich wird. Das aber ist eine Anmaßung, die uns nicht zusteht. Daher ist es wichtig, dass wir aus diesen uns viel zu

großen Schuhen wieder heraussteigen. (»Lieber Papa, ich kann dir deinen Vater/deinen Bruder nicht ersetzen, ich bin nur dein Sohn.«) Tun wir dies, wird es ruhiger in uns.
Aus diesen Bindungen heraus wird nun auch verständlich, warum wir mit Sonne-Jupiter oft verzweifelt danach streben, das Leben zu verstehen: Das, was war, *muss* doch einen Sinn gehabt haben! Dieser Suche nach dem Sinn widmen wir unser Sein. Wir studieren, werden vielleicht Wissenschaftler, Lehrer, Therapeut, Priester. Doch in der Rückwärtsschau, die altes Unheil »heil« machen will, vergessen wir, im Hier und Jetzt zu sein (beachte: die gespiegelte Energie zu Schütze-Jupiter ist Krebs-Mond) und daraus unser Leben zu schöpfen. Also müssen wir lernen, dass unser Leben an sich schon sinnvoll ist. Jetzt. In der Gegenwart.

Sonne-Saturn

Mit Sonne-Saturn ist es oft so, dass wir die Verantwortung für unser Leben abgegeben haben. Wir drosseln und blockieren dann unsere Lebendigkeit und trauen uns nicht, wirklich kreativ und positiv ins Leben zu gehen. Gleichzeitig suchen wir uns im Außen die Ereignisse, die uns immer wieder bestätigen: Es ist besser, sich zurückzuhalten. Schon als Kind hat man uns beigebracht: das Leben ist kein Spiel, es ist eher Mühsal und Anstrengung. Und so unternehmen wir voller Ehrgeiz alles, nur um Anerkennung zu bekommen. Wir wollen es Papa beweisen! Wir wollen sogar besser sein als er! Kein Wunder, dass unsere Lebendigkeit auf der Strecke bleibt, und unser Herz immer wieder stolpert.

Manchmal haben wir auch früh den Vater verloren, oder wir wurden von ihm getrennt; wirkliche Nähe war kaum möglich. Oft wurde der Vater in seiner Herkunftsfamilie auch nicht ernst genommen. Wir erleben ihn dann meist als schwach, ohne Lebenskraft, zumindest »nie gut genug«. Da geschieht es schnell, dass wir uns über den Vater stellen und ihn abwerten. (»Ich kann's besser als du.«) Die Wahrheit aber geht tiefer. Sie lautet: »Weil du, lieber Vater, dein Leben nicht voll nehmen kannst, darf ich das auch nicht. Ich verzichte aus Liebe zu dir!« Besonders problematisch ist, wenn Sonne und Mond gleichermaßen mit Saturn verbunden sind (etwa bei einer Mond/Saturn-Konjunktion im Quadrat zur Sonne). Dann stecken wir als Kind in einem bösen Loyalitätskonflikt. Wobei wir uns nach außen hin meist auf die Seite des Stärkeren stellen, das ist in der Regel die Mutter, weil sie vermeintlich unser Überleben garantiert. Die Seele aber verbündet sich mit dem schwächeren Elternteil und ahmt dessen Schicksal nach – nicht zuletzt, weil wir ihm gegenüber Schuldgefühle haben.

Systemisch gesehen repräsentiert Saturn hier in der Regel die Mutter des Vaters. Ihr ist der Vater im Herzen verbunden. Vielleicht, weil er sie früh durch Tod den verloren hat oder anderweitig von ihr getrennt wurde. Die Folge ist, dass wir als Tochter in die Rolle dieser Großmutter schlüpfen (Parentifizierung = Kind übernimmt Elternrolle) – weil wir glauben, wir könnten dem Vater dadurch die Mutter ersetzen. In seltenen Fällen übernehmen wir sogar als Sohn diese Rolle (gegengeschlechtliche Identifizierung). Vereinzelt mag Saturn auch den Vater des Vaters repräsentieren. Dann übernehmen wir unbewusst dessen Elternrolle. Immerhin ist, wie wir wissen, Saturn der alte Herrscher des (männlich polarisierten) Wassermanns. In diesem Fall aber wird beim Opa immer auch eine sichtlich uranische Seite mitschwingen.

Die Crux aber ist stets: Wenn wir uns als Kind die Schuhe eines Elternteils anziehen, also die (oder der) Große sind, können wir den Vater nicht als Vater nehmen! Ebenso wenig können wir das, wenn der Vater an *seinen* Elternteil, hier vornehmlich an seine Mutter, gebunden ist. Daraus ergibt sich, dass wir diese »unterbrochene Hinbewegung« zum Vater therapeutisch nachholen müssen. Nur dann können wir unser eigenes Leben voll und eigenverantwortlich annehmen. Notwendig ist zugleich die tiefe Verbeugung vor dem Vater. So könnten wir etwa sagen: »Vater, ich gebe dir die Ehre. Ich bin klein, du bist groß. Ich kann dir die Mutter (den Vater) nicht ersetzen.« Oder »Vater, ich bin nur ein Kind. Für dein Leben, wie du es gelebt hast, trage ich keine Verantwortung, und ich kann dir nicht helfen. Ich mute dir daher zu, dein Schicksal zu tragen. Bitte segne mich, wenn ich jetzt selbstverantwortlich handle und das volle Leben annehme.« Oder alternativ: »Ich danke dir für das, was du für mich getan hast. Alles andere mache ich selbst, in Eigenverantwortung.« Im Schlusssatz dürfen wir uns dann wünschen: »Lieber Vater, bitte gib` mir deine Sonne, ich achte sie und mache das Beste daraus, dir zu Ehren.« Solche und ähnliche Sätze führen zu einer großen Entlastung, für uns selbst und auch für unseren Vater.

Erich Bauer drückte das sinngemäß einmal so aus: Die Sonne können wir nur geschenkt bekommen. Sie ist das Erbe, die Anlage, die wir vom Vater und der väterlichen Linie erhalten. Und diese Gabe muss ich annehmen, sonst fehlt mir die Sonne und wenn mir die Sonne fehlt, fehlt mir die zentrale Lebenskraft.

Sonne-Uranus

»Das Herz bleibt immer im Flug – niemals erfüllt.« Haben wir einen signifikanten Sonne/Uranus-Aspekt im Horoskop, so dürfen wir davon ausgehen, dass unser Vater sich immer »irgendwie rausgehalten hat« aus seinen familiären Verpflichtungen. Wir erinnern uns vielleicht daran, dass er häufig abwesend war, oder wir empfanden ihn als ziemlich unzuverlässig. Daher konnte er uns auch nicht die tiefe emotionale Nähe und Sicherheit geben, die wir gebraucht hätten. Andererseits haben wir möglicherweise auch einen Vater, dessen Lebensweg ungewöhnliche Leistungen wie auch überraschende Wendungen kennzeichnen. Oder aber er war auf andere Weise ein »Außenseiter«, vielleicht auch das, was man üblicherweise einen Haldodri nennt, zum Beispiel, weil er von mehreren Frauen Kinder hat. Mit anderen Worten: Wenn wir klein sind, haben wir ein

Bedürfnis nach väterlicher Beständigkeit, die wir aber entbehren müssen. Daraus entwickeln wir zwei Reaktionen: Einerseits stellen wir unseren Vater »auf einen Sockel«, bewundern ihn in seiner »Besonderheit«. Zugleich fühlen wir uns innerlich angetrieben, es Papa zu zeigen, also ebenfalls Besonderes zu schaffen, dabei, wenn möglich, besser zu sein als er – in der kindlichen Hoffnung, dann endlich gesehen und angenommen zu werden. Oder aber wir lehnen den Vater ab und beschließen, nun wirklich nicht so unzuverlässig und unverantwortlich sein zu wollen wie er. Leider müssen wir später erkennen: Wir sind unserem Vater doch ähnlicher geworden, als wir glaubten. Die Folge ist, wie unser Vater, so haben auch wir uns dem eigenen Leben und unserer eigenen Lebendigkeit entfremdet – aus innerer Solidarität und Liebe heraus. Was auch heißt, dass wir immer wieder Distanz zu anderen Menschen schaffen. Wir meiden zu viel Nähe und Gefühl, was uns davor bewahrt, in unserem Wunsch nach emotionaler Beständigkeit wieder einmal enttäuscht und zurückgewiesen zu werden, so wie wir dies als Kind erlebten.

Als Mann fällt es uns besonders schwer, mit Sonne-Uranus zurechtzukommen, weil wir spüren, dass unser Platz beim Vater immer unsicher war oder noch ist. Umso wichtiger ist für uns, den Vater anzunehmen, so wie er war, weil wir sonst abgespalten bleiben von unserem männlichen Selbst und deshalb wahrscheinlich später Probleme haben mit den Frauen, auf die wir uns einlassen. Auch als Frau brauchen wir natürlich den Vater, doch die Verbindung zu ihm ist für uns existentiell nicht ganz so bedeutsam. Bleibt zu klären, warum unser Vater letztlich unfähig erscheint, wirkliche Nähe zuzulassen. Der Grund mag darin liegen, dass sein Herz nicht frei ist, sondern gebunden an eine andere Person seiner Geschichte, die der Familie aus irgendeinem Grund »entfremdet« war. Vielleicht ist diese Person der eigene Bruder, sein Vater oder ein Bruder seines Vaters (unser Onkel, Großvater, Großonkel). In jedem Fall gehört sein Herz einem Menschen, der nicht »dazugehörte«, vielleicht dies auch gar nicht wollte, der als »schwarzes Schaf« der Familie galt, oder einfach nur auf irgendeine besondere Art und Weise »aus dem Rahmen fiel«. Was wir tun können ist, diese Bindung unseres Vaters zu würdigen. »Schade, dass du mir nicht die Sicherheit geben konntest, die ich gebraucht hätte. Aber ich achte deine Gründe. Ich bitte dich, segne mich, wenn ich es jetzt anders mache, auf meine ganz eigene Weise.« Das heißt, erst wenn wir unseren Vater annehmen, so wie er war oder ist, sind wir selbst frei, unsere ureigene Individualität zu leben. Sonst ahmen wir im Grunde nur nach.

Ebenso unausweichlich ist es, den Uranus-Vertreter zu würdigen, etwa so: »Lieber …, du hast mich und meine Familie erahnen lassen, was frei und unabhängig sein bedeuten kann. Ich danke dir dafür, aber ich will es anders machen. Ich weiß, es ist dir recht. Du hast immer einen Ehrenplatz in meinem Herzen. Und ich freue mich, dass du nun dazugehörst!«

Sonne-Neptun

Psychologisch, so heißt es, ist ein solcher Aspekt verbunden mit großen Selbstzweifeln und einem Verhalten, das wenig eindeutig und für andere kaum fassbar erscheint. Auch erfährt man sich selbst immer wieder und unerklärlicherweise als schwach und energielos. Systemisch verweist die Konstellation auf den »verlorenen« Vater, tatsächlich oder im übertragenen Sinn, in jedem Fall auf ein »unklares« Vaterbild. Oft erfuhren wir unseren Vater tatsächlich als »schwach« (er muss es freilich nicht wirklich gewesen sein) oder krank, jedenfalls als »körperlich nicht wirklich da für uns«. Vielleicht ist er auch früh verstorben … Nicht selten war der Vater Alkoholiker. Oder er saß im Gefängnis, weil er in Betrügereien verwickelt war. Oder er verschrieb sich der Enthaltsamkeit des Klosterlebens.

Das Problem ist: Weil unser Vater sein Leben nicht voll annehmen konnte, trauen auch wir uns nicht, das Leben voll anzunehmen, so als ob wir uns schuldig fühlten, weil wir lebendig sind. Damit aber bleiben wir ihm und seiner Geschichte treu. Das heißt, auch wir sind letztlich »nicht zu fassen«, entsagen der Kraft, werden vielleicht selbst krank oder verfallen dem Alkohol oder anderen Süchten. Oder wir gehen ins Kloster, werden eine helfende Hand im Krankenhaus – oder begeben uns auf den spirituellen Egotrip. Doch auch Letzteres bedeutet nichts anderes, als dass wir das pralle, konkrete Leben im Hier und Jetzt im Grunde verleugnen. Stattdessen flüchten wir in die Welt der Waldgeister oder Engel und glauben, dort in der nicht realen Welt befinde sich die Wirklichkeit. Und dort, nur dort, werde ich Erlösung finden. Eigentlich ist es die Suche nach dem Vater im Himmel, die mich antreibt. Denn hier auf Erden kannte ich ihn nicht. Doch so sehr ich fliehe – die Sehnsucht nach dem warmen, lebendigen Vater, der mich umarmt, der mit mir spielt, mich ermuntert und mich das Leben lehrt, die bleibt. Als archetypische Sehnsucht bleibt sie, selbst wenn ich meinen wirklichen Vater nie gekannt habe.

Solange wir mit dem Schicksal des Vaters verstrickt sind, wir ihn durch Selbstverzicht quasi retten wollen, solange entwürdigen wir ihn. Das heißt, die Lösung kann nur lauten, dass wir den Vater als Vater ganz und gar annehmen in seiner Schöpferkraft, zu jedem Preis, den es ihn gekostet hat. Denn durch den Vater haben wir unser Leben bekommen, und das ist das höchste Gut und ein Geschenk. Erst wenn dies geschieht, können wir unser eigenes Leben in der realen Welt wahrhaftig »in die Hand nehmen«. Erst dann kommen wir in die volle Handlungsfähigkeit, zu unserer lebendigen Kreativität, vor der wir bisher Angst hatten.

In diesem Kontext gilt es noch einen anderen Aspekt zu betrachten: Neptun-Sonne ist nämlich auch die Sehnsucht des Männlichen danach, endlich aufzugehen im Schoß des All-Ein-Seins, um sich dort zu verlieren. Anders gesagt, hinter Neptun-Sonne verbirgt sich der tiefste Wunsch, nichts mehr wollen, tun und entscheiden zu müssen und auch nicht mehr die Bürde des getrennten »Ich selbst« sein zu sollen, sondern sich nur noch

aufzulösen im ewigen Sein, zurückzukehren in den Schoß der Ur-Mutter. Es ist dies nichts anderes als die Sehnsucht nach dem Jenseitigen, auch nach den Toten, die dort warten, und uns aufnehmen werden.
Mit diesem Gedanken nähern wir uns der systemischen Sicht, die hinter Neptun oft die große, erste, »himmlische« Geliebte des Vaters vermutet, über die er nie gesprochen hat, nach der er sich jedoch unendlich sehnte. Doch die Liebe war vergeblich: Er konnte oder durfte diese Frau nicht haben (ich hatte einen Klienten, dessen Vater kurz vor seinem Tod erzählte, er habe eine Schauspielerin gekannt, die er sehr geliebt habe; sie sei in Berlin während eines Bombenangriffs ums Leben gekommen).

In jedem Fall steckt hinter Neptun ein großes Geheimnis. Und so bleibt auch die Person, die durch Neptun repräsentiert wird, oft im Verborgenen. Meist ist es eine Ahnin, über die man nicht redete, oder die man vergaß. Keiner trauerte um sie. Oft war sie auch nicht gelitten in der Sippe, wurde ausgeschlossen, weil man in ihr unbewusst die Ordnung gefährdet sah. Nicht selten war sie irgendwie eigenartig oder etwas verrückt, weil sie sich mit wundersamen Sachen beschäftigte (heute würde man sie eine spirituelle Frau nennen). Manchmal wurde sie auch in die Psychiatrie gesteckt. Konkret müssen wir nach dieser Frau zuerst unter den Großeltern und deren Geschwistern suchen, gelegentlich auch bei den Urgroßeltern. Manchmal finden wir Neptun auch in einer Tante wieder, die ein besonderes Schicksal hatte. Oft genug freilich entzieht sich Neptun jedweder Zuordnung. Dann müssen wir auch dies anerkennen und die Person, die ihn unbekannterweise vertritt, ehren und würdigen. Stets aber und vor allem gilt es nachzuholen, was früher vielleicht verwehrt oder vergessen wurde. Wir sagen: Wer immer du bist – du gehörst dazu! Wichtig ist zu erkennen: An diese Frau (diesen Neptun) ist unser Vater auf irgendeine, meist verborgene Weise gebunden, ihr gehört sein Herz. Daher kann er für uns nicht wirklich da sein. Dieser Bindung der Sonne (des Vaters) an Neptun müssen wir voller Respekt begegnen. Doch wir dürfen uns nicht einmischen. Das tun wir aber, wenn wir uns aus falsch verstandener Liebe und Solidarität selbst unserer eigentlichen Lebendigkeit berauben. Stattdessen könnten wir sagen: »Lieber Vater, ich achte deine Bindung und deine unerfüllte Sehnsucht, aber ich kann dir nicht helfen (bzw. ich habe nichts damit zu tun); ich danke dir, dass du mir das Leben gegeben hast. Bitte segne mich, wenn ich es jetzt voll und ganz annehme und mich dabei auf meine Weise mit der spirituellen Welt verbinde.«

Mond-Aspekte

Mond-Mars

Zwischen dem ältesten Sohn und der Mutter besteht eine enge Beziehung. Im Falle einer Konjunktion ist diese Verbindung nahezu symbiotisch. Eigentlich aber müsste sich der Sohn von der Mutter distanzieren, um sich selbst in seiner Kraft zu spüren und seine Männlichkeit in die Welt zu bringen. Aber er tut es nicht, weil dann Einsamkeit drohen würde. Eine Erfahrung, die er vielleicht in der Kindheit machen musste, die er aber niemals wieder erleben möchte. Auch die Mutter hat Angst vor dieser Einsamkeit, daher benutzt sie den Sohn, um eine Lücke füllen. Wir können auch sagen, die Mutter sieht den Sohn als ihren Helden, darum will sie ihn halten! Andersherum können wir sagen, der Sohn opfert die eigene männliche Fähigkeit zur Durchsetzung und Entscheidung (sein Mannsein) für die Mutter.

Würden wir nach Sigmund Freud gehen, so hätten wir hier den klassischen Fall des Ödipus-Komplexes, das heißt, der Sohn tritt in Konkurrenz zum Vater, nimmt quasi dessen Platz ein und begehrt die Mutter; dies umso mehr, wenn der Vater seiner Aufgabe nicht gerecht werden kann oder von der Mutter abgewertet wird. Dann sagt der Sohn zur Mutter: »Schau Mama, ich bin der bessere Mann für dich.« Ob dabei erotisches Verlangen mitschwingt, mag dahingestellt sein – die Konkurrenz zum Vater ist

dagegen immer gegeben. Aus dieser Rolle (die ihm nicht zusteht und die ihn auch überfordert) kann der Sohn nur schlüpfen, wenn er zur Mutter sagt: »Liebe Mama, ich bin nur dein Sohn, dort steht dein Mann.«
Nicht selten vertritt der Sohn auch den ersten Partner der Mutter, an den sie noch gebunden ist. Hier kann die Lösung nur darin liegen, dass dieser erste Mann gewürdigt wird, mit allen Erfahrungen, die damit verbunden waren. Dann kann die Mutter frei sein, und der Sohn wird entlastet.

Mond-Venus

Gewichtige Mond/Venus-Aspekte verweisen auf eine enge Beziehung der ältesten Tochter zur Mutter (am engsten bei der Konjunktion) – eine Beziehung, die in der Regel schon früh zur Konkurrenz wird. Das heißt, die Tochter sieht sich mit der Mutter auf gleicher Ebene und will sie als Frau übertrumpfen. Ist die Sonne noch mit im Spiel, dann sagt sie zum Vater gewandt: »Schau Papa, ich bin eigentlich die bessere Frau für dich.« Nicht selten bestraft sich die Tochter für derartige Gedanken dadurch, dass sie dick wird. So kann sie zumindest die sexuelle Konkurrenz mit der Mutter vermeiden. In jedem Fall vermag die Tochter durch den engen Bezug zur Mutter ihren eigenen Wert als Frau nur sehr schwer zu finden, woraus folgt, dass sie später oft große Probleme hat, Partnerschaft und Liebe zu erlangen. Und obgleich sie die Lösung von der Mutter meidet, ist sie ihr deswegen böse.

Ähnliches gilt auch, wenn die Tochter eine Variante ihrer Fettleibigkeitsstrategie einsetzt. So kann sie beschließen, nur deshalb dick zu werden, damit sie ihren Platz bei Mama behalten darf. Sie sagt dann: »Mama, schau mich an, mit dieser Figur nimmt mich ohnehin keiner, ich muss also bei dir bleiben! Ich brauche dich! Ich habe sonst niemanden!« Perfiderweise schlägt sie damit zwei Fliegen mit einer Klappe: Sie selbst vermeidet es, ihren eigenen Wert und Platz in dieser Welt zu finden (wobei

sie auch dem Risiko einer Partnerschaft aus dem Weg geht); zugleich bindet sie die Mutter so sehr an sich, dass diese selbst nicht wirklich frei und offen sein kann für einen Mann. Sie muss sich ja vor allem um die Tochter kümmern!
Die Lösung kann hier nur heißen, dass die Tochter einen Schritt zurücktritt und wieder klein wird: »Liebe Mama, du bist meine Mutter, ich bin nur deine Tochter. Ich nehme den Mond von dir dankbar an und sorge nun selbst für mich, so gut ich kann. Auch mische ich mich nicht mehr ein in deine Belange. Bitte gib mir deinen Segen, damit ich meinen Platz in dieser Welt finde und eine gute Beziehung führen kann.«

Mond-Merkur

Schlüpft das jüngste Kind, gleichgültig ob Sohn oder Tochter, in die Rolle Merkurs, so will es an diesem Platz vor allem vermitteln und Brücken schlagen. Doch wie kann es das, wenn es zu einseitig an der Mutter orientiert ist bzw. bei der Konjunktion viel zu dicht bei ihr steht? Damit nämlich bleibt sein persönlicher Ausdruck vornehmlich von der mütterlichen Wahrnehmung geprägt. (»Du redest wie deine Mutter.«) Die prägende Verbindung bleibt auch dann bestehen, wenn das Kind die mütterlichen Verhaltensweisen ablehnt, die Mutter kritisiert, sie belehren oder gescheiter sein will als sie. Denn es lehnt dadurch ja im Grunde Eigenschaften ab, die es bei sich selbst nicht sehen mag.

Eine Abwehrstrategie ist auch, wenn das Kind seine Beziehung zur Mutter auf einer nüchternen, praktischen Ebene rationalisiert. Dazu gehört, dass es die eigenen Gefühle und Wünsche als unwichtig abwertet, statt sie mitzuteilen. Nichtsdestotrotz bleiben Sohn oder Tochter immer noch auf die Mutter bezogen und finden nicht zu ihrem eigenen Ausdruck.

Die zu einseitige Orientierung an der weiblich-mütterlichen Gefühlswelt hindert das Kind daran, den merkurischen Vermittlungsauftrag wirklich wahrzunehmen, will sagen, die Brücke zur anderen, männlich-väterlichen Seite zu schlagen. Damit bleibt dieser Teil der Persönlichkeit unterrepräsentiert, auch wenn wir schon lange erwachsen sind. Ebenso wenig können wir uns dann auf das Du zubewegen, das uns weiterführt (das männliche Waage-Prinzip). Das bedeutet, wenn wir offen ins Handeln wie auch in die Begegnung kommen wollen, müssen wir unsere eigenen Bedürfnisse von denen der Mutter unterscheiden, damit wir sie dann unserem Wesen gemäß mitteilen können. Dies gelingt, indem wir unsere Beziehung zur Mutter zwar anerkennen, zugleich aber auch eine gewisse achtungsvolle Distanz einnehmen. So könnten wir zum Beispiel sagen: »Liebe Mama, ich stehe zwar nahe bei dir (bzw. ich halte mich zwar an dich), aber meine Aufgabe ist es, mich auch dem anderen Pol zuzuwenden. Bitte ermuntere mich, wenn ich das tue.« Oder vielleicht alternativ: »Liebe Mama, ich bleibe unvollständig, wenn ich mich nur an dir orientiere und nur von dir lerne. Ich brauche auch die andere Seite, um weiterzugehen und meinen Weg zu finden. Bitte lass' mich das tun, ohne die Verbindung zu dir zu verlieren.«

Mond-Pluto

Herausfordernde Mond/Pluto-Aspekte verweisen meist auf eine übermächtige bzw. vereinnahmende Mutter. Wobei die Mutter auch dann Macht ausübt, wenn sie ihre Ohnmacht ritualisiert oder z.B. vom Krankenlager aus ihre Familie drangsaliert. Frage ist: Warum tut sie das? Weil sie ihre wahren Gefühle und ihre Bedürfnisse als Frau auf gar keinen Fall zulassen darf, da aus zuviel Nähe früher nur Leid und Schmerz entstanden sind.

Weil wir aber lediglich dieses eine Mutterbild haben, verinnerlichen wir es. Das heißt, auch wir verriegeln unsere Empfindungen und sperren unser wahres Wesen in den Keller. Damit opfern wir gewissermaßen unsere Identität, so wie unsere Mutter auch. Wir opfern sie einem größeren Kontext, nämlich der Verpflichtung unserer Sippe gegenüber, die uns glauben lässt, nur so könnten wir ihr Überleben sichern.[36] Also lautet unsere Solidaritätsentscheidung: »Ich unterdrücke das Weibliche in mir, meine Empfindungen und wahren Bedürfnisse (als Frau oft auch die Mutterschaft), denn sie haben nur Leid gebracht. Durch mein Opfer kann ich dieses Leid vielleicht ausgleichen, damit es sich nicht wiederholt.« Oder unmittelbar zur Mutter gewandt: »Liebe Mutter, ich identifiziere mich mit dem Verlust, den du erlitten hast. Ich trage es für dich, es ist viel zu schwer für dich. Ich kann das (... besser als du).«

Familiensystemisch gesehen ist bei Mond-Pluto generell die mütterliche Linie sehr belastet, das heißt, hier wurden das Weibliche und »Mütterliche« auf schlimme Weise am Leben gehindert, oft tatsächlich »zerstört«. Manchmal wurde Frauen in der Sippe auch Gewalt angetan. In jedem Fall aber ist die Geschichte der Mutter mit einem dramatischen Geschehen verknüpft. Dazu gehört auch, dass eine Frau im Kindsbett starb oder ein Kind bei der Geburt. Oft geben sich dann die Männer der nächsten Generation die Schuld, weil sie das Kind gezeugt haben – und strafen sich, indem sie sterben (beachte: hinter Pluto »verbirgt« sich die Spiegelenergie der Sonne ...).

Frauen mit Mond-Pluto bleiben häufig an diese alten Wahrnehmungsmuster gebunden: Sie unterdrücken ihre Weiblichkeit, damit frühere Dramen sich nicht wiederholen. Männer mit Mond-Pluto sühnen, indem sie ihre Gefühle und wahren Bedürfnisse verleugnen. Auf diese Weise werden sie niemals offen für eine Frau (bzw. sie werden von ihr nicht »erkannt«). So

36 Bei Pluto steht die Arterhaltung an erster Stelle. Dies gilt besonders für Mond-Pluto. Hier werden im Ernstfall – das ist im Stammhirn gespeichert – persönliche Belange dem Kollektiv »geopfert«. So erinnert z.B. das Leben in archaischen Kulturen heute noch an die Regeln im Tierreich. Zeigt etwa das Mitglied eines Wolfsrudels Zeichen von Schwäche oder Krankheit, wird es von den anderen geächtet, vielleicht getötet, ziemlich sicher aber zurückgelassen, was den sicheren Tod bedeutet. So bleibt die Stärke und Überlebensfähigkeit des Rudels gesichert. Denn die Krankheit *eines* Tiers kann die ganze Herde gefährden.

kommen sie nicht in Versuchung, Kinder zu zeugen. Das Drama wird demnach verhindert. Meist sind diese Männer auch auf die Mutter fixiert, was sie ebenfalls daran hindert, frei zu sein für andere Frauen. Wodurch sie das frühere Drama ebenfalls nicht wiederholen können.
Bleibt zu fragen: Wer ist Pluto? Pluto steht für das Familiengewissen, das sagt: Im Zweifel müssen wir eine Frau, eine Mutter oder ein Kind opfern, damit jemand anderes in der Familie stärker wird, da die Sippe nur so überleben kann. Oft wird Pluto durch eine Großmutter repräsentiert, die im Hintergrund die Fäden zieht. Manchmal bleibt sie als »böse« in Erinnerung, im besseren Sinne als starke, widerstandsfähige Frau mit großer Opferbereitschaft und enormem Durchhaltevermögen. Meist hatte sie ein schweres Schicksal zu tragen. So verlor sie zum Beispiel oft früh und auf tragische Weise ein Kind oder auch mehrere Kinder. Stets jedoch übt sie einen großen, fast magischen Einfluss auf die Späteren aus. Klar benennen können wir diesen Einfluss selten. Meist wirkt die Macht tief im Verborgenen – gewissermaßen unter der plutonischen Tarnkappe.

Wie können wir unsere Verstrickung (genauer: die Verstrickung unseres Mondes, unserer Wahrnehmung und unserer Gefühle) mit diesen alten Themen lösen? Indem wir zuerst die Mutter anschauen. Machen wir ihr Vorwürfe? Verachten wir sie? Wenn ja, erheben wir uns in Wahrheit über die Mutter. Wenn wir aber größer sind, können wir sie nicht als unsere Mutter annehmen. Damit haben wir auch keinen Zugang zu unserem inneren Mond, zu unseren Gefühlen und Bedürfnissen und zu unserem wahren Wesen. Der erste Schritt verlangt also, dass wir zurücktreten und unsere Mutter so annehmen, wie sie war oder ist. Wir sind das Kind, sie ist die Mutter. Wir nehmen das Gute, das sie uns gegeben hat. Das »andere« lassen wir bei ihr, denn wir können ihr nicht helfen. Vor allem können wir ihr nicht die eigene Mutter ersetzen. Wir sind nicht mächtig, wir sind ohnmächtig (die Familientherapie spricht hier von einer »unterbrochenen Hinbewegung«, die in diesem Fall aus der

Trauma-Erfahrung der Mutter selbst resultiert, siehe Nachtrag unten und Abschnitt über »Mond-Saturn«).

Des Weiteren müssen wir das Schicksal der Großmutter achten – indem wir es bei ihr lassen. Denn es ist viel zu groß für uns. Auch die Frage: »Wer ist schuld?« oder: »Wer gibt wem die Schuld?« müssen wir lassen; sie geht uns nichts an. Das heißt, wir geben Trauer, Schmerz, Leid und vielleicht auch Schuld zurück in die Verantwortung, zu der sie gehören. Wir tun dies, indem wir Abstand nehmen vom Opfer aus Solidarität, das uns glauben macht, dadurch etwas aufzulösen oder zu »heilen«. Auf diese Weise verabschieden wir uns auch von der Macht, die in diesem Opfer lag. Was bleibt ist, die Großmutter um ihren Segen zu bitten, damit wir unseren eigenen Weg gehen können. Etwa so: »Liebe Großmutter, ich achte dich als meine Oma und ehre den Weg, den du gegangen bist. Doch es ist nicht mein Weg und er hat nichts mit mir zu tun. Ich lasse dein Schicksal ganz bei dir. Du kannst es tragen. Deine Stärke, Unbeirrbarkeit und große Widerstandskraft nehme ich jedoch dankbar an. Du hast immer einen Platz in meinem Herzen. Bitte segne mich, wenn ich nun meine Bedürfnisse als Frau voll und ganz annehme (bei Männern: wenn ich nun voll und ganz zu meinem Wesen und zu meinen Gefühlen stehe, soweit es mir möglich ist ...).«

Nachtrag: Die »psychologische Bindungsforschung« nach John Bowlby[37] geht davon aus, dass alle ernsthaften und schwer lösbaren »Beziehungskonflikte« (Pluto) auf Bindungsstörungen im Verhältnis zwischen Mutter (Mond) und Kind beruhen. Wobei die Ursache dieser Bindungsstörung wiederum in einer frühen Traumatisierung der Mutter liegt (Mond-Pluto, in gewisser Weise auch Krebs in Haus 8). Die Mutter wurde traumatisiert, z.B. wenn die eigene Mutter bei der Geburt starb, oder sie selbst ein

37 John Bowlby: *Elternbildung und Persönlichkeitsentwicklung*, Heidelberg 1992

Kind unter dramatischen Umständen verlor, oder wenn sie selbst früh zur Adoption freigegeben wurde. Leider besteht die Gefahr, dass ein Kind mit Mond-Pluto dieses Drama und die damit verbundene Traumatisierung der Mutter übernimmt und selbst »Opfer« oder »Täter« in diesem Sinne wird. Vor allem bei Frauen ist es dann oft so, dass sie ihre wahren Bedürfnisse als Frau leugnen und ihre weibliche Seite unterdrücken – aus Angst, ein ähnliches Drama wie die Mutter zu erleben. Dass daraus Beziehungskonflikte entstehen, wundert nicht. Zugleich haben wir hier auch eine »unterbrochene Hinbewegung« (vgl. Mond-Saturn, S. 187), das heißt, die Mutter kann nicht genommen werden »nur« als Mutter, die uns ins Leben gebar. Zu viel Lasten, Tragik, Bilder und Vorstellungen sind mit ihr verbunden. Die dadurch nicht vollendete Hinbewegung zur Mutter kann therapeutisch nachgeholt werden.

Gesagtes bedeutet zugleich, dass die Mutter für unser späteres Beziehungsverhalten ungleich wichtiger ist als der Vater. Was plausibel erscheint, da wir ja schon in der Schwangerschaft wie auch dann als Kleinkind primär die Gefühle und Bedürfnisse der Mutter wahrnehmen und verinnerlichen. Der Vater und der väterliche Einfluss gewinnen erst dann mehr an Bedeutung, wenn wir lernen, im Laufe der Jahre selbständiger zu werden (Sonne).

Astrologisch heißt das: Unsere ersten, frühen Wahrnehmungen werden durch die Mutter (Mond) geprägt; daraus entwickeln wir ein bestimmtes Muster (Pluto) der Wahrnehmung. Lösung und Heilung der damit oft verbundenen tragischen Verwicklungen können nur über nachgeholtes Verständnis, nachgeholte Ehrung, Annahme, Trauer und schließlich Loslassen (Neptun) geschehen. Wir können auch sagen: Es geht darum, die Toten so tief zu lieben, dass wir sie vergessen dürfen (Fische, Neptun, Haus 12) – damit wir endlich weiterschreiten können (Widder, Mars, Haus 1).

Mond-Jupiter

Mit Mond-Jupiter suchen wir Weite, fühlen uns wohl, wenn wir reisen dürfen in fremde Länder, oder wenn wir mit unserem Wissen und Verständnis glänzen können. Leider vermeiden wir dabei oft, auf die Bedürfnisse unserer »Seele« zu achten. Denn im Grunde ist sie es, die aus sich heraus wachsen und sich fortentwickeln will. Und so kann es geschehen, dass unsere vornehmliche Orientierung nach außen schließlich schal wird, wir stattdessen aufgefordert sind, nach innen zu »sehen« und als Persönlichkeit zu wachsen, unabhängig davon, ob andere uns bestätigen. Dann nehmen wir ganz andere, bisher unbekannte Zusammenhänge wahr. In einem Leitartikel der Süddeutschen Zeitung fand ich ein schönes Bild für Mond-Jupiter. Es ging um die Sehnsucht nach einer verlorenen Reisekultur, »in der vor dem Hinausrufen der Weltanschauung (wieder) das genaue Anschauen der Welt steht«.[38]

In der systemischen Deutung haben wir hier eine Mutter, die uns keine mütterliche Geborgenheit und Zuwendung zu schenken vermochte, weil sie mit ihrer Seele (ihrer Wahrnehmung) an eine andere Person gebunden ist – eine Person, auf die sie ihre volle Zuversicht, vielleicht all ihr Glück projizierte, die sie in höchstem Maße idealisierte und »anbetete«. Diese Bindung ist besonders stark, wenn jene Person in eine tragische Geschichte verstrickt ist (etwa bei Jupiter im Skorpion oder in Verbindung mit Pluto), das heißt, wenn diese sehnsüchtige Hoffnung einst schlimm zerstört wurde und daher niemals erfüllt werden konnte.

Wer ist diese Person, die durch Jupiter repräsentiert wird? Wie schon im Mythos, so kann Jupiter/Zeus in vielerlei Gestalt auftreten und die Menschen zum vermeintlich Guten »verführen«. Oft jedoch ist es ein Großvater, der dahintersteht (bei der Konjunktion immer der Vater der Mutter; in anderen Fällen kann

38 *Süddeutsche Zeitung vom 6. / 7. Dez. 2008, Seite 4,* Leitartikel von Kai Strittmatter »Unser Thailand«.

sich die Glorifizierung aber auch auf den Schwiegervater richten, daraus entstehen dann meist ungute Verwicklungen). Manchmal erkennen wir in Jupiter auch den Lieblingsbruder der Mutter, dem sie sehr nah und vertraut war.

Des Weiteren tritt uns in Jupiter nicht selten der erste, gleichsam »angebetete« Liebhaber der Mutter entgegen – gewissermaßen als deren erste große Liebe. Wobei dieser Mann, da in den Olymp erhoben, letztlich unerreichbar bleiben musste. Auch weil die Mutter die Realität oft verdrängte. Im Übrigen lässt sich daraus auch das unter Mond-Jupiter typische Bedürfnis ableiten, im Leben ja nichts Aufregendes verpassen zu wollen. Weil an der nächsten Ecke vielleicht »noch etwas besseres« oder »interessanteres« warten. Dahinter steht die Furcht, man könnte ja wieder das Glück verpassen, so wie damals.

Noch einmal, diesem ersten »himmlischen« Mann gilt die Sehnsucht der Mutter, an ihn ist sie auch heute noch gebunden, und ihm darf sie nicht untreu werden. Kein Wunder, dass der jetzige Mann (unser Vater) nie wirklich eine Chance hatte, ihr Herz zu gewinnen: Der idealisierte Geliebte steht immer dazwischen. In einer Aufstellung müsste man die Mutter dann zum Jupiter-Stellvertreter sagen lassen: »Lieber …, ich achte dich als meine erste große Liebe. Aber dort steht mein Mann und ich gehe jetzt ganz zu ihm.« Dann erst wird die Mutter (also unser Mond) frei, und unsere Wahrnehmung verändert und weitet sich.

Manchmal schlüpft auch der älteste Sohn in die Rolle des früheren Jupiter-Geliebten, vor allem, wenn er Einzelkind ist. Das heißt, auf ihn projiziert die Mutter all ihre enttäuschten Erwartungen und ihr Glück. Doch diese Schuhe sind viel zu groß für den Sohn. Er muss auf seinen Platz zurück. (»Liebe Mutter, ich kann dir … nicht ersetzen.«)

Gleiches gilt ebenso, wenn der Sohn in die Position des idealisierten Vaters oder Bruders der Mutter gestellt wird (s.o.), den diese vielleicht früh verloren hat. Auch diese Rolle steht dem Kind nicht zu. (»Liebe Mutter, ich kann dir den geliebten Vater / Bruder nicht ersetzen.«)

Mond-Saturn

Gespannte Mond/Saturn-Verbindungen weisen darauf hin, dass wir als Kind unsere Gefühle, Wahrnehmungen und Wünsche blockiert, sie gewissermaßen von uns selbst »abgetrennt« haben. Psychologisch gesehen deshalb, weil wir erfahren mussten, dass wir mit unseren Bedürfnissen abgelehnt werden. Also entschieden wir: Gefühle und Wünsche zu äußern, ist nicht gut. Denn ich weiß, tue ich dies, weist mich die Mutter zurück. Die Folge ist, dass wir später in unseren Beziehungen meist ziemliche Probleme haben.

Familiensystemisch bedeutet dieser Aspekt: Wir können unseren inneren Mond – im außen: unsere Mutter – nicht annehmen. Dahintersteckt oft eine »unterbrochene Hinbewegung«. Die Gründe dafür sind vielschichtig. So resultiert eine solche »unterbrochene Hinbewegung« z.B.

- aus einer frühen Trennung in der Kindheit, wie immer diese geartet war. Beispielsweise mag die Mutter früh gestorben sein. Oder sie hat das Kind früh weggegeben in andere Obhut, und sei es auch nur für wenige Wochen. Manchmal genügt hier schon ein längerer Krankenhausaufenthalt des Kindes, der ein Verlassenheitstrauma auszulösen vermag. Es kann auch sein, dass die Mutter androhte, das Kind zu verlassen, wenn es nicht »gehorcht« oder nicht brav ist. Deshalb und in der Folge möchten wir die tatsächliche Trennung oder auch nur die Angst davor nie mehr erfahren. Das hat natürlich Konsequenzen für unsere späteren Beziehungen. Das heißt, wenn wir Mann sind, können wir die Frau nicht nehmen, weil wir große Furcht haben vor dem Schmerz, falls sie uns verlassen sollte. Als Frau versagen wir uns unsere eigenen Bedürfnisse, unsere Empfindungen und unsere offene, ganze Weiblichkeit, – denn wenn wir diese zulassen, könnten wir zurückgewiesen werden.
- aus der Bindung unserer Mutter an ihre eigene Mutter. Auch in diesem Fall kann die Mutter uns keine wirkliche Nähe und

Geborgenheit geben. Nicht selten musste sie früh Verantwortung übernehmen, in gewisser Weise für ihre eigene Mutter einspringen (insbesondere bei vielen Geschwistern) oder sie gar ersetzen. Das heißt, unsere Mutter konnte selbst nie richtig Kind sein. Vielleicht hat sie auch selbst früh einen Elternteil verloren (die Mutter, manchmal auch den Vater), und wurde so in die Erziehungspflicht für die Geschwister genommen.

- weil wir uns für das Leid der Mutter verantwortlich fühlen und deshalb zumindest einen Teil ihres Schicksals mittragen wollen. Daraus folgt, dass wir immer dann ein schlechtes Gewissen verspüren, wenn es uns gut geht, wir uns geborgen und glücklich fühlen. Wir sagen dann zum Beispiel: Unsere Mutter war niemals geborgen und glücklich, also darf auch ich niemals Geborgenheit erfahren!
- durch »Parentifikation«, indem wir gewissermaßen in die Elternrolle schlüpfen, weil wir der Mutter ein Elternteil ersetzen wollen. Das aber ist eine Anmaßung. Auf diese Weise machen wir unsere Mutter klein, und wir werden groß. Auch dann ist es uns natürlich nicht möglich, die Mutter als Mutter anzunehmen.

Eine Lösung erscheint letztlich nur möglich, wenn wir die früher nicht geglückte bzw. unterbrochene Hinbewegung zur Mutter nachholen und vollenden. Dies gelingt jedoch nur, wenn wir wieder »klein« werden und in die Position des Kindes zurückkehren. Dadurch stellen wir die Ordnung wieder her. In diesem Augenblick sind wir entlastet, entlastet von einer Rolle, die uns nicht zusteht. Dann erst können wir die Mutter wirklich annehmen – und damit den Mond. Von nun an können wir uns selbst entdecken, wachsen und erwachsen werden.

Wichtig ist, dass sich die Lösungsworte, die der therapeutischen Intervention folgen, aus der konkreten Geschichte und Situation des Klienten ergeben und unmittelbar beim Erleben bleiben. Die folgenden Sätze dienen deshalb auch nur als Anregungen: »Liebe Mama, ich weiß, du hast es sehr schwer gehabt. Auch ich habe es mir schwer gemacht, wo ich nur konnte. Das habe ich aus Liebe zu dir getan. Aber indem ich deine Last trage, ist es nicht besser geworden. Ich gebe dir deshalb zurück, was zu dir gehört. Schau, wie klein ich bin.« Manche Therapeuten empfehlen hier, dass die Klientin oder der Klient sich vor die Mutter kniet oder sich sogar vor ihr auf den Boden legt, mit den Handflächen nach oben. Andere Therapeuten arbeiten mit einem Stein, den die Klientin bzw. der Klient der Mutter übergibt, als symbolische Handlung, die zeigt, dass die Verantwortung zurückgegeben wird.

Entscheidend ist, dass wir bei solchen Gesten des Zurückgebens nicht stehenbleiben, sondern auch annehmen. »Liebe Mama, du bist die Mutter, ich das Kind, du hast mich geboren, von dir kommt die weibliche Kraft, ich nehme sie nun dankbar an, das ist viel und genug. Ich sorge nun für mich, so gut ich kann und dafür, dass es mir gut geht. Bitte segne mich.« Alternativ könnten wir sagen: »Liebe Mama, ich bin das Kind, ich darf mich wohlfühlen, auch wenn du es schwer gehabt hast. Du bist groß, und ich mute dir die Verantwortung für dein Schicksal zu, du machst das schon. Was mich betrifft, ich übernehme jetzt voll und ganz die Verantwortung für mich selbst und meine Bedürfnisse.« Im übertragenen Sinn bitten wir mit Hilfe solcher Sätze die Mutter um den Mond, den wir uns selbst bisher versagten und den wir nun annehmen dürfen.

In der Regel wird Saturn bei Aspekten mit dem Mond von der Großmutter mütterlicherseits repräsentiert. Ihr fühlt sich die Mutter verpflichtet. Also bleibt für uns weniger, und sie kann für uns nicht voll und ganz Mutter sein. Aus Solidarität und Liebe haben wir dann selbst, als Frau, Probleme mit unserer Weiblichkeit bzw. mit der Mutterschaft. In jedem Fall aber, ob Frau oder Mann, tun wir uns schwer, unsere Gefühle und Wünsche geltend zu machen.

Damit aber bleiben wir an vergangene Erfahrungen gebunden, will heißen, an die Erfahrungen der Großmutter. Denn auch für sie war kein Platz für individuelle Bedürfnisse. Zu hart war ihr Leben, zu sehr musste sie ihre Wünsche hintanstellen, damit die Familie versorgt werden konnte. Aus diesem Grunde wurde sie meist unausweichlich zur »moralischen Instanz«, die sich für die Aufrechterhaltung der Ordnung in der Familie verantwortlich fühlte. Das darf nicht immer mit Hartherzigkeit oder übermäßiger Strenge in Verbindung gebracht werden. Ich habe oft erlebt, dass diese Saturn-Großmütter nicht zuletzt auch sehr verlässlich waren, der Familie und vor allem den Kindern großen Halt gaben und sie zusammenhielten, insbesondere bei Saturn im Krebs, aber auch bei Saturn im Stier und in der Jungfrau.

In der psychologischen Astrologie steht Saturn für die Eltern allgemein, damit auch für die Erziehung. Das ist kein Widerspruch. Ich habe häufig festgestellt, dass gerade die Erziehung der Kinder sehr stark von dem geprägt ist, was die Saturn-Großmutter (ob mütterlicherseits oder väterlicherseits) für richtig oder falsch hielt.

In seltenen Fällen übernimmt auch ein Großvater gewissermaßen stellvertretend die Rolle des Saturn. Das macht Sinn, wenn wir daran denken, dass Saturn zugleich als klassischer Herrscher des männlich polarisierten Wassermanns gilt. Als Saturn-Großvater verleugnet er vor allem jedwede freiheitliche Ideen – bei sich selbst und bei all denen in der Familie, die ausscheren wollen. Dennoch sollten wir in der Aufstellung zunächst davon ausgehen, Saturn in der Rolle einer Frau zu sehen. Dies lässt sich auch mythologisch begründen. So handelt Saturn (Kronos) im Auftrag seiner Mutter Gaia, wenn er seinen Vater Uranus entmannt. Die Erdgöttin kann nämlich nicht länger ertragen, dass ihr Gatte permanent jedwede Ordnung durch seinen chaotischen Zeugungsdrang missachtet.

Mond-Uranus

Die Mutter wird oft als merkwürdig fremd empfunden. Das heißt, als Kind spüren wir immer wieder eine gewisse Distanz und Reserviertheit im Umgang mit ihr. Wirkliche Nähe erfahren wir kaum. Was nicht bedeutet, dass wir in unseren ersten Lebensjahren nicht gut versorgt würden. Und dennoch, etwas fehlt, und es ist so, also ob da noch etwas »anderes« im Raum zwischen uns und der Mutter stehen würde.

Als Kind nehmen wir dieses »andere« sehr wohl wahr. Aber was ist dieses andere? Möglicherweise zeigt sich hier ein »mütterlicher Frust«, anders gesagt, das Gefühl der Mutter, durch die Mutterschaft und das Kind ihrer individuellen Freiheit gewissermaßen »beraubt« worden zu sein. Das heißt, insgeheim hadert ein frustrierter Seelenanteil unserer Mutter mit diesem »Geschick«. Wir als Kind aber, die wir ihr »dazwischenkamen«, spüren dieses verhinderte Freiheitsbedürfnis der Mama sehr wohl. Was tun wir? Weil wir geliebt und angenommen werden wollen, imitieren wir unbewusst die Wesensart unserer Mutter, im Glauben, ihr dadurch zu gefallen; im Grunde können wir nicht anders, weil wir ja auch nur dieses eine Mutterbild haben! Diese Solidarität aus Liebe pflegen wir auch oft noch als Erwachsene. Wir gehen auf Distanz zu unseren Gefühlen, was dazu führt, dass wir für unsere Partner emotional nur schwer erreichbar sind. Auf diese Weise verhindern wir jedoch genau das, was wir uns letztlich so sehr ersehnen: Zugehörigkeit, Nähe und Geborgenheit.

Systemisch gesehen steht »jemand« aus der Vergangenheit zwischen Mutter und Kind. Das heißt, die Seele der Mutter ist gebunden an eine frühere, in der Regel männliche Person ihrer Sippe. Oft ist dies ein Bruder (unser Onkel) oder der Vater der Mutter (unser Großvater). Diese Person wurde in der Familie entweder nicht geduldet oder akzeptiert, weil sie »anders« war als der Rest der Sippe. Sie fiel gewissermaßen »aus dem Rahmen«, entweder weil sie als »Hallodri« galt ohne Verantwortungsgefühl (nicht selten auch dem Alkohol verfallen, auch dann kann man »anders« sein), oder weil sie politisch ein »Quertreiber« war oder ansonsten ein Außenseiter, Sonderling oder Exzentriker. Nicht selten steht die Person für das »Schwarze Schaf« in der Familie. Manchmal aber steckt auch nur ein rundweg ungewöhnlicher Mann hinter Uranus, ein Mann, der sich zum Beispiel immer wieder in halsbrecherische Abenteuer stürzte. So war der Onkel einer Klientin Jagdflieger im Krieg. Er war durch seinen Wagemut in der Kompanie berühmt und berüchtigt. Was ihm zum Verhängnis wurde. Er stürzte ab während eines Testflugs, ohne Feindeinwirkung. Nun macht sich diese Frau Sorgen um ihren ältesten Sohn, weil dieser die waghalsigsten Extremsportarten betreibt.

Exkurs: Insbesondere in der Generation mit Pluto im Löwen repräsentiert Uranus oft einen Bruder der Mutter, der im Krieg vermisst wurde oder fiel oder auf andere Weise ums Leben kam (auch während der Flucht), dies umso mehr, wenn Pluto oder Neptun mit im Spiel sind. Oder wir treffen hier auf den Vater der Mutter, dessen Schicksal sogar noch mit dem ersten Weltkrieg verbunden ist. Bei den später Geborenen ist es vielfach so, dass ein Großvater aus dem Zweiten Weltkrieg nicht zurückkam oder als gebrochener Mann wiederkehrte.

In jedem Fall scheint es so zu sein, dass die Liebe der Mutter ganz wesentlich an eine bestimmte Person gebunden ist, wobei diese Liebe, weil sie unterbrochen wurde, nicht fließen konnte. Dieses »Loch« in der Seele ist auch der Grund, warum sie für uns nicht immer als liebende Mutter präsent sein konnte. Die Folge ist, dass auch wir sie nicht voll und ganz als Mutter annehmen können. Das heißt, auch bei Mond-Uranus ist die Hinbewegung zur Mutter in gewisser Weise »unterbrochen« bzw.

nicht vollendet (vgl. Mond-Saturn, Seite 187). Sie sollte demnach, wenn möglich, in der Aufstellung oder zumindest in einer begleitenden Therapie nachgeholt werden.

Für Frauen ist diese Konstellation generell schwieriger zu leben als für Männer, da ausgerechnet ihr Platz an Mutters Seite, der ihr im Sinne einer guten Ordnung gemäß ist, unsicher erscheinen muss. Hingegen haben Männer mit Mond-Uranus mit einer emotional distanzierteren Mutter zunehmend weniger Probleme, je älter sie werden. Sie finden dadurch leichter den Weg zum Vater (entsprechend ist eine Sonne/Uranus-Verbindung für Männer schwieriger zu bewältigen als für Frauen, weil ihnen die Nähe zum Vater fehlt; den Platz an der Seite des Vaters brauchen sie aber, um Mann zu werden, siehe Seite 172).

Die Lösung bei Mond/Uranus-Themen kann also nur lauten, die Mutter als Mutter zu achten, die uns in die Welt brachte. Sie tat, was sie konnte. Mehr war nicht drin, da ihre Seele »woanders« war, über den Wolken. Wir können z.B. sagen: »Liebe Mama, ich nehme dich wie du bist, mit allem, was dazugehört. Deshalb muss ich jetzt auch nicht mehr so sein wie du – und darf es anders machen. Aber ich schaue ab und zu gerne zu dir zurück.« Die wichtigste Botschaft bei Mond-Uranus ist nämlich: Frühere Erfahrungen sollen *nicht mehr* wiederholt werden! Das heißt, wir sollen vor allem »anders« sein, anders erleben und anders wahrnehmen als die Mutter. Das »andere«, an das die Mutter gebunden ist, ist nicht das unsere.

Darüber hinaus ist natürlich auch Uranus bzw. dessen Vertreter zu würdigen, indem wir zum Beispiel sagen: »Lieber Onkel ..., auch wenn dich meine Sippe am liebsten losgehabt hätte, du gehörst dazu, und du hast immer einen Ehrenplatz in meinem Herzen. Bitte segne mich, wenn ich meine Freiheit auf andere Weise erleben und erfahren möchte als du.«

Mond-Neptun

Unter Mond-Neptun werden wir allzu häufig überschwemmt von unklaren Empfindungen. Wir können dann nicht unterscheiden: Sind das meine Gefühle, oder zu wem gehören sie? Meist sind es die Gefühle von Toten, mit denen wir uns unbewusst identifizieren bzw. die wir übernehmen. Nicht selten müssen wir auch mit konkreten Verlusterfahrungen in der Kindheit zurechtkommen: Die Mutter ist, auf welche Weise auch immer, früh »gegangen«. Wir haben sie zum Beispiel verloren durch die Scheidung der Eltern, vielleicht auch durch den Tod. Das »verloren sein« der Mutter können wir aber auch dadurch erfahren haben, dass wir sie als schwach erlebten, stets kränkelnd oder wirklich krank, möglicherweise war sie Alkoholikerin oder anderweitig süchtig. Bleibt die Frage: Was steckt dahinter? Nun, wir können davon ausgehen, dass die Mutter sich uns entzieht, »nicht wirklich da« und »greifbar« für uns ist, weil sie verbunden ist mit einer früheren Toten, um die wahrscheinlich niemals getrauert wurde. Für uns als Kind hat das die Konsequenz, dass wir – aus Liebe und Solidarität – den Schmerz und die Trauer der Mutter mittragen, um es ihr leichter zu machen. Deshalb negieren auch wir unsere wahren Gefühle und Bedürfnisse, werden oft selbst einsam und fühlen uns unendlich ungeborgen. Als Kind spüren wir, dass unserer Mutter etwas (= jemand) fehlt. Also beschließen wir, dem Fehlenden auf irgendeine Weise zu folgen, als ob wir dadurch der Mutter helfen könnten (»schau, auch ich ...«). Als Frau verbergen wir zugleich unsere Weiblichkeit, unser Frau- und Muttersein wie unter einem Schleier. Oft bleiben wir kinderlos (wenn nicht andere Faktoren bzw. Verpflichtungen dem entgegenstehen).

Verbunden mit der beschriebenen Thematik haben wir ein tiefes, schmerzliches Empfinden innerer Heimatlosigkeit. Dies mag damit zu tun haben, dass wir zuweilen gar daran zweifeln, ob die Frau, die wir als Mutter ansehen, wirklich unsere Mutter ist bzw. daran, ob die Familie, in der wir aufgewachsen sind, wirklich unsere Familie ist. Oder wir haben auch nur das Gefühl, in unserer Familie werde etwas verheimlicht. Manchmal stellt sich später tatsächlich heraus, dass wir unehelich geboren wurden oder gar adoptiert sind (beachte: relevant sind »uneheliche Kinder« insbesondere auch bei Fische in Haus 4 und auch Neptun in Haus 4).

Was oder wer steckt hinter dem Geheimnis Neptuns, in das unsere Mutter verstrickt ist? Meist handelt es sich, wie erwähnt, um eine unbetrauerte Tote – vielleicht eine Ahnin oder eine andere Person in der Sippe (Tante, Großmutter, Großtante, Urgroßmutter ...), die zu Lebzeiten missachtet oder verschwiegen wurde, weil sie anders war. Möglicherweise galt sie auch als etwas »spinnert« oder gar als verrückt. In manchen Fällen stellte sich heraus, dass es eine Frau gab, die in der Psychiatrie landete und dort vergessen wurde. Wobei die Missachtung stets der Angst vor dem Chaos, dem Unbekannten entspringt, das man nicht haben will, weil es vermeintlich die Ordnung aufzulösen droht. Gelegentlich vertritt Neptun auch eine Person, die sich selbst der Welt und ihren Regeln entzog und z.B. ins Kloster ging. Nicht zuletzt kann Neptun mit einer Ahnin verbunden sein, die sich mit spirituellen Themen oder mit alternativer Heilkunde beschäftigte – zu einer Zeit und in einer Gesellschaft, in der dies (ganz besonders in einem kleinen Dorf) schräg angesehen wurde und verpönt war.

Tatsächlich erscheint es oft nachgerade aussichtslos, hinter das Geheimnis der Neptun-Person zu kommen – auch wenn wir nach allen Seiten und Möglichkeiten recherchieren. Dann entzieht sich das Geschehene dem, der danach sucht. Dann bleibt uns nur, den Klienten zu bitten, einen Stellvertreter für Neptun zu benennen, ihn auf seinen Platz (im Horoskop) zu stellen und nach seinen Wahrnehmungen zu fragen. Was verändert sich im System? Wie ist die Wirkung? Vielleicht gewinnen wir neue Einsichten – vielleicht auch nicht (natürlich kann sich auch der Klient selbst gleich auf Neptuns Position stellen und nachspüren).

Die Heilung alter Trauer und Verluste erscheint hier nur möglich, indem wir Neptun die Ehre geben und ihn wieder zu uns in den Kreis bitten – auch wenn wir nicht wissen, wer diese Energie verkörpert. Zugleich müssen wir von der Vorstellung lassen, wir könnten durch unseren selbstlosen Verzicht auf Nähe, auf eigene Bedürfnisse oder das Weibliche allgemein ein früheres Unrecht wiedergutmachen. Auch gilt es zu erkennen, dass wir durch unsere Trauer (die nicht die unsrige ist) niemals etwas heilen können, was viel zu groß für uns ist.

»... Wer immer du bist, ich achte dein Schicksal, und ich lasse es ganz bei dir, denn ich kann dir nicht helfen ... Aber du gehörst dazu, und ich gebe dir einen Ehrenplatz in meinem Herzen.« Wenn wir uns auf diese oder ähnliche Weise ernsthaft Neptun zuwenden, erleben wir oft eine tiefe Erleichterung, und wir spüren, dass auch die Toten erleichtert sind.

Wenn wir Neptun die Ehre geben und ihm den einst verlorenen Platz einräumen, bringt er uns ein großes Geschenk mit; nämlich, dass wir wieder unserem Erleben und dem, was wir uns sehnlichst wünschen, vertrauen dürfen. Auch bekommen wir wieder Zugang zum tiefsten Kern unseres Wesens und zu unserer spirituellen Verbundenheit mit allem, was ist.

Erst jetzt sind wir fähig, unsere Mutter (die sich uns entzogen hatte, weil sie bei einer Toten war) als unsere Mutter anzunehmen. Wir können dann z.B. sagen: »Liebe Mutter, schade, ich hätte dich so sehr gebraucht. Aber ich weiß jetzt, dass du nicht anders konntest ... Ich selbst aber habe damit nichts zu tun, und ich kann dir nichts abnehmen. Ich lasse die Trauer bei dir. Ich bin nur dein Kind. Ich nehme dankbar an, was du mir gegeben hast, und sorge nun selbst für mich, so gut ich kann, in großem Vertrauen. Bitte gib mir deinen Segen.«

Die Aspekte der anderen Planeten

Zunächst eine Vorbemerkung: Jeder, der Geschwister hat, weiß um die unausgesprochene, aber reale Konkurrenz untereinander. Unzweifelhaft steht dabei der oder die Erstgeborene in einer besonderen Geschwisterposition. Darüber gibt es ausreichend Untersuchungen. Einer der entscheidenden Punkte ist: Die Erstgeborenen müssen ihre Rolle teilen, wenn Geschwister nachkommen. Sie fühlen sich dann zurückgesetzt, was meist zu einem versteckten oder offenen Konkurrenzverhalten und zu Konflikten führt, mit denen wir oft auch noch in unseren »erwachsenen« Beziehungen zu tun haben. Die folgenden Aspekte der »Geschwisterplaneten« haben daher auf die eine oder andere Weise immer mit Konkurrenz zu tun.[39]

Mars-Aspekte

Mars-Venus

Grundsätzlich symbolisiert die Spannung zwischen Mars und Venus unseren inneren Disput zwischen Aktion und Re-Aktion: Re-Aktion im Sinne der Waage-Venus als abwägende Taktik, im Sinne der Stier-Venus eher in Form absichernder Verteidigung (hier sei erneut auf die spezielle Herausforderung der Konjunktion verwiesen, bei der die beiden beteiligten Bedürfnisse nur

39 siehe Jirina Prekop: *Erstgeborene. Die besondere Geschwisterposition*. München 2006.

schwer auseinanderzuhalten sind. Weil aber die Venus schneller läuft als der Mars, werden die Diskrepanzen mit der Zeit signifikanter und bewusster).

In der Projektion der Familie wird uns die innere Auseinandersetzung zwischen Mars und Venus vor allem durch die Rivalität der Geschwister vor Augen geführt – konkret durch die Konkurrenz von erstgeborenem Bruder und ältester Schwester.

Das *jeweils andere* zu erkennen (respektive das jeweils andere Geschlecht) erweist sich dann als schwierig, wenn es nicht als Person im Spiegel alltäglicher Begegnung erfahrbar ist, zum Beispiel, wenn wir Einzelkind sind und wir das andere Geschlecht nicht unmittelbar in der Familie selbst, sondern vielleicht nur als erste Sandkastenliebe oder das Mädchen/den Jungen aus der Nachbarschaft kennen gelernt haben. Damit fehlt uns die unmittelbare, ganz gewöhnliche Konfrontation oder auch nur der Dialog mit der anderen Polarität. Was zur Folge hat, dass wir uns dann auch meist schwertun in unserem späteren Beziehungsverhalten.

Das gilt in einem dramatischeren Kontext umso mehr, wenn zum Beispiel der Bruder oder die Schwester früh gestorben sind oder aus irgendwelchen Gründen verschwiegen werden. Auch dann bleibt natürlich der Zugang zur jeweils anderen Energie erst einmal versperrt, zumindest problematisch, und die Auseinandersetzung kann nicht wirklich stattfinden (heißt: wir müssen das Thema mit uns selbst ausmachen). Erst wenn wir den fehlenden Geschwisterteil als zugehörig anerkennen, kann die verlorene Energie wieder erfahren werden und wir können an ihr und mit ihr lernen. Erst dann finden wir zu einer Balance zwischen Aktion und Re-Aktion, zwischen spontaner Tat und der Kunst, abzuwägen, ehe wir entscheiden.

Mars-Merkur

Primär die Spannungsaspekte zwischen Mars und Merkur inklusive der Konjunktion (als Gemengelage) spiegeln unseren inneren Disput wider zwischen Spontaneität, Mut, impulsivem Tun und einerseits dem Bedürfnis des Abwartens, der Vorsicht und auch der Anpassung (Jungfrau-Merkur), andererseits dem Drang, lieber zu reden, zu intellektualisieren bzw. dem Bedürfnis, erst einmal alle Informationen einzusehen (Zwillings-Merkur).

In der Familie zeigt sich diese Auseinandersetzung im Umgang des ältesten Bruders (ob wir selbst es sind oder nicht) mit dem / der Drittgeborenen in der Geschwisterreihe, also dem Nesthäkchen, auf das sich die ganze Liebe der Eltern verlagert. Die Begegnungen und Erfahrungen zwischen diesen Geschwistern sind insofern wichtig für uns, als sie unsere Fähigkeit fördern, die eigene Durchsetzung zu trainieren, gleichzeitig etwa in Stresssituationen nicht unüberlegt zu handeln und uns stattdessen entsprechend mitzuteilen.

Falls die eine oder andere Energie »fehlt« (weil z.B. ein Kind verlorenging, siehe auch Mars-Venus, S. 197), sind wir auf den bleibenden Teil zurückgeworfen. Das heißt, bei belastetem Merkur (insbesondere durch Pluto oder Neptun) können wir unser Ich und unsere damit verbundenen Bedürfnisse der Durchsetzung nicht wirklich artikulieren. Ist Mars belastet, bleiben wir vage, wir reden möglicherweise viel, können uns aber nicht festlegen. Auch hier gilt es, den Teil, der nicht da ist, zu würdigen und in unser Familiensystem zurückzuholen – und damit natürlich auch in uns selbst wieder anzuerkennen.

Mars-Pluto

Mit harten Mars/Pluto-Aspekten haben wir als Kind selten die Chance, unsere Impulsivität und Wildheit auf ureigenste Art auszudrücken. Regel ist, dass wir uns schon früh entscheiden, unseren Impuls nach Durchsetzung zu unterdrücken – da wir fürchten, sonst von den Eltern abgelehnt zu werden. Das ist für Mars/Pluto-Kinder gleichbedeutend mit der Angst, »vernichtet« zu werden. Diese Angst haben wir so sehr introjiziert, dass wir unsere spontane Lebensenergie auch noch als Erwachsene lieber »unter dem Deckel halten«, aus Furcht, zerstört zu werden, wenn wir sie offen zeigen – oder vielleicht auch aus der Furcht heraus, andere zu zerstören, wenn wir keinen Ausweg mehr sehen. Manchmal bricht die Gewalt tatsächlich durch. Dann heißt es: Lieber du (oder die anderen) als ich!

Systemisch können wir sagen, unsere ureigene primäre Daseinsenergie, die wir ins Leben mitbekommen haben, steht uns nicht zur Verfügung, weil wir sie unbewusst abgetreten, quasi geopfert und in den Dienst eines vergangenen Dramas gestellt haben. Der Grund ist, dass wir uns dem Sippengewissen verpflichtet fühlen, durch Verzicht auf die männliche Kraft des »Ich bin da« für frühere schlimme Ereignisse zu sühnen – gleichsam im magischen Glauben, durch unser Opfer etwas gut zu machen. Tatsächlich gab es in der Vergangenheit unserer Sippe männliche Nachkommen, also meist Kinder oder junge Erwachsene, die gewaltsam zu Tode kamen. Ob das Drama, das unsere Seele belastet, eher in der Familie/Sippe des Vaters oder der Mutter stattfand, können wir vielleicht erkennen, wenn wir die Verknüpfungen von Mars-Pluto zu Sonne bzw. Mond betrachten. Generell gilt: Das Männliche in seiner archaischen Unbekümmertheit des »Leben-Wollens« wurde einem größeren Kontext (Pluto) geopfert! In diesem Sinne sind die Eltern nur die Erfüllungsgehilfen, die uns im Dienste einer früheren eigenen Bindung und Verpflichtung bedrängen und bändigen wollen.

In diesem Kontext ist stets zu fragen: Gibt es in der Familie einen Täter, der sich weigerte seine Schuld anzuerkennen (was natürlich bedeutet, dass es auch Opfer gab – innerhalb oder außerhalb der Sippe)? In diesem Fall übernimmt ein Nachkomme diese Schuld. Er sühnt für eine Tat, die im konkreten Sinne nichts mit ihm selbst zu tun hat – und wird so selbst zum Opfer. Das Tragische ist, die Schuld wird auf diese Weise nicht »bezahlt«, sondern weitergetragen in die Gegenwart. Daher müssen wir aufmerksam sein, wenn in einer Familie ein junger Mensch schon früh auf gewaltsame Weise ums Leben kommt. Dann nämlich steht immer auch die Frage der Schuld im Raum, offen oder verschwiegen. In diesem Fall wäre es gut, wenn geklärt würde: Wer gibt wem die Schuld? Und wer ist wirklich gemeint? Vor diesem Hintergrund erscheint besonders wichtig, dass wir achtsam fragen: Wer in der Familie trägt die Rolle des Mars, heißt, ist mit dem früheren Opfer-Drama auf irgendeine Weise identifiziert? Meist ist dies, wie wir wissen, der Erstgeborene, gleichgültig, ob wir selbst in diesen Schuhen stecken oder der älteste Bruder.

Einschub: Stellen wir die Gegenwartsfamilie eines Klienten mit signifikanter Mars/Pluto-Verbindung, dann müssen wir nach dem ältestem Sohn schauen. Er repräsentiert diese Energie (sie ist in ihm gebunden). Der Sohn lebt sie gewissermaßen stellvertretend für den Klienten. Im schlimmsten Falle opfert er sich für ihn! Lieber ich als Du!

Natürlich haben wir, wenn wir unsere primäre Lebenskraft »abgeben«, auch Pluto nicht real zur Verfügung. Vielmehr erleben wir Pluto ausschließlich als bedrohliches Menetekel, als in tiefster Seele bohrendes Sippengewissen, archaisch um jeden Preis nur dem Überleben verpflichtet. Der eigene Weg und unsere eigene »geistige Form«, bleiben uns dabei verschlossen. Daher ist ebenso wichtig, die Repräsentantin dieses Sippengewissens (meist eine Großmutter, manchmal auch eine Urgroßmutter) nicht zu verurteilen und auszuschließen aus dem Kreis der Guten, sondern sie zu würdigen – im Sinne von: »Ich achte dein Schicksal und den schweren Weg, den du gegangen bist, ich weiß, du konntest nicht anders.« Denn wir sollten uns vor Augen halten: Diese Frau hat viel (er)tragen müssen, vielleicht verlor sie ihren Sohn (oder ihre Söhne) oder ihren jüngsten

Bruder (ihre Brüder) auf besonders tragische Weise, ihr eigenes Opfer war also unfassbar groß. Das bedeutet, wir müssen diese Großmutter in ihrem Kontext lassen und diesem zustimmen. Alles andere wäre eine Einmischung, und wir blieben weiter an die vergangenen Ereignisse gebunden.

Fassen wir zusammen: Vielfach opfern wir mit Mars-Pluto unsere vitale Kraft, indem wir uns selbst zum Opfer machen. Wir können auch sagen, wir unterdrücken unseren mutigen Wunsch nach Durchsetzung, aus Angst, zerstört zu werden oder aber selbst zu zerstören, wenn wir diesem Impuls nachgeben (so wie früher, als daraus nur Unheil entstand). Stattdessen glauben wir, durch dieses unser Selbstopfer könnten wir die Lücke schließen, die in der Vergangenheit aufgerissen wurde. Doch die gleichsam magische Vorstellung, dadurch Schlimmes heilen zu können, entpuppt sich als Trugschluss. Durch unser Opfer reißen wir nur erneut eine Lücke in unser Herkunfts- oder Gegenwartssystem. Nichts wird besser, das Schlimme wird weitergetragen, und wir bleiben verstrickt in alte Verpflichtungen der Vergangenheit, die heute so nicht mehr gültig sein können. Meist werden die schlimmen Ereignisse der Vergangenheit in der Familie verschwiegen (dennoch weiß unsere Seele davon), oder aber die in ein böses Geschehen verwickelten Personen werden verurteilt. Deshalb ist es wichtig, selbst wenn wir nichts genaues wissen, die Menschen und die Ereignisse zu würdigen, so wie sie waren. Das bedeutet letztlich, all dem zuzustimmen, was war. Auf diese Weise schließen wir das Verdrängte, Ausgeschlossene, Verurteilte bewusst wieder in unser Leben ein. Denn erst wenn wir das Vergangene auch mit seinen schlimmen Geschehnissen als zu uns gehörig anerkennen, haben wir möglicherweise die Wahl, es anders zu machen. Sonst bleiben wir gebunden.

Was heißt das konkret? Wir nehmen den ungewürdigten, gewaltsam gestorbenen Mars-Repräsentanten in unseren Blick, indem wir zum Beispiel sagen: »Lieber …, ich habe geglaubt, ich könnte dir mit meinem Opfer helfen. Es war ein Irrtum, es ist nichts besser geworden, es ist schlimmer geworden … Ich lasse dein Schicksal nun bei dir. Du allein kannst es tragen. Ich traue es dir zu. Es ist eine Sache zwischen dir und … Bitte schau' mich freundlich an, wenn ich mich jetzt entscheide, damit aufzuhören.«

Nur ein solcher Schritt kann die Lücke schließen! Wenn wir ihn gesammelt und ernsthaft tun, erhalten wir zugleich Unterstützung von den Früheren. Nun sind nicht nur wir entlastet, sondern auch unsere Vorfahren. Das System kommt zur Ruhe, und wir spüren das.

Ergänzend soll hier noch einmal darauf verwiesen werden, dass auch Mars im Skorpion auf einen tragischen, zu frühen Tod eines männlichen Familienmitglieds hinweisen kann. Doch ist hier die Verbindung zu anderen Personen der Sippe nicht unmittelbar ersichtlich.

Mars-Jupiter

Eigentlich, so könnte man meinen, müssten sich die beiden Feuerenergien aufs Treffliste ergänzen. Leider aber ist es so, dass wir auch hier unseren Mars oft nicht wirklich in seiner Essenz zur Verfügung haben, so wie er in uns angelegt ist. D. h., wir besänftigen ihn allzu oft, vermeiden seine archaische, manchmal auch egoistische, rücksichtslose Art, »vergeistigen« bzw. sublimieren ihn dadurch gleichsam. Das gilt auch für unseren instinktiven Sexualdrang allgemein. Ein One-Night-Stand ohne Niveau ist für uns kaum vorstellbar.

Der systemische Hintergrund ist, dass wir uns mit der Art, wie wir glauben, uns zeigen zu müssen, zu sehr an einer Person ausrichten, die in der Familie in gewisser Weise als edle, unantastbare Gestalt gleichsam »vergöttert« wird. In der Nachkriegsgeneration steht Jupiter nicht selten für den Lieblingsbruder der Mutter oder des Vaters, der in jungen Jahren in den Krieg zog (oft auch, um der Enge des Heimatdorfes zu entfliehen), und lange als vermisst galt: die Hoffnung stirbt zuletzt. Ihm galt die Liebe und Zuneigung der Mutter oder des Vaters.

In späteren Generationen repräsentiert Jupiter oft einen Großvater, von dem mit leuchtenden Augen erzählt wird. Oder aber er vertritt den ersten Geliebten der Mutter, den sie unglücklicherweise nicht haben durfte, der aber in ihrem Herzen als edler, reiner, idealer Mann weiterlebt, auf den all ihre Sehnsucht gerichtet ist. Was ist die Folge? Wir trauen uns nicht, unseren instinkthaften Impulsen nachzugeben, die vielleicht alles andere als gut und edel sind; wir trauen uns nicht, unsere Wut zu zeigen, weil wir das als unangemessen und »unter unserem Niveau« erachten. So, als ob wir, wenn wir uns gehen lassen, das Andenken an diese frühere Person beschmutzten. Lieber bleiben wir anständig. Auf diese Weise holen wir die frühere Person gleichsam stellvertretend in die Familie zurück, als ob wir dadurch wieder etwas gut machen könnten. Wir glänzen stattdessen lieber mit unserem Wissen, unserem Weltbild, das wir natürlich sehr wohl und oft maßlos durchzusetzen trachten (ein Kollege, der spirituelle Astrologie betreibt, sagte mir einmal: Mars-Jupiter, das ist der Kreuzritter, der seinen Feldzug, selbst wenn er dabei die »Ungläubigen« zu Tausenden abschlachtet, als hehren, edlen Auftrag für das Gute begreift; wir kennen natürlich auch hier genügend Beispiele aus der Gegenwart).

Was bleibt zu tun? Wir können die Bindung unserer Marsenergie an diese frühere, idealisierte Person in unserer Familie anerkennen und würdigen. Vielleicht im Sinne von: »Lieber ..., schön, dass es dich gab (oder gibt); ich hab' versucht, es dir nachzumachen, als könnte ich dich dadurch ersetzen. Aber das kann ich nicht, und es steht mir nicht zu. Du bist einmalig ... Der Preis für meine Anmaßung war, dass ich meine Wut, die Fähigkeit zu streiten und meine elementare Durchsetzungskraft verleugnet habe. Bitte segne mich, wenn ich jetzt auch das vermeintlich Primitive zu mir hole ...« Beachte: Im guten Sinne steht Mars-Jupiter für eine gesunde Streitkultur. Aber streiten dürfen muss man sich eben erlauben.

Mars-Saturn

Wie oft haben wir als Kind, waren wir unartig, die strengen Worte gehört: »Das tut man nicht!« oder »Sei brav!« Und lange haben wir die Maßregelungen auch überhört und lauthals protestiert. Weil wir aber die Anerkennung und den Schutz unserer Eltern nicht verlieren wollten, haben wir schließlich verinnerlicht, dass es nicht »in Ordnung« ist, wenn wir unsere Wut zeigen, vorlaut sind und unseren Willen durchsetzen wollen (z.B. wenn wir am Kaffeetisch nach dem größten Stück Kuchen griffen). Mit anderen Worten: Wut und Aggressionen, Ich-Bezogenheit und immer der Erste sein wollen, oder auch das instinktiv unschuldige Zeigen von sexueller Aktivität (Mars als alter Herrscher des Skorpions) – all das ist schlecht! Disziplin üben, sich zurückhalten, anständig benehmen und hinten anstellen, Wut und Ärger unterdrücken – das ist gut. Kein Wunder, wenn wir später als Erwachsene unter Migräne leiden oder häufig mit Entzündungen »zu kämpfen« haben bzw. uns oft verletzen. Die Marsenergie braucht ihr Ventil (deshalb zielen auch astro-psychologische Ratschläge darauf hin, Mars-Saturn zu »kanalisieren«, indem wir z.B. Karate betreiben oder einen Sport, der zugleich Disziplin einfordert, dazu gehört auch sportliches Bergsteigen).

Aus systemischer Sicht lässt sich hier vermuten, dass es in der Vergangenheit unserer Familie wohl eine männliche, jugendliche Person gab, die in zügelloser Wut, unbedacht oder rücksichtslos handelnd, an zu mächtigen Grenzen und Widerständen (vielleicht im Konflikt mit dem Gesetz) scheitern musste und dabei nicht selten Unheil, Trümmer, Schmerz und Verluste hinterließ. Meist waren es dann die Frauen, die das Desaster ausbaden mussten.

Kein Wunder, dass derartiges in der Familie künftig verhindert werden muss. Alles Tun, alle Entscheidungen haben sich daher unbedingten moralischen Grundsätzen zu unterwerfen. Hüter der familiären Moral ist in der Regel eine Großmutter, und zwar die Großmutter *der* Linie, in der ganz besonders gegen Moral und Sitte verstoßen wurde, mit, siehe oben, bösen Folgen. Diese Frau, ebenso respektiert wie gefürchtet, zeichnet sich aus durch Strenge, Askese und unverrückbar feste Grundsätze. Ihr Credo lautet: niemals anecken! Heißt: Wut, (männliche) Aggression und hartnäckiges Pochen auf die eigenen Rechte sind falsch, weil sie nur Ärger einbringen (wobei sie natürlich nichts dagegen hat, wenn Männer ihre überschüssige Energie für das Gemeinwesen einsetzen, etwa als Polizist!).

Wie gesagt, diese Großmutter hatte gewiss einst gute Gründe für ihr Verhalten. Doch diese Motive gelten nicht mehr! Trotzdem halten wir uns auch heute noch an die alten Gebote, indem wir immer zurückstecken, uns nicht trauen und uns auch nichts zutrauen, dafür aber Aggression, Wut und Egoismus bei anderen verurteilen. Würden wir nämlich selbst mal »über die Stränge schlagen«, müssten wir uns schuldig fühlen, wir kennen das aus Erfahrung. Also lassen wir es lieber. Es ist dann schon angenehmer, die Schuldigen im Außen zu suchen, die Maßregler und Verhinderer, die uns oft leidvolle Grenzen setzen (Wir wollen ja, aber ...). Was uns wiederum zeigt: Halte dich zurück, stell dich hinten an! Nur nicht auffallen! Du wirst sonst nur klein gemacht und bestraft. Was zu beweisen war! Dies alles nehmen wir auf uns, weil wir uns offenbar unbewusst nach wie vor solidarisch erklären mit einem früheren Geschehen.

Eine andere Strategie ist, dass wir überehrgeizig all unsere Kraft einsetzen, nur um Anerkennung zu bekommen. Oder wir übernehmen immer mehr Verantwortung für Aufgaben, für die wir nicht zuständig sind. Unsere größte Furcht dabei ist, dass all unsere Anstrengungen vielleicht doch nicht genügen könnten. Der Preis dafür ist oft, dass wir unter chronischen Rückenschmerzen leiden und vielleicht irgendwann sogar operiert werden müssen.

Ergänzend soll erwähnt werden, dass hinter Saturn gelegentlich auch ein Großvater stehen kann (Saturn als alter Herrscher des männlichen Wassermanns). Dies ist primär dann der Fall, wenn diesem Großvater jedwede freigeistigen Gedanken gewissermaßen ausgetrieben wurden durch gesellschaftliche Zwänge. Die Folge ist, dass er selbst absolut unerbittlich in seinen Urteilen darin wurde, was »gut«, und was »falsch« ist. Dennoch, so ist meine Erfahrung, sollten wir in Aufstellungen zuerst nach der Großmutter schauen, die für die »moralische Instanz« der Familie steht und nach der sich die Familienseele richtet.

Grundsätzlich sieht die Vorgehensweise so aus, dass wir diese Großmutter zu würdigen haben, indem wir ihr zum Beispiel sagen: »Ich achte deine Haltung, sie hatte ihre Berechtigung. Für mich ist das heute anders. Bitte segne mich, wenn ich jetzt mutig bin und mich dem Leben mit all seinen Risiken zuwende; ich trage dafür ganz allein die Verantwortung.« Tun wir dies, dann kann diese Oma eine große Hilfe und Stütze für uns sein. Weil wir dann wissen, ja, wir dürfen auch mal wütend sein und streiten und uns durchsetzen – ohne Schuldgefühle. Es ist in Ordnung! Gleichzeitig werden wir diese Wut aber niemals rücksichtslos einsetzen. Weil wir immer in der Lage sind, dieser Energie eine gute Form und Struktur zu geben, die andere nicht verletzt. Das ist, was wir von den Großeltern dankbar annehmen können.

Es sei hier noch einmal darauf hingewiesen, dass es natürlich immer wichtig ist, wer in der Familie die Marsrolle übernommen hat. Wenn wir es selbst sind – als Erstgeborener – bleiben wir unmittelbar betroffen. Ist es unser ältester Bruder, dann spiegelt *er* uns die »gehemmte« Marsqualität auf der Familienbühne. Auf diese Weise zeigt er uns, dass wir aufgefordert sind, diese Energie zu uns selbst zurückzuholen. Wir könnten dann unserem großen Bruder zum Beispiel sagen: »Es ist für mich in Ordnung, so wie du es machst. Ich kann's erst mal nicht ändern. *Ich* aber nehme mir jetzt das Recht, meine Angelegenheiten klar, verantwortlich und sehr bewusst auf meine Weise durchzusetzen.« Nicht selten sehen wir dann, dass sich auch das Verhalten des Bruders ändert. Da er von dieser »Rolle« nun entlastet ist. Beachte: In den in diesem Buch beschriebenen Aspektdeutungen wird nicht immer explizit auf diese »Platzhalterfunktion« hingewiesen. Der Leser muss es nur wissen.

Mars-Uranus

Gespannte Mars/Uranus-Aspekte zeigen uns, dass es unseren Entscheidungen oft an Bodenhaftung fehlt und wir Schwierigkeiten haben, etwas wirklich konsequent zu Ende zu bringen. Nicht selten brechen wir unsere Aktivitäten einfach ab, weil wir keine machbaren Strukturen für unsere Ideen finden oder uns die letzte Gewissheit fehlt. Sprunghaft versuchen wir mal das, mal jenes; wir irritieren dabei uns selbst und alle anderen um uns herum. Auch denken wir meist zu wenig daran, unsere Vorhaben abzusichern. Realistischere, bescheidenere Alternativen ignorieren wir dabei häufig. Wenn wir eine Sache anpacken, dann muss sie schon »etwas ganz Besonderes sein« – *die* Idee schlechthin! Und es sollte etwas sein, das andere nicht können! Die psychologische Astrologie würde sagen: Mit Mars-Uranus will man sich auf unnachahmlich besondere Art und Weise durchsetzen!

Suspekt sind alle 0/8/15-Aktionen, ebenso Tätigkeiten, bei denen man sich die Hände schmutzig macht oder die banale Kraft benötigen. Auch primitive Gewalt ist uns zuwider. Und im (auch sexuellen) Kontakt mit anderen streben wir nach feurigen, am besten gemeinsamen Höhenflügen, die dann aber oft recht enttäuschend an der Realität scheitern!

Systemisch bedeutet Mars-Uranus: Wir orientieren unsere Durchsetzungsfähigkeit (in den oben beschriebenen Sinnzusammenhängen) an einem früheren Familienmitglied. In der Regel ist dies ein Onkel oder Großvater, der aus der Reihe tanzte, sprunghaft und unberechenbar war, sich als Außenseiter gerierte, und möglicherweise ebenfalls nie etwas wirklich »zu Ende brachte«. Mit dieser Person und ihrem Tun identifiziert sich unser Mars. Also lautet die Aufgabe, diese Identifizierung zurückzunehmen und die primäre Marskraft in den Dienst unseres eigenen Lebens zu stellen. Am leichtesten können wir uns von dieser Fremdorientierung wohl verabschieden, wenn Mars und Uranus in Opposition stehen – vorausgesetzt, wir schauen uns das Gegenüber genau an. Wie immer, so ist auch hier die Unterscheidung von: »was ist meins, was deins?« bei einer symbiotischen Konjunktion wohl am schwierigsten.

In jedem Fall kann die Lösung nur lauten: Wir würdigen unseren Onkel (Großvater) in dem, was er tat, und wie er es tat. Wir bitten ihn dann, uns zuzulächeln, wenn wir mit unserer Marskraft nun auf unsere ganz eigene Weise ins Leben treten. Dann brauchen wir nichts mehr nachzuahmen. Wir sind frei und dürfen nun *wirklich* etwas Neues »ans Licht« bringen!

Mars-Neptun

Mars-Verbindungen mit Neptun weisen darauf hin, dass etwas verloren gegangen ist, was wir wiederfinden sollen. Anders gesagt: Was unheil (im Sinne von: nicht mehr ganz) geworden ist, möchte geheilt werden. Praktisch betrachtet gilt: Mit Mars-Neptun im Horoskop (primär Konjunktion, Quadrat und Opposition) sind wir oft antriebslos. Uns durchzusetzen, das fällt uns schwer. Häufig fühlen wir uns schwach und ohne Energie. Da auch unser Immunsystem eher instabil ist, leiden wir oft unter Erkältungen und Entzündungen. Wut können wir schon gar nicht zeigen, und wenn wir uns behaupten sollen, verstecken wir uns – aus Angst. Wenn wir uns nämlich ohne Scheu offen zeigen, könnten wir angegriffen werden und »untergehen«. Wir kennen das aus der Kindheit. Natürlich suchten wir uns die »passenden« Eltern aus, die dafür sorgten, dass wir glauben: es ist besser, nicht aufzufallen!

Warum folgen wir diesem Muster? Weil wir damit unbewusst die Erinnerung aufrechterhalten wollen an ein früheres Ereignis, das verbunden war mit einem Verlust an »männlicher Energie«. Konkret: ein männlicher Nachkomme, ein junger Mensch, ist – meist unter ungeklärten Umständen – verloren gegangen.

Vielleicht wurde er abgetrieben, tot geboren und danach vergessen, oder es gab einen anderen verborgenen Grund, warum er nicht leben durfte. Also glauben auch wir, wir müssten diese primäre Lebensenergie verweigern und verstecken, in dem wir möglichst im Hintergrund bleiben. Deshalb vermeiden wir auch alle Situationen, die von uns verlangen, dass wir uns offen, spontan und kraftvoll durchsetzen. Anders gesagt: Weil ein Früherer nicht voll ins Leben konnte, tun wir dies auch nicht! Jedenfalls nicht wirklich, ganz und gar und entschieden! Ich habe beobachtet, dass die Generationenebene, auf der das Geschehen sich ereignete, hier keine besondere Rolle spielt, das heißt, das Kind kann auf der Ebene der Ur-Großeltern oder Großeltern verloren gegangen sein, oder auf der Ebene der Eltern (ein in jungen Jahren verschollener Onkel) oder in der Reihe unserer Geschwister (vielleicht der große Bruder, der nicht leben durfte).

Beachte: Im Unterschied zu Mars in den Fischen (unter Umständen auch Mars in Haus 12) ist das Schicksal des früheren (männlichen) Nachkommens in der Sippe hier verknüpft mit einer bestimmten Person in Gestalt von Neptun, also z.B. einer Frau, die ihren Sohn verlor oder abgeben musste. Wer war diese Frau? Eine Tante, eine Großmutter, eine Urgroßmutter? Meist bleibt im Dunkeln, wessen Schicksal mit dem Verlust verbunden war. Vielleicht war diese Frau auch ein wenig sonderbar, verrückt, ausgestoßen aus der Gesellschaft oder sie lebte – als Folge des Geschehens? – im Kloster. Manchmal repräsentiert Neptun, etwa in Verbindung mit der Sonne, auch die erste Geliebte eines Mannes in der Familie. Möglicherweise gab es ein Kind aus dieser Verbindung, das weggegeben wurde.

Leider fehlt in der Familie oft jede Erinnerung an diese Frau. Wenn wir nichts wissen und nichts erfahren, brauchen wir auch nichts zu wissen. Sicher ist, niemand achtete diese Frau bzw. niemand trauerte in der Familie um sie. Trotzdem gehört sie dazu! Wenn wir sie weiter im Dunkeln lassen, dann lassen wir auch das Vertrauen in uns selbst und in unsere Führung im Dunkeln, und die Angst behält die Oberhand.

Suchen wir nach Lösungen, bleibt uns nur, darum zu bitten, dass wir das, was verloren ging, wiederfinden und zu uns zurückholen dürfen. Für Mars-Neptun heißt dies: Der »verlorene Sohn«, wo und wie auch immer er »verloren« ging, muss gewürdigt werden und seinen Platz bekommen, denn sonst bleibt auch unser Mars, unsere Energie leben zu wollen, für immer verloren. Das gilt auch, wenn im Ungewissen bleibt, wer für Mars steht. Dann können wir sagen: »Lieber Mars, ich weiß nicht, wer du warst. Aber du gehörst dazu. Du konntest nicht leben, ich darf das und tue es, dir zu Ehren. Bitte schau mich freundlich an ...« Auch können wir diesen jungen Menschen (vielleicht unseren großen Bruder?) in Gedanken an die Hand nehmen und ihm für eine gewisse Zeit die Welt zeigen, ihn teilhaben lassen an dem, was wir tun.

Nun bleibt noch Neptun zu achten: »Lieber Neptun, wer immer du warst: du gehörst dazu. Ich achte und ehre dich, du hast immer einen Ehrenplatz in meinem Herzen. Gerne nehme ich dein Mitgefühl, deine Bereitschaft zu helfen, deine Verbindung zu anderen Welten, jetzt an. Das andere, deine unendliche Trauer, deinen Schmerz, der dich verwirrt, lasse ich in Ehren bei dir.« Wenn wir Neptun und wer oder was immer damit verbunden ist, auf diese Weise bewusst (wieder) zu uns nehmen, dann kann etwas »heil« oder ganz werden, dann kann aus Angst Vertrauen erwachsen, und wir fühlen uns mit unserem »in der Welt sein« ausgesöhnt und zugleich auf eine vertrauensvolle Weise verbunden mit der anderen, nicht sichtbaren Welt. Daraus können wir »unendlich« Kraft schöpfen.

Ein Hinweis für Berater und Aufsteller: Gerade bei Neptun-Verbindungen mit den drei kleinen »Kinderplaneten« Mars, Venus oder Merkur ist es oft heilsam, wenn wir die Klientin oder den Klienten bitten, Kerzen anzuzünden, denn ein Licht brennt für die Person, die Neptun repräsentiert, ein zweites für das »verlorene« Kind, das in unserer Seele wiedergefunden wurde.

Venus-Aspekte

Venus-Merkur

Vor allem die gespannten Aspekte zwischen Venus und Merkur einschließlich der Konjunktion (als Gemengelage, die schwer auseinanderzuhalten ist) repräsentieren unseren inneren Disput zwischen dem, was wir für wertvoll erachten (Stier-Venus) und woraus sich auch unser Beziehungsverhalten ergibt (Waage-Venus), und dem Bedürfnis, einfach erst mal zu reden, Informationen einzuholen, uns zu bewegen (Zwillings-Merkur) und entsprechende Ergebnisse zu verarbeiten (Jungfrau-Merkur). Wir können auch sagen: Wir schwanken zwischen sich oft widersprechenden Bedürfnissen. So wollen wir zum einen dort bleiben, wo wir sind (Stier-Venus, weiblich, fix); spüren jedoch andererseits auch den Drang, uns zu zeigen und auszutauschen (Zwillings-Merkur, männlich, beweglich). Oder aber wir suchen die Begegnung mit anderen Menschen, die unser Leben bereichern und ergänzen sollen (Waage-Venus, männlich, kardinal), um dann sofort ins Kalkül zu fallen, also auszuloten, ob und wie diese Begegnung uns nützt (Jungfrau-Merkur, weiblich, beweglich).

Auf die Familie bezogen zeigen sich diese Widersprüche in der frühen Beziehung der ältesten Schwester mit dem drittgeborenen Geschwister, meist dem Nesthäkchen, auf das sich die ganze Liebe der Eltern verlagert. Anders gesagt, in der Venusrolle fühlen wir uns, nachdem wir eben erst unseren Platz gesichert haben, zurückgesetzt in unserem Wert, während unser jüngstes Geschwister neugierig seine Umgebung auskundschaftet und dafür von Vater und Mutter entzückte Aufmerksamkeit erntet. Haben wir selbst die Rolle des jüngsten Geschwisters inne, können wir oft nicht begreifen, warum die große Schwester so stur ist und sich allzu sehr abgrenzt. Die Begegnungen und Erfahrungen zwischen den Geschwistern ist insofern wichtig für uns, als sie uns dazu auffordern, unsere Werte und unseren Platz zu bestimmen, zugleich aber immer wieder offen zu sein für neue Informationen und den Austausch mit anderen.

Wir können dann unterscheiden, wann etwas für uns gerade wichtig ist. Wir sehen, Einzelkinder haben auch hier erst mal einen Nachteil. Generell schwierig für uns ist, wenn eine der beiden Energien so belastet ist (etwa durch Pluto oder Neptun), dass sie nicht zur Verfügung steht, z.B. wenn ein Geschwister stirbt oder mit einem früheren Verlust verbunden ist. Wir sind dann auf die bleibende Energie zurückgeworfen und halten an ihr fest. Ist Merkur (bzw. das Geschwister, das diese Rolle innehat) auf diese Weise belastet, fällt es uns schwer, offen zu sein und uns wirklich mitzuteilen; wir verschanzen uns lieber. Ist die Venus belastet, reden wir zwar viel, sind quirlig und neugierig, vertuschen damit aber nur unser Wertedefizit bzw. unseren Wunsch, einfach dazuzugehören. Was bleibt ist, den Teil, der nicht »da« ist, zu würdigen und in unser Familiensystem zurückzuholen.

Venus-Pluto

Unser Wertempfinden und der Umgang mit unserem Körper sind besetzt von den Erfahrungen unserer Sippe, ebenso unsere Partner- und Liebesfähigkeit, da diese immer auch in Bezug steht zum Wert, den wir uns geben. Wir opfern die Liebe zu uns selbst und zum Du einem Sippenkodex, der das Überleben der Familie über alles andere setzt. Wir halten uns daran, indem wir zum Beispiel unsere sinnliche Körperlichkeit unterdrücken, dabei sind wir oft sehr kreativ.[40] Oder wir verschreiben uns der sexuellen Lust, in deren Sog die Liebe schließlich untergehen muss (einer meiner Lehrer sagte einmal: Frauen mit Venus-

40 Ursache dafür, dass wir – als Überlebensstrategie – unseren Körper abspalten, können auch frühkindliche Übergriffe oder andere Traumatisierungen sein (siehe S. 274ff.). Zu beachten ist auch das Krankheitsbild Bulimie; hier wird der Körper quasi zum Ausgleich »geopfert«. Anders gesagt: Das Kind stellt seinen Körper in den Dienst einer vermeintlich »größeren« Sache. Meist geht es dabei um folgende Botschaft: Was von der Mutter kommt, ist gut (nimm deshalb nur von mir!). Was vom Vater kommt ist schlecht! Damit steckt das Kind in

Pluto sind »entweder Hure oder Heilige«). In beiden Fällen sorgen wir letztlich dafür, dass wir keine dauerhafte, wirklich intime Beziehung haben können. Die dritte Variante lautet: Sex, ja, aber nur mit *diesem* einen. Die Sexualität wird somit instrumentalisiert, um den Partner an sich zu binden. Sind wir auf Partnersuche, wollen wir nur diesen einen Menschen, der uns leidenschaftlich liebt und dem wir für immer gehören. Wenn wir ihn dann haben, wollen wir ihn mit allen Mitteln halten – aus panischer Angst, ihn wieder zu verlieren. Wobei wir wissen müssen: Das ist eine existentielle Angst. So wie früher jemand auf tragische Weise die Liebe verloren hat, woraus Tod und Verlust erwuchsen. Eifersüchtig wachen wir also über jeden Schritt des anderen, wollen die Kontrolle behalten, auch wenn wir uns das nicht eingestehen. Unser beliebtestes Wechselspiel heißt: ich verweigere mich – ich habe Lust. Vielleicht nutzen wir auch Seitensprünge (wobei wir uns zugleich dafür verurteilen), um den Partner zu demütigen und zugleich an uns zu binden. Fatalerweise führen wir auf diese Weise herbei, was wir am meisten fürchten: der Partner verlässt uns. Dann bricht unsere Welt zusammen. Es gibt natürlich eine Alternative, die heißt: Wir verzichten von nun an gänzlich auf Beziehung und Liebe, weil wir dann auch nicht verlassen werden können.

Solange wir aber die Dynamik unserer Beziehungen nicht durchschauen, können wir niemals in einer wahrhaften Partnerschaft sein, die den anderen als gleichwertig achtet. Stattdessen bleiben wir in einem Bild gefangen, das »Liebe« als Überlebensstrategie versteht. Wir leben nur die Vorstellung einer Beziehung, aber nicht die Beziehung selbst. Das ist der Preis, den

einem inneren, unlösbaren Konflikt, weil es ja beide Elternteile liebt und sie auch braucht, um zu überleben. Diesen inneren Widerspruch versucht es zu lösen, indem es von der Mutter nimmt, die Nahrung dann aber, zu Ehren des Vaters, wieder erbricht. Das heißt, das Kind ist bereit, mit seinem Körper einen hohen Preis dafür zu zahlen, dass die Eltern zusammenbleiben. Beachte: Bei Magersucht steht die Venus primär mit Neptun in enger Verbindung (siehe S. 224).

wir dafür zahlen müssen, dass wir weiter dazugehören. In einem versteckten Winkel unserer Seele glauben wir nämlich, ausgeschlossen und vernichtet zu werden, sollten wir ein abweichendes Werteverständnis und Beziehungsverhalten an den Tag legen. Lieber wiederholen wir alte Beziehungsdramen, um nicht schuldig zu werden.

Was aber ist in der Vergangenheit passiert? Wo wurde einst eine Liebe auf schmerzliche Weise vermeintlich übergeordneten »Interessen« geopfert, möglicherweise unter dem hehren Vorsatz, auf diese Weise den Fortbestand der Familie zu sichern (in vielen Mafia-Filmen lässt sich das auf der Leinwand nacherleben)?

Häufig zeigt sich in Horoskopaufstellungen, dass bei harten Venus/Pluto-Verbindungen ganz konkret ein Mädchen oder eine junge Frau auf meist schlimme Weise ums Leben kam, im übertragenen Sinn und auf zutiefst unbewusster Ebene quasi einem vermeintlich höheren Zweck »geopfert« wurde. Hinter dem Kind steckt aber immer auch eine Liebe, die damit ebenfalls auf dem Scheiterhaufen verbrannt wurde. Die Botschaft lautet: Eine »falsche« Liebe führt nur zu Schmerz, Tod und Verlust. Deshalb vermeide sie unter allen Umständen!

Nicht selten, so meine Erfahrung, standen die früheren Beziehungsdramen auch in Zusammenhang mit Erbstreitigkeiten oder einem tragischen (gewaltsamen?) Verlust von Werten oder Besitz – und damit auch in Zusammenhang mit dem Verlust von Zugehörigkeit. Das gilt insbesondere, wenn eine Verbindung zum 2. Haus besteht.

In jedem Fall aber sollten wir den Klienten fragen, ob es in der Familie eine tote Tochter gab, oder allgemeiner: einen dramatisch verstorbenen weiblichen Nachkommen. Und auch wenn der Horoskopeigner nichts darüber weiß, so ist mit Sicherheit etwas geschehen, das unsere Liebesfähigkeit (uns selbst und anderen gegenüber) bis zum heutigen Tag mit alten, überholten Vorstellungen, Mustern, Schuldgefühlen und Verpflichtungen belastet – so als ob es in Partnerschaften und Beziehungen nach wie vor nur ums nackte Überleben ginge.

Nun ist es so, dass in der Regel die erstgeborene Tochter die Venus übernimmt. Ist diese Venus an Pluto gebunden, dann ist sie unweigerlich identifiziert mit einem früheren Schicksal. Damit steht ihr die Venus (Eigenwert, Partnerfähigkeit usw.) real erst einmal nicht zur Verfügung. Sie hat sie ja abgetreten an »etwas Größeres«, im vermeintlichen Glauben, durch ihr Sühnen Schlimmes wiedergutzumachen.[41]

Die Lösung kann auch hier nur lauten, das Geopferte und damit Nicht-Verfügbare wieder zu uns zu holen. Wie wir das tun können, hängt von dem dahinterliegenden Ereignis ab. Wenn ein Kind, ein Mädchen oder eine junge Frau in der Ursprungsfamilie zu Tode kam, könnten wir z.B. sagen: »Liebe …, du gehörst dazu, und du hast einen Ehrenplatz in meinem Herzen. Ich dachte, ich könnte dir mit meinem Opfer helfen, aber es ist nicht besser geworden. Ich lasse dein Schicksal jetzt bei dir. Bitte segne mich, wenn ich meinen eigenen Weg der Liebe gehe.« Oder (wenn eine Schwester früh gestorben ist): »Du bist die erste … Ohne dich gäbe es mich nicht (du hast Platz gemacht für mich). Ich achte deinen Tod, du bist immer an meiner Seite. Dir zu Ehren bin ich es wert, eine gute Beziehung zu haben.«

Schließlich muss auch Pluto in den Blick genommen und gewür-

41 In diesem Zusammenhang muss auch der Missbrauch durch den Vater in einem anderen Licht gesehen werden. Denn vor dem Hintergrund einer alten Bindung kann die Tochter im Extremfall so weit gehen, dass sie ihren Körper gewissermaßen *für* die Mutter »opfert« (und damit ihre spätere Liebesfähigkeit), weil diese selbst sich dem Vater entzieht. Die Tochter tut das, damit die Eltern zusammenbleiben sollen. Denn, was wird aus mir, wenn Vater und Mutter sich trennen? Das heißt, wir haben hier wieder das Opfer eines Kindes, das den Preis zahlt für andere. Und das ist schlimm und wirkt weiter … Wobei noch zu beachten ist: Mädchen mit Venus-Pluto gehen mit ihrer körperlichen Sinnlichkeit ganz unschuldig um; sie wollen gefallen. Wenn der Vater dieses kindliche Vertrauen missbraucht, wird es für die Tochter später natürlich sehr schwer, in einer Beziehung wirklich und offen Frau zu sein, sich hinzugeben und zu lieben. Es geht dann immer um Macht und Ohnmacht.

digt werden. Meist übernahm oder übernimmt eine Großmutter diese Rolle. Als Repräsentantin und Sprecherin des Sippengewissens sorgt sie dafür, dass »die Scholle (das Blut) rein bleibt« (Erich Bauer), und dies um jeden Preis. Sie hintertreibt dafür auch eine Liebe, wenn sie überzeugt ist, dass ihre Absicht dem Überleben der Sippe dient. Sie tut das also nicht, weil sie böse ist, sondern im guten Glauben, dass »es für alle das Beste ist«. Dahinter steckt oft der schlimme Verlust eigener Töchter (etwa wenn diese bei der Geburt starben). Die Folgerung der Großmutter: Der »falsche« Mann, die »falsche« Liebe führte zum Tod eines Kindes – und gefährdet somit das Fortbestehen der Familie. Tragischerweise übernimmt die Enkelin unbewusst dieses Bild, indem sie, siehe oben, entweder Beziehungen meidet (da diese, wenn es der »falsche« Partner ist, ohnehin nur tragisch enden); oder sie bindet den einen »richtigen« Partner, den sie gefunden hat, mit allen Mitteln an sich, damit das frühere Drama sich nicht wiederholt. Damit aber führt sie, wie wir gesehen haben, genau das herbei, was sie vermeiden will: eine zerstörte Liebe!
Zusammengefasst verweist Venus-Pluto darauf,

- dass wir Probleme haben, feste Partnerschaften einzugehen oder zu halten. Die Liebe wird dem Sippengewissen geopfert, was meist verbunden ist mit existentiellen Ängsten, mit Verlust von Werten, Besitz und Geld. Wir tun dies aus Solidarität mit einem früheren tragischen Ereignis um eine Liebe und um ein Kind – einhergehend oft mit der Entwertung des Partners. Durch unser Opfer glauben wir, das alte Leid gut zu machen. Zugleich verhindern wir, dass kein Kind mehr »zu Tode kommt« und den Preis zahlen muss. Auch deshalb sorgen wir oft dafür, dass Beziehungen enden, bevor ein Kind gezeugt wird (beachte: übernimmt die große Schwester als Venus für uns das Thema, müssen wir fragen: Wie geht es der großen Schwester, bzw. in der Gegenwartsfamilie? Wie geht es der ältesten Tochter?);
- dass wir einer Überlebensstrategie verpflichtet sind, oft verkörpert durch eine Großmutter, die erfahren hat, wie eine unpassende Liebe nur Leid brachte. Sie weiß daher, wer der

»richtige« Mann für ihre Tochter ist. Wer ihr missfällt, wird schlecht gemacht. Wenn dann die Tochter den *einen* gefunden hat, muss er mit allen Mitteln gehalten werden was aber, wie wir wissen, erst recht ins Desaster führt. Und so wiederholt sich die frühere Tragik. Wir sehen also: Was unter Venus-Pluto zwischen Paaren geschieht, hat zunächst einmal nichts mit Liebe zu tun, sondern mit Überleben. Erst wenn wir uns der Verstrickung in alte Muster bewusst werden, die damit verbundenen Dramen würdigen, sie zugleich aber dort lassen, wo sie hingehören und wo sie vielleicht auch Sinn hatten, erst dann können wir mit dem Segen der Früheren und konkret unserer Großmutter unseren eigenen Weg der Liebe gehen, in der die Partner gleichwertig sind.

Venus-Jupiter

Gespannte Venus/Jupiter-Aspekte verweisen meist auf ein Missverhältnis zwischen erdhafter Verwurzelung bzw. dem Bedürfnis nach Zugehörigkeit und unserem Streben nach Weite und Größe. Missverhältnis bedeutet, dass wir bei all unserer Begeisterung für höhere Ziele, gespeist aus unserem wissbegierigen Verstand, die Bodenhaftung vergessen. Es zieht uns hinaus in die Welt (etwa in die geistige Sphäre der Wissenschaften oder tatsächlich in die weite Welt anderer Kulturkreise), jedenfalls fort aus der Enge unseres Heimatdorfes, in dem wir uns »fremd« fühlen. Weg von zu Hause glauben wir, unsere Heimat zu finden, da gehören wir hin. Auch unser Körper und seine Sinnlichkeit erscheinen uns weniger bedeutsam, manchmal sind sie uns nur im Weg. Erst wenn der Körper streikt, bekommt er Aufmerksamkeit. Ebenso wenig schätzen wir alltägliche Beziehungen. Stattdessen suchen wir Partnerschaften, die uns idealerweise geistig erheben und beflügeln. Nicht selten ist es der Partner aus einem anderen Kulturkreis, der uns bereichern soll.

Systemisch steckt hinter Jupiter in der Regel ein geliebter Onkel oder Großvater (als »geistiger Vater«), den wir ob seiner

Bildung, seiner Begeisterungsfähigkeit und seines Optimismus bewundern. Unbewusst streben wir ihm nach – zum Preis der eigenen Entwurzelung. Denn bitter müssen wir immer wieder erfahren: Selbst in den fernsten Ländern und Gegenden werden wir nicht wirklich heimisch. Weil wir, auch wenn wir uns dort vielleicht eingelebt haben, tief im Innern das Gefühl nicht los werden: Auch hier bleibe ich »fremd«.

Gleiches gilt, wenn wir uns die geistige Welt der Wissenschaft, Philosophie oder Religion zu eigen machen. Auch dort, in den Weiten unseres Verstandes, sind wir letztlich nicht geborgen. Im Gegenteil, um die im Hintergrund lauernde Leere zu vermeiden, streben wir immer weiter nach Wissen und Verständnis, suchen vielleicht angestrengter denn je nach dem Sinn dessen, was die Welt ausmacht.

Haben wir selbst, als älteste Schwester, die Rolle der Venus inne, sind wir es, die unserem Lieblingsonkel, unserem geliebten Großvater oder einer anderen idealisierten Person nachfolgen. Wenn wir dann aber erfahren, dass das Ideal seine Schattenseiten hat, ist es Zeit, das, was wir verdrängt haben, wieder in den Blick zu nehmen; und zwar die eigene Herkunft, die vielleicht in einfachen Verhältnissen wurzelt, ebenso wie die beglückende Erfahrung des eigenen Körpers, der uns aber auch Grenzen setzt. Denn dort, wo wir im realen Sinne verankert sind, liegen wertvolle Ressourcen, die wir bisher offenbar nicht genug geschätzt haben. Im Falle, dass unsere älteste Schwester (oder auch eine Tante) die Venus repräsentiert, spiegelt *sie* unsere innere Venus in Verbindung mit Jupiter in der Familie wider. In jedem Fall aber gelingt die Rückkehr zu uns selbst, wenn wir die frühere, idealisierte Person sein lassen, wie sie war, dabei ihre »Größe« dankbar annehmen und dabei »auf dem Boden« bleiben.

Venus-Saturn

Mit Venus-Saturn heißt das prägnanteste Thema für uns: Die verbotene oder die »moralische« Liebe. Grundsätzlich sind unsere Liebesbeziehungen alles andere als leicht, dafür eher vom Wunsch nach Ernsthaftigkeit geprägt. So ist selbstredend der One-Night-Stand nicht unsere Sache. Wir würden uns dabei unwohl fühlen. Falls wir als Mann doch einmal in die Versuchung kommen, versagen wir meist. Gerne urteilen wir mit Saturn-Venus auch über andere Beziehungen. Zugleich machen wir unsere Werte zum Maßstab, weil sie »richtig« sind. Dazu gehört, dass für uns »am Wichtigsten« ist, ein gutes Einkommen und Vermögen in der Hinterhand zu haben. Sonst ist man wenig wert. Der eigene Körper hingegen, der letztlich in Wahrheit unsere Existenz trägt, wird lange Zeit kaum wahrgenommen.

Derartige Wertungen sind freilich nicht unsere eigenen. Wir haben sie von den Eltern übernommen. Ihre Erziehung war darauf ausgerichtet, uns beizubringen, was in der Gesellschaft als wertvoll erachtet wird und was nicht, und natürlich auch, wie Beziehungen auszusehen haben, damit sie »richtig« und damit »gut« sind. Kein Wunder, dass wir später unmittelbar Schuldgefühle und ein schlechtes Gewissen haben, wenn wir »über die Stränge schlagen«.

In der Familie der Eltern mag die Einhaltung bestimmter Regeln und Verbote durchaus ihren Sinn gehabt haben, z.B. um chaotische Zustände in der Familie zu vermeiden oder wieder einzudämmen, nachdem es früher vielleicht viele uneheliche Verbindungen und auch Kinder daraus gab. Heute sind die strengen Sitten- und Moralgebote nicht mehr zeitgemäß und notwendig. Das muss uns bewusst werden. Allerdings werden wir mit Venus-Saturn niemals ein Hallodri oder lockerer Seitenspringer sein bzw. die leichtlebige Nymphomanin.

Wenn Venus die älteste Schwester repräsentiert, so können wir in ihr unseren Spiegel erkennen. Möglicherweise kritisieren wir ihren strengen, vermeintlich freudlosen Lebenswandel oder ihren Konservatismus – oder überhaupt ihre Probleme mit Partnerschaften oder ihren mangelnden Eigenwert. Wir sagen dann: »Tu doch das oder das, das wäre gut für dich.« Dabei merken wir nicht, dass wir selbst diese Abwehrmechanismen in uns tragen, sie aber gar nicht mögen und gerne auch abstreiten. Sind wir hingegen selbst in der Rolle der ältesten Schwester, begegnet uns dieses Thema anderweitig bzw. in unserem Umfeld.

Meist gab oder gibt es in der Sippe eine Großmutter[42], die als moralische Instanz der Familie auftrat bzw. auftritt. Oft sehr puritanisch, vermittelt sie ihrer Tochter die unumstößliche Regel, nur dann eine feste Partnerschaft (und zwar mit dem Ziel der Ehe) einzugehen, wenn sie absolut sicher ist, dass der Mann ehrenwerte Absichten hat. Ansonsten gilt es, vor den Männern auf der Hut zu sein. (»Männer sind alle Schweine«) Verlassen, so heißt die versteckte Botschaft, kannst du dich ohnehin nur auf mich! Hält sich die Tochter nicht an diesen moralischen Kodex, wird sie mit Nichtachtung oder auch Verachtung bestraft. Der Kontakt wird dann erst einmal eingestellt.

Das Problem ist, dass wir uns diese Maßregelung der Liebe, ob wir nun Mann oder Frau sind, zu eigen machen – aus Solidarität zu einer früheren Notwendigkeit in Gestalt der Großmutter, die zu jener Zeit eine enorme Verantwortung zu tragen hatte. Durch unser Nachahmen erinnern wir an diese Verantwortung in der Liebe.

Erleichterung kann eintreten, wenn wir diese Gebote und Verbote, diese Notwendigkeit der Disziplin und Ordnung, die über allem anderen eingehalten werden musste, dort lassen, wo sie hingehören: zur Großmutter. »Ich achte und ehre dich Großmut-

42 Hier können wir in aller Regel nicht davon ausgehen, dass ein Großvater die Rolle des Saturns (Saturn als alter Herrscher des Wassermann) übernimmt. Es sei denn, der Klient beschreibt uns einen Mann, der seine eigenen schöpferisch gestaltenden Kräfte so sehr unterdrückte (oder unterdrücken musste), dass er sie auch bei anderen strengstens verbietet.

ter und dein strenges Verhalten; es war notwendig und hat der Familie Halt gegeben. Heute aber sind diese Maßstäbe für mich überholt. Bitte segne mich, wenn ich von nun an meine eigene Ordnung der Liebe annehme und meine Partnerschaften in Eigenverantwortung auswähle.« Dann wird uns auch bewusst, was wirklich wertvoll ist in unserem Leben. Z. B. nehmen wir dann auch unseren Körper bewusst wahr – als kostbaren Tempel, für den wir Verantwortung zu tragen haben.

Venus-Uranus

Hier lautet das Thema: Wie nah kann ich andere Menschen an mich heranlassen, um zu lieben, ohne meine Freiheit (oder das, was ich darunter verstehe) aufgeben zu müssen? Das Dilemma lösen wir so, indem wir häufig unsere Partner wechseln oder eine ungefährliche Wochenendbeziehung führen. Oder wir sorgen dafür, falls wir doch zusammenleben, dass die Partner sich von uns trennen, ehe es ernst wird – etwa indem wir Seitensprünge initiieren, die zwangsläufig entdeckt werden sollen. All dies tun wir, damit der andere uns nicht zu nahe kommt, weil wir, wie gesagt, Angst haben, in unserem Freiheitsbedürfnis eingeschränkt zu werden. Das Problem dabei ist, dass es uns dabei nicht wirklich gut geht. Denn innerlich spüren wir, dass wir so nie zur Ruhe und zur Erfüllung kommen. Andererseits würden wir uns wohl irgendwie schuldig fühlen, wenn wir unser Beziehungsverhalten durchbrächen. So als ob wir dann Verrat begingen. Bleibt zu ergänzen, dass uns auch Besitz und Werte, die uns binden, im Grunde nicht wichtig sind. In diesem Sinn ist Venus-Uranus auch Ausdruck der Grundspannung des Menschen zwischen Zugehörigkeit zu einer »Herde« oder Gruppe (Stier-Venus) und dem Bedürfnis nach Individualität und Freiheit (Uranus).

Als älteste Tochter stecken wir selbst unmittelbar in dieser Thematik. Ansonsten zeigt uns die große Schwester in der Projektion, was wir selbst gerne von uns schieben. Sie übernimmt das Thema für uns! Doch es muss uns klar sein: Im Grunde haben *wir* das Problem!

Der systemische Hintergrund ist, dass wir offenbar in der Seele verbunden sind mit einem früheren, meist männlichen Familienmitglied, das »anders war«, ein Luftikus, der, wenn er seine Freiheit nicht leben konnte, vielleicht auch zum Alkoholiker wurde. Aus Liebe und Solidarität entwickeln wir ein ähnliches Verhalten, damit die Erinnerung an diese Person in der Familie wachgehalten wird. Beispiel: Eine Frau liebte riskante, »luftige« Sportarten wie Gleitschirmfliegen, Bungee-Jumping und ähnliches. Es stellte sich heraus, dass ihr Onkel einst nicht nur ein Frauenheld, sondern vor allem ein tollkühner Flieger im 2. Weltkrieg war, der schließlich mit seinem Jagdflugzeug abstürzte. Mit ihm hatte sich diese Frau offenbar identifiziert. Sie kleidete sich wie ein Mann, trug fast nur kurze (Flieger-)Jacken und eine schnittige Kurzhaarfrisur in wechselnden Farben. Sie war zugleich homosexuell orientiert, was meiner Erfahrung nach bei gegengeschlechtlichen Identifikationen nicht selten ist.

Bleibt nachzutragen, dass Uranus in Ausnahmefällen auch durch eine Frau repräsentiert werden kann, nämlich dann, wenn es niemand anderen in der Sippe gibt, der die Rolle einnehmen und damit das Andenken an diesen unangepassten Freiheitsgeist, den es ja in jeder Familie gibt, bewahren und weitergeben kann.

Wie immer lautet auch hier die Aufgabe, dass wir uns der Bindung an diese frühere Person (in der Aufstellungspraxis meist ein Onkel oder ein Großvater) erst einmal bewusst werden. In einem zweiten Schritt achten wir das ungewöhnliche Leben dieser Person, bitten sie aber zugleich um ihren Segen: »Lieber …, du hast es auf deine Weise gemacht, ich darf es jetzt anders machen, auf meine ganz eigene, persönliche Art.« Vielleicht können wir dann unsere Partnerschaften von innen heraus ungewöhnlich und aufregend gestalten, so dass wir sie nicht gleich wechseln müssen, wenn wir uns eingeschränkt fühlen. Denn dem Thema, das wir nun mal haben, müssen wir zustimmen.

Venus-Neptun

Bei harten Neptun-Aspekten im Horoskop können wir vermuten, dass jemand aus unserer Herkunftsfamilie sich als wertlos erfahren hat (was immer die Ursache war) – eine Erfahrung, die wir uns in unserem eigenen Leben zu Eigen machen und weiterführen. Meist ist eine solche Erfahrung verbunden mit einer verlorenen Liebe und den daraus entstandenen schlimmen Folgen, nämlich dem Verlust einer Tochter.

Das Tragische dabei ist, dass um diese verlorene Liebe nie getrauert wurde, und damit auch nicht um das verlorene Kind, um die Frucht dieser Liebe. Denn die Ereignisse mussten verborgen bleiben, als ob sie nie stattgefunden hätten (diese »Schande« darf nicht ans Licht!). Was geschieht ist, dass wir es selbst nicht mehr wagen, die Liebe anzunehmen und in uns zuzulassen. Weil wir in unserer Seele die Erfahrung des früheren Geschehens tief verankert haben, dass Liebe nur zu Leid und Schmerz und sogar zum Verlust eines Kindes führt. Das darf nicht sein. Also idealisieren wir stattdessen die Liebe, damit sie niemals erfüllt werden kann. Im Glauben, wir könnten durch eigenen Verzicht den früheren schmerzhaften Verlust ausgleichen und heilen.

Denn würden wir zulassen, dass die Liebe Wirklichkeit wird, gäbe es kein Ideal und keine Sehnsucht mehr. Dann aber würden wir uns schuldig fühlen, gleichsam, als ob wir Verrat begingen. Und so suchen wir immer dann, wenn wir der Erfüllung nahe kommen, Gründe der Enttäuschung (etwa, wenn wir sehen, dass der Geliebte sich schon bald als Mensch aus Fleisch und Blut und mit Fehlern entpuppt), damit wir unseren Partner wieder verlieren, ehe Verpflichtungen entstehen und daraus vielleicht ein Kind geboren wird. Auf diese Weise dürfen wir weiter warten, in der Hoffnung, vielleicht doch irgendwann die ideale Liebe ohne Angst zu finden. Bis dahin müssen wir eben *ohne Liebe* leben – und dabei aushalten, dass wir uns zugleich als wertlos empfinden. Denn unsere Sehnsucht nach *der* einen, großen Liebe ist immer auch mit der Sehnsucht verbunden, endlich unseren Platz in der Welt zu finden, an dem wir dann wirklich vollkommen und bedingungslos geborgen sind. Wir sagen uns also, wenn wir den Seelenpartner gefunden haben, dann haben wir auch unseren Platz gefunden. Aber auch das ist eine Täuschung.

Beachte auch hier: Entweder wir befinden uns selbst als älteste Tochter unserer Eltern unmittelbar in dieser »Falle«, oder aber die große Schwester übernimmt das Thema stellvertretend für uns, als Spiegel. Betrachten wir unsere Jetztfamilie, ist es oft so, dass unsere älteste Tochter die Aufgabe an sich zieht, und zwar tut sie das stellvertretend für uns. In diesen Kontext gehört auch die Symptomatik der Magersucht (die Zwanghaftigkeit kommt durch Pluto ins Spiel). Hier erscheint eindeutig, was geschieht: Die Tochter will verschwinden, als Ausgleich, dass in der Vergangenheit ein junger Mensch verschwunden ist.

Exkurs: Manchmal, primär in Verbindung mit der Mondknotenachse, finden wir die Venus auch wieder in jungen Frauen, die in weit zurückreichende Ereignisse eingebunden sind, Ereignisse, die sich um eine tragisch »verlorene Liebe« und meist auch um eine damit verbundene Erfahrung von Wertlosigkeit drehen (z.B. in der Generation der Urgroßmutter).

Was ist mit Neptun? Oder besser: Wer steckt hinter Neptun? Meist bleibt die Figur, die damit verbunden ist, diese »andere« Frau, in den Nebeln der Vergangenheit verborgen. Sie ist verschwunden, oder wurde vielleicht vom Hof vertrieben, also ausgeschlossen. Damit verknüpft ist, wie wir gesehen haben, stets das Schicksal eines Kindes, das die Frucht einer unglücklichen Liebe war, und das verloren ging und somit den höchsten Preis zahlte, den es gibt. Und keiner spricht darüber ... Wahrscheinlich stand diese unsere Ahnin außerhalb der gesellschaftlichen Norm und Moral. Vielleicht hatte sie auch Zugang zu spirituellen Welten, was sie zur Außenseiterin machte. Oder sie ging ins Kloster, um der Welt zu entsagen, was nicht immer freiwillig geschah. Oder sie wurde in die Psychiatrie gesteckt und dort versteckt. Oder sie verschwand einfach so, und niemand hörte mehr etwas von ihr. Und auch wenn wir nichts von dieser Frau wissen: *Das,* nämlich ihr Verschwinden, *müssen* wir wissen! Denn es gilt, diese Frau zu würdigen und ihr einen Platz in unserem Herzen zu geben: »Wer immer du bist, ich achte dein Schicksal, aber ich lasse es bei dir. Bitte segne mich, wenn ich jetzt die Liebe nehme und meinen Platz in ihr finde. Ich nehme das Gute von dir dankbar an (deine Tiefe, deine Spiritualität, die Fähigkeit, das andere zu sehen und zu leben) und lasse es einfließen in meine Beziehungen.« Nur so erwächst aus Angst Vertrauen, Vertrauen in die Liebe.

Wie ein früheres Thema auch in der Gegenwartsfamilie »lebendig« gehalten wird, zeigt folgendes Beispiel: Heinz hat eine Venus/Neptun-Konjunktion im Skorpion in Haus 3. Auch Merkur ist dort mit dabei. Heinz' älteste Tochter (Venus) leidet seit der Geburt an Lähmungen und immer wieder schweren Krankheiten. In der Besprechung erkennt Heinz, dass die Tochter durch ihr Leiden ein früheres, tragisches Schicksal in Erinnerung bringt; sie tut dies gewissermaßen »für den Papa«. Tatsächlich gab es in der bäuerlichen Sippe mehrere tragisch und sehr früh verstorbene Kinder, erzählt Heinz. Die genauen Ereignisse wurden verschwiegen. Um diese Kinder wie auch um deren Mutter wurde niemals getrauert. Solange Heinz diese Frau und die damit verbundenen Ereignisse nicht würdigt, kann auch in seinem Leben und in seinen Beziehungen nichts heil werden. Bleibt zu ergänzen: Heinz hat einen Löwe-Aszendenten, damit wird Haus 8 von den Fischen angeschnitten. Neptun kommt also aus Haus 8. Dies zeigt gleichsam die Bindung an die Toten, die geheilt werden muss.

Bei Venus-Neptun im Horoskop ist deshalb immer zu fragen: Wie geht es der Schwester? bzw. wie im Beispiel von Heinz: Wie geht es der ältesten Tochter?

Merkur-Aspekte

Merkur-Pluto

Die psychologische Erfahrungsebene lässt sich hier folgendermaßen skizzieren: Der eigene Ausdruck (körperlich, sprachlich etc.) wird nicht gewagt, als Folge einer Skriptentscheidung in der Kindheit. Als Kind haben wir nämlich die Erfahrung gemacht, dass wir mit der Art und Weise unseres wesenseigenen Ausdrucks nicht wahrgenommen werden. Also musste damit etwas nicht stimmen. Deshalb kommunizierten wir fortan nur noch so, wie wir glaubten, dass es richtig sei – damit wir dazugehören dürfen. Oder wir hielten mit unserer Meinung vorsorglich hinter dem Berg, weil wir überzeugt waren, ohnehin nur Unsinn zu reden. Und selbst dann, wenn wir uns anderen mitteilen wollten, kamen wir oft mitten im Satz ins Stocken, waren wie betäubt, als ob eine Stimme sagen würde: Hör auf, was du da redest, ist Unsinn und stimmt ohnehin nicht. Die Botschaft, die wir verinnerlicht haben, heißt letztlich: Ich bin zu dumm (jedenfalls niemals so gescheit wie andere)! Kein Wunder, dass uns auch das Lernen schwer fiel, in der Schule wie später eventuell im Studium.

Oft vermieden wir auch, uns körperlich offen und unbefangen zu zeigen. Weil wir als Kind häufig gerügt wurden: Wie siehst du denn aus? Die Leute lachen dich ja aus! Vielleicht waren wir auch gehemmt, weil wir körperlich tatsächlich gehandicapt waren (und/oder noch sind) und deshalb immer gehänselt wurden.

Leider ist es oft so, dass wir auch noch als Erwachsene solch alte, das Leben behindernde Verhaltensmuster beibehalten – welche früher ja durchaus Sinn gemacht haben mögen, weil sie (vermeintlich) unserem Überleben dienten. Heute aber haben sie ganz sicher ausgedient!

Aus systemischer Sicht können wir formulieren: Der eigene Ausdruck, die Fähigkeit sich zu bewegen und zu lernen (Zwillings-Merkur) wie auch die Fähigkeit, das Leben gut zu meistern (Jungfrau-Merkur), sind fremdbesetzt, das heißt, wurden schon als Kind oder in der Jugend dem Sippengewissen unterworfen bzw. geopfert. Stattdessen dienen wir gewissermaßen und dies völlig unbewusst unserem »Erbe«. Was die Ursachen und Hintergründe betrifft, dafür lassen sich mehrere Deutungsvarianten finden. Wobei wir aber immer davon ausgehen dürfen, dass in der Vergangenheit ein Kind unter meist dramatischen Umständen ums Leben kam. In der Regel war dieses Kind wohl unerwünscht, da seine Geburt, so glaubte die Sippenseele, die Gemeinschaft gefährdet hätte. Die Folge für uns ist: Weil ein Kind sich dem Leben nicht mitteilen durfte (da es die Vorstellungen der Sippe störte), teilen auch wir uns dem Leben nicht mit, oder nur so, dass wir ungefährdet bleiben, und also weiter dazugehören dürfen.

Double Bind. Merkur-Pluto heißt, dass wir in gewisser Weise doppelt »gebunden« sind, und unbewusst zwei Menschen zugleich treu bleiben, meist Vater und Mutter. Das kann sich zum Beispiel so zeigen, dass wir uns der Mutter zuliebe anstrengen, »etwas zu werden« (indem wir etwa studieren, was Mama versagt blieb), gleichzeitig aber dem Vater zuliebe den Erfolg immer wieder selbst sabotieren – weil auch er »nie hoch gekommen ist«. In diesem Doppelbündnis verbrauchen wir unsere Lebensenergien.

Wir können auch sagen: Pluto-Merkur verweist oft auf einen schmerzlichen Zwiespalt in unserer Seele, nämlich männlich und stark sein zu sollen und doch niemals die Fülle des Lebens annehmen zu dürfen. Das lässt dem Kind zwar seine Unschuld (»schaut, ich mach's euch beiden recht«), doch für die eigene Lebensgestaltung bleibt nichts mehr übrig. Denn wenn wir uns für die eine Seite entscheiden, fühlen wir uns der anderen Seite gegenüber schuldig.

Ursache im Hintergrund könnte sein, dass es (siehe oben) ein Kind in der Familie gab, das unter meist dramatischen Umständen zu Tode kam und nicht leben durfte, zum Beispiel durch eine Totgeburt oder durch Abtreibung. Wobei dieses Ereignis in der Sippe tabuisiert wird, so dass der Klient in der Regel nichts davon weiß. Daher ist auch das Geschlecht dieses Kindes unklar. Resultat ist, dass die kindliche Seele nun glaubt, sie müsse es beiden Geschlechtern, dem Männlichen *und* dem Weiblichen, recht machen, also dem Vater (der Vaterlinie) *und* der Mutter (der Mutterlinie). Das bedeutet, der Klient, der sich hier mit Merkur identifiziert, steckt in der Double-Bind-Falle. Ergänzend sei angemerkt, dass dann meist das nächstjüngere Geschwister (fast immer ein Bruder) den Platz Jupiters einnimmt. Jupiter will stets helfend zusammenbringen, was auseinanderliegt – damit das Leben sich wieder öffnen kann.

Beachte: Ein deutliches, sich wiederholendes Ungleichgewicht zwischen Kraftaufwand und Erfolg ist stets ein Hinweis auf eine derartig beschriebene Verstrickung (Doppelbindung).

Hilfreich ist, wenn wir uns bei Merkur-Pluto stets fragen: Wem erweise ich durch das Versagen bzw. die Opferung meines ureigenen Lebensausdrucks bzw. meiner Unternehmungen die Treue? Wenn wir es nicht wissen, wäre es gut, wenn wir diesbezüglich Informationen in der Familie einholen.

Der Weg aus dem Dilemma ist nur begehbar, wenn wir das verschwiegene Kind in unserer Seele wieder »hereinholen« in die Zugehörigkeit, würdigen, dass es mit seinem Tod Platz gemacht hat, es also das Größte gegeben hat, was es gibt: sein Leben. »Ich ehre, dass du Platz gemacht hast. Durch dich habe ich mein Leben, durch dich nehme ich es nun ganz, ohne eine Seite auszuschließen.«

Nun bleibt noch Pluto zu würdigen – als Vertreter des Sippengewissens, das in seiner ganzen unergründlichen Tiefe letztlich den Tod dieses Kindes akzeptiert, vielleicht sogar (um es vorsichtig auszudrücken) gewünscht haben mag. Doch das, was damals war, ist Vergangenheit. Und es gab möglicherweise Umstände, die wir nicht verurteilen dürfen. Es war so, heute ist es anders. Und wir haben eine viel größere Wahl.

Der tote Zwilling. Als ergänzende Deutungsvariante muss noch beachtet werden: Bei Merkur-Pluto findet unser Austausch mit der Welt oft nur eingleisig statt, etwa wenn wir der fixen Meinung sind, Kommunikation und Lebensgestaltung funktionieren »so und nicht anders« (entweder, oder). Wir sehen die Dinge durch den »Tunnelblick«, der eine andere Sicht und alle weiteren Möglichkeiten ausblendet. Auf diese Weise schützen wir uns davor, in die Ohnmacht zu fallen, da wir jede andere Art des Austauschs als die gewohnte als Affront gegen uns empfinden.

Wenn wir uns derart einseitig darstellen – was fehlt hier? Die Erfahrung in meiner Beratungspraxis hat gezeigt, dass dahinter nicht selten ein dramatisches Geschehen in Verbindung mit Zwillingen steht. Zum Beispiel, wenn *ein Zwilling vor der Geburt schon im Mutterbauch gestorben ist.* Wir aber, die wir überlebt haben, fühlen uns schuldig. Und so sühnen wir, indem wir uns selbst im Ausdruck beschränken, immer nur eine Seite zeigen, also stets nur ein halbes Leben leben. Kein Wunder, dass wir den Manipulationen anderer, die in diese Lücke stoßen, oft hilflos ausgesetzt sind. Immer wieder fühlen wir uns »irgendwie fremdbestimmt«, ohnmächtig und klein. Natürlich können wir auch selbst ganz gut manipulieren, indem wir ausschließlich das eigene Verhalten gelten lassen.

Beispiel: Ein Klient mit Merkur im Skorpion in Haus 12 beklagte sich, er falle immer wieder Intrigen zum Opfer und werde dadurch »mundtot gemacht«. Im Verlauf des Gesprächs stellte sich heraus, dass er das Mobbing gegen sich unbewusst immer wieder selbst heraufbeschwor. Er erzählte schließlich, seine Mutter habe Zwillinge geboren, aber nur einer habe überlebt. Unbewusst arbeitete der Klient offenbar immer wieder darauf hin, sich quasi selbst »aus dem Weg zu räumen«, als ob er dafür sühnen wollte, überlebt zu haben.

Ein anderer Klient mit Merkur/Pluto-Quadrat mochte seine einseitige Lebensgestaltung, die ihm nicht gut tat, einfach nicht wahrhaben. Er arbeitete bis zur totalen Erschöpfung, nur um ein bestimmtes Bild aufrechtzuerhalten. Bis er kollabierte und sein »Bild« zusammenbrach. Nun war er gezwungen, sein Leben von Grund auf neu zu organisieren. Eine Aufstellung brachte zutage, dass er wohl einen Zwillingsbruder gehabt hatte, der bei der Geburt starb.

Einen weiteren Fall erzählte mir ein befreundeter Therapeut. Eine Frau litt an immer wiederkehrenden, heftigen Zuckungen der Gliedmaßen. Auch hier stellte sich heraus, dass ein Zwilling im Bauch der Mutter verstarb, während die Klientin überlebte. Durch ihre Symptome erinnerte die Klientin einerseits an den Todeskampf der Schwester, andererseits versagte sie sich voller Schuldgefühle das volle Leben, denn durch ihre Behinderung konnte sie ihren Alltag nicht selbständig und ausgewogen organisieren. Ich bin ziemlich sicher, dass auch hier ein Merkur/Pluto-Aspekt zugrunde liegt, möglicherweise in Verbindung mit Uranus.

Im Übrigen verweisen manchmal auch chronische Atembeschwerden (entweder das Ein- oder das Ausatmen ist dann gestört) leider bis hin zu Lungenkrebs auf einen ähnlichen Hintergrund, mit dem wir uns letztlich zu versöhnen haben. Möglicherweise, indem wir beizeiten lernen, uns auch für andere Meinungen (die wir bislang als bedrohlich empfanden) zu öffnen.

Die Lösung kann hier nur lauten: Es gilt, den zweiten Zwilling, die zweite, andere Seite, die fehlt, wieder herein- und anzunehmen. »Lieber Zwillingsbruder (liebe Zwillingsschwester), du gehörst dazu. Ich achte dein Opfer. Ich darf bleiben, ohne Schuld. Dir zu Ehren gestalte ich nun mein Leben voll und ganz, mit allem, was dazugehört.«

Merkur-Jupiter

Mit Merkur-Jupiter im Radix wollen wir unser Weltbild, unsere Überzeugungen anderen immer wieder mitteilen, und merken dabei meist gar nicht, das denen das zuweilen gehörig auf die Nerven geht. Vor allem, wenn wir nicht aufhören zu erzählen, wo wir überall schon waren und was wir schon alles gesehen haben. Natürlich können wir uns flüssig und gebildet ausdrücken. Auch berauschen wir uns oft selbst an unseren Entwürfen. Ob das alles machbar ist – das interessiert jetzt nicht!. Das heißt, in gewisser Weise kommunizieren wir immer ein wenig

»von oben herab« (auch wenn uns das nicht bewusst ist) – als ob wir überhaupt und im Grunde alles besser wüssten. Unflätige Worte kommen dabei niemals über unsere Lippen. Auch überdecken wir mit unserem oft unverhältnismäßigen Optimismus sehr gerne die eigenen Probleme und seelischen Bedürfnisse. Jetzt »da zu sein« und zu genießen, dafür haben wir keine Muse. Wir sind immer irgendwie unterwegs.

Was steckt dahinter? Nun, Merkur ist an Jupiter gebunden. Systemisch heißt das, dass wir uns im Ausdruck und in der Art zu kommunizieren unbewusst an einer früheren Person (ein Onkel, ein Großvater?) orientieren, die sich vielleicht nur dann gehört und wahrgenommen fühlte, wenn sie sich klug, weltläufig und gebildet zeigte – und sich zugleich bestimmten kulturellen, religiösen oder allgemein weltanschaulichen Überzeugungen anpasste. Der eigene, bewusste (= eigenverantwortliche) Ausdruck, dem eigenen Wesen und den eigenen Bedürfnissen gemäß – der blieb dabei auf der Strecke. Als Nachgeborene identifizieren wir uns in der Art und Weise, wie wir uns gebärden und im Alltag verhalten, mit dieser Person und halten damit gewissermaßen ihr Andenken aufrecht. Doch der Preis ist, dass auch wir im Grunde unserer Bestimmung nicht folgen, sondern so reden, wie wir glauben, dass geredet werden sollte! Erst wenn wir hinterfragen: Ist das echt, wie ich mich anderen, in welcher Form auch immer, mitteile? Bin das eigentlich wirklich ich, der redet? Und warum verhalte ich mich so? (weil ich vielleicht anders nicht anerkannt werde?), erst dann kommen wir dem näher, der wir sind. Zugleich ist wichtig, dass wir unseren Onkel oder unseren Vorfahren, den wir nachahmen, in seinem Verhalten ehren und achten. Er hat uns vieles gelehrt und mitgegeben, doch wir dürfen und können uns jetzt anders und uns selbst gemäß mitteilen. Indem wir zum Beispiel vom Urteil lassen (nur so ist es gut!) und uns stattdessen auf eine Weise ausdrücken, die unserem eigenen inneren Wachstum dient. Beachte auch hier: Entweder sind wir selbst in diesem Thema »gebunden«, oder wir finden es in einem unserer Geschwister gespiegelt. In jedem Fall aber begegnen wir dieser Eigenart immer wieder, da sie zu uns gehört. Des Weiteren sollten wir wie in allen anderen Fällen auf die entsprechenden Spiegelenergien achten, wenn wir systemisch deuten: Merkur-Jupiter verweist hier analog auf den Hintergrund Saturn-Mond; unsere eigenen wahren Bedürfnisse, die wir vor uns selbst verbergen, müssen uns erst einmal wieder bewusst werden.

Merkur-Saturn

Mit Merkur-Saturn sind wir sicher, dass das, was wir sagen, absolut richtig ist. Da redet uns keiner rein, da dulden wir auch keine Kompromisse. Umso lieber kritisieren wir andere. Wir können diesen Aspekt aber auch, wie man sagt, in der »gehemmten Form« erleben. Dann trauen wir uns nicht, uns mitzuteilen, auch wenn wir dies gerne tun würden (weil wir ja auch etwas wissen). Manchmal sind wir auch in unserem körperlichen Ausdruck blockiert, z. B. wenn wir als Kind gelernt haben: rumzappeln ist falsch und schlecht, stillsitzen bei Tisch dagegen richtig und gut. Oder man bringt uns bei, dass wir uns stets korrekt ausdrücken sollen, keine »bösen Worte« in den Mund nehmen dürfen und uns – kurz gesagt – anständig benehmen und »bei der Sache bleiben« müssen. Nicht selten bekommen wir zu hören: Sei nicht so neugierig! Oder: Nicht anfassen, das ist bäh, bäh! Möglich ist auch, dass wir in der Folge, während wir aufwachsen, unter Sprach-, Lern- oder motorischen Störungen leiden. Später, im Beruf, fühlen wir uns oft von Vorgesetzten gemaßregelt. Als Reaktion bleibt uns entweder Verweigerung – oder verstärkter Ehrgeiz, um endlich Anerkennung für unsere Arbeit zu bekommen. Was meist ein hoffnungsloses Unterfangen ist; denn, so wie wir mit unserer Neugier und unserem Ausdruck als Kind nicht wahrgenommen wurden, so wenig können wir hoffen, als Erwachsene wahrgenommen zu werden. Und wir werden dieses Muster immer wieder bestätigt bekommen (dafür sorgen wir unbewusst), solange wir es nicht durchschauen, achten und dann vielleicht ablegen können.

Mit anderen Worten: Unser Bedürfnis nach echtem, offenem Austausch ist verdrängt, abgetreten an eine moralische Instanz, die uns sagt, wie wir »richtig« und wie wir »falsch« auftreten. Vermittler dieser Wertungen sind gewiss unsere Eltern, doch im Hintergrund, quasi als Personifizierung dieser Instanz, wirkt meist eine Großmutter, die sich aufgerufen fühlte, für Ordnung, Stabilität und Sicherheit in der Familie zu sorgen – als Schutz und Abwehr gegen Chaos und allzu große emotionale Instabilität. Wahrscheinlich waren derartige Abgrenzungen, Regeln und Urteile einst notwendig für den Zusammenhalt der Sippe. Dies gilt es zu würdigen. Zugleich soll uns aber bewusst werden, dass die Verhältnisse sich geändert haben und die früheren moralischen Bewertungen heute für uns keine Gültigkeit mehr haben. So können wir z. B. sagen: »Liebe Oma, du hast der Familie Sicherheit und Orientierung gegeben in schweren Zeiten. Ich achte das. Doch heute kann ich die Regeln ändern. Ich bewege mich jetzt so in der Welt, wie ich es für richtig halte (oder alternativ: »Ich zeige mich jetzt so, wie ich bin …«) – »Und übernehme dafür die Verantwortung. Zugleich urteile ich auch nicht mehr über andere. Bitte schau mich freundlich an, wenn ich das selbst bestimme.«

Merkur-Uranus

Hier sind wir aufgefordert, neue, unbekannte Wege zu gehen. Dies können wir allerdings nur, wenn wir zuvor die »alten« Wege verlassen, sprich, uns von den gewohnten Lebensumständen (Merkur) trennen (Uranus).

Systemisch orientieren wir uns mit Merkur-Uranus unbewusst am »ungebührlichen« Verhalten eines männlichen Verwandten. Ihm folgen wir nach, quasi auf einem vertrauten Weg, den wir einschlagen, damit dieser Mensch in Erinnerung bleibt. Oft steht hinter Uranus, wie wir bereits gesehen haben, ein Großvater, der »aus der Reihe tanzte« – ein Hallodri, ein Schwerenöter, ein Fremdgeher oder einfach ein Außenseiter, der nicht wirklich dazugehörte. Manchmal übernimmt auch ein Onkel die Rolle dessen, der, wie auch immer, anders war oder ist als die anderen. Was heißt das für uns? Nun, auch wir wollen anders sein, auffallen, indem wir z. B. schmutzige Witze erzählen oder uns extravagant kleiden; wir verhalten uns extravagant, geben uns sprunghaft und oft widersprüchlich. Im Grunde zelebrieren wir das Gefühl: Wir gehören nicht dazu! Und auch wenn sich unsere Seele in Wahrheit noch so sehr danach sehnt, ihren Platz in der Gemeinschaft zu finden: Unbewusst sabotieren wir diesen essentiellen Wunsch selbst immer wieder durch unser »Un-Angepasstsein«, das wir zur Schau stellen.

Doch erst wenn wir unseren Vorfahren oder Verwandten in seinem So-Sein würdigen (»du hast es so gemacht, ich darf es *anders und auf meine* Weise machen«), finden wir zu unserem ureigenen, besonderen Ausdruck, ohne dass wir damit unsere Zugehörigkeit aufgeben müssen. Dann haben wir wirklich »neue Wege« zur Verfügung, die uns zum »richtigen«, angemessenen Platz in der Familie und in der Gesellschaft führen – und zu guten, verantwortungsvollen Beziehungen. Aber den Ausstieg des Großvaters oder des Onkels, der sich dem (für ihn »falschen«) Platz in der Familie entzog, den müssen wir zuvor ehren. Er konnte vermutlich nicht anders, wir können es! Und zwar, indem wir unseren besonderen Weg bewusst wählen!

Auch hier gilt es zu beachten: Entweder wir selbst finden uns als jüngstes Geschwister wieder in der Merkurrolle, oder wir erleben das Thema im Spiegel des jüngsten Bruders oder der jüngsten Schwester (gegengeschlechtliche Identifikation der Schwester).

Merkur-Neptun

Als Kind wurden wir mit unserer Eigenart in Ausdruck und Bewegung nicht wahrgenommen. Daraus resultiert eine tiefe Enttäuschung – und eine große Angst, zu zeigen, wie wir wirklich sind. Zur Vermeidung stehen uns mehrere Strategien zur Verfügung: Wir verstecken uns, denn wir haben die Erfahrung gemacht, dass wir nur Missverständnisse ernten, wenn wir uns öffnen und spontan zeigen (was uns irritiert und unsere Haltung bestätigt!). Oder aber wir übertreiben maßlos, wobei wir es oft mit der Wahrheit nicht so genau nehmen. Möglich ist ebenso, dass wir immer dann wie ein Wasserfall reden, wenn wir eigentlich konkret werden sollten. Vermutlich kommen wir auch mit unserem Alltag alles andere als gut zurecht. Ja, wir entwickeln zuweilen geradezu Furcht und Fluchtgedanken vor der Routine und Verantwortung des Alltags bzw. den alltäglichen Aufgaben, die anstehen.

Hinter unserem Verhalten steckt letztlich ein früher Verlust, in aller Regel der Verlust eines Kindes bzw. Geschwisters, von dem wir meist nichts wissen. In der Regel ist uns nicht einmal das Geschlecht bekannt. Manchmal ist in der Vergangenheit auch ein Zwilling verloren gegangen. Wie auch immer, der Verlust wurde oder wird von der Familie einfach »nicht (für) wahr gehalten«! Entweder weil man dem Ereignis keine Bedeutung beigemessen hat, oder weil Schande, ein Drama oder Ähnliches damit verbunden sind. Also wird das Thema vertuscht und verschwiegen. Oft nicht einmal in böser Absicht, sondern einfach, weil man die Nachkommen schützen will.

Die Erfahrung des »Nicht (für) wahr genommen Werdens« bekommen wir in unserer Kindheit bestätigt. Also entscheiden wir, dass wir nicht wahrgenommen werden dürfen (vielleicht weil wir etwas an uns haben, das die Erwachsenen an das Vergessene erinnert?). Am besten, wir halten uns zurück, um ja nicht aufzufallen oder anzuecken. Denn dazu haben wir ja nicht das Recht (Saturn / Mars)! So können wir auch nur schwerlich unterscheiden: Wer bin ich, und wer bist du? Was zugleich bedeutet, dass wir uns schwer tun, objektiv zu sein. Vieles bleibt irgendwie unklar, verschwommen und wie im Nebel. Dabei suchen wir doch den »Durchblick«. Leider aber ist das Wollen hier vergeblich. Denn wir müssen erkennen dass es nicht um »sehen wollen«, sondern um Einsicht geht. Meist behält Neptun sein Geheimnis. Und dieses gilt es, anzunehmen. Dann erst kommen wir – vielleicht – der Lösung näher.

Auf unsere Familie bezogen heißt das konkret: Wir wissen in der Regel nicht, was geschehen ist. Und wir wissen nicht, wer darin verwickelt war. Uns bleibt verborgen, durch wen (welche Frauengestalt?) Neptun in der Familie repräsentiert war oder ist. Indem wir dieses Nichtwissen annehmen, gewinnen wir ein Stück Vertrauen in unsere eigenen Ausdrucksmöglichkeiten, die Art zu reden und uns zu bewegen, und darin, dass wir natürlich doch wahrgenommen werden, oder auch nicht. Es ist nicht mehr so bedeutend für uns.

Das Problem ist oft nur: *Dort, wo ein Loch ist, gibt es immer jemanden, der es füllen möchte, um an das frühere, vergessene Schicksal zu erinnern.* Meist übernimmt das drittgeborene Geschwister unbewusst diese Aufgabe (entweder wir selbst oder Bruder bzw. Schwester), indem es sich zum Beispiel in die Unscheinbarkeit flüchtet (siehe oben). Meist zeigt sich dieses Geschwister auch merkwürdig indifferent in seiner Geschlechtlichkeit, ebenso wie in seiner Beziehung zu Vater und Mutter ... nicht selten verbunden mit gesundheitlichen Anfälligkeiten etwa der Atemwege und des Darms.

Die Lösung kann nur lauten, dass wir unsere Identifikation mit dem Verlust (den Toten) erst anerkennen und dann aufgeben. Dazu müssen wir den Tod des verlorenen Kindes bzw. der verlorenen Kinder würdigen. Auch sie gehören dazu und haben einen Platz in unserem Herzen. Dann dürfen wir uns vertrauensvoll für das ganze Leben entscheiden – ohne Schuldgefühle, dass wir da sein dürfen auf ihre Kosten. Wir spüren das Wohlwollen der Toten. Statt mit einem Opfer haben wir die Lücke mit Liebe und Achtung gefüllt. Das ist sehr erleichternd.

Die Aspekte der Schicksalsplaneten

Pluto-Jupiter

Das eigene Glück wird einem »Größeren« geopfert. Mit Pluto-Jupiter ist die Art und Weise, wie wir denken, an frühe Erfahrungen bzw. an Muster der Vergangenheit gebunden. Diese Bilder sind so fest in uns verankert, dass wir glauben: Wir wissen, »wo es lang geht«. Und so treten wir vehement und unbeirrt für unsere Überzeugungen ein – bis hin zum Fanatismus (viele religiöse Führer haben eine solche Konstellation in ihrem Horoskop). Auf diese Weise vermeiden wir zugleich, dass wir im »Hier und Jetzt« leben (Sonne / Mond). Stattdessen streben wir nach Größe, Bedeutung und Macht. Nur das heißt für uns, am Leben zu sein. Die andere Seite ist: Wir empfinden uns ohnmächtig gegenüber unserer Umwelt, irgendwie in den Fängen einer Macht im Hintergrund, die unseren Erfolg verhindert. Auch dann nehmen wir nicht am Leben teil, so wie es ist.

Systemisch gesehen bedeutet diese Konstellation: Das eigene Glück, der eigene Erfolg, das eigene Wachstum hin zu einem reifen Menschen werden dem Sippengewissen geopfert (es sei hier noch einmal angemerkt, dass auch die analogen Entsprechungen, z. B. Pluto in Haus 9, ähnliche Erfahrungen beinhalten, doch wenn zwei Planeten in Verbindung stehen, sind diese Muster mit konkreten Personen unserer Geschichte verbunden, Personen, die wichtig sind für uns). Anders gesagt: Der Weg zur Erfüllung ist besetzt von Weltbildern, alten Überzeugungen oder religiösen Fixierungen, die das Glück eines Einzelnen nicht zulassen – oder, wenn es sich zu zeigen beginnt, es durch psychischen Druck oder Gewalt zerstören. Warum? Weil im

Sippengedächtnis tief verankert ist, durch fremde Gedankenbilder könnte das Wohl bzw. das Überleben der Familie gefährdet sein. Wir erleben solche Mechanismen oft genug, etwa wenn Personen anderer Kulturen oder Religionen in eine Familie einheiraten. Nicht selten scheitern diese Ehen, manchmal sogar tragisch. Die innere, zutiefst unbewusste Motivation des Systems verhindert dann, dass das Blut durch einen Fremden »verunreinigt« wird. Wobei meist eine Großmutter dieses Sippengewissen vertritt; sie zieht die Fäden und sorgt dafür, dass ihm genüge getan wird (ein Bild dafür sind die kleinen, stets schwarz gekleideten Mamas in den Mafiafilmen).

Hinter solchen Mustern steckt immer ein konkretes Erleben in der Vergangenheit. Meist stoßen wir in unseren Nachforschungen auf eine männliche, geliebte und meist eigentümlich verklärte Person, die in jungen Jahren ums Leben kam oder erbarmungslos »ausgesondert« wurde. Wir können auch sagen, dieser Mensch ist einem »größeren Ganzen« geopfert worden, oder er hat sich schließlich unter dem Druck der anderen selbst geopfert.. Eine solche Person kann beispielsweise auch der erste Geliebte der Mutter sein, den diese nicht haben durfte – weil er nicht den ethischen, weltanschaulichen oder religiösen Vorstellungen der Sippe entsprach oder (auch) einer anderen Gesellschaftsschicht oder Kultur angehörte. Folglich beargwöhnte die Familienseele diese Verbindung als Gefahr für das Überleben »des Blutes«, insbesondere, wenn damit auch noch eine gesellschaftliche Ächtung einherging. Meist sind es (siehe oben) die Großmütter, die der Tochter »ins Gewissen reden«.

Ein Beispiel: Ein Klient hat Jupiter und Pluto im Quadrat zum Mond. Der Aspekt zum Mond verweist zunächst auf ein Drama in der mütterlichen Linie. Es stellt sich heraus, dass Jupiter den ersten Mann der Mutter repräsentiert, den sie aber nicht nehmen durfte, weil er der Familie missfiel. Besonders die Großmutter hintertrieb die Verbindung. Schlimm wurde die Geschichte, als die Mutter des Klienten schwanger wurde. Die »Schande« eines unehelichen Kindes mit einem Mann, den die Familie ablehnte, wollte die Mutter nicht tragen. Sie verlor das Kind unter ungeklärten Umständen. Traumatisiert sprach sie nie wieder über das Ereignis. Erst nach ihrem Tod erfuhr der Klient von einem nahen Verwandten, dass er eigentlich noch ein älteres Geschwister gehabt hatte. Wie auch immer: die Liebe zerbrach und der Geliebte verlor später bei einem Verkehrsunfall in Amerika sein Leben.

Tragisch ist, dass solche Opfer oft Generationen nachwirken, indem ein Nachkomme ebenfalls auf sein Glück und sein Fortkommen verzichtet. Häufig ist es dann so, dass ein Sohn in die Rolle des früheren Geliebten schlüpft, um die Lücke zu füllen und »um etwas gut zu machen« – mit der Konsequenz, dass der Vater nie eine Chance als Partner der Mutter hatte.

Nicht selten steht hinter Jupiter auch ein Großvater, der in den Krieg zog – meist sogar freiwillig – , dort fiel oder vermisst wurde. Bei Menschen der unmittelbaren Nachkriegsgenerationen ist es oft der geliebte Bruder der Mutter oder des Vaters, der ein solches Schicksal hatte. Die Fremde lockte diesen Mann und das Abenteuer (die Wehrmacht versprach das ja auch), jedenfalls trieb es ihn fort aus der Stadt oder dem kleinen Dorf und weg von der Sippe, die ihn einengte. Ohne zu ahnen, dass sein Drang nach Weite und großen Erfahrungen missbraucht wurde, und er damit letztlich sein persönliches Wachstum sinnlos einem fremden Ziel opferte. Man darf wirklich nicht verkennen, dass viele Männer durchaus begeistert der Nazi-Propaganda folgten, die den Soldaten z. B. eintrichterte, der Russland-Feldzug sei notwendig; denn das deutsche Volk brauche Raum, um zu überleben angesichts der »Bedrohung durch die slawischen Untermenschen« (Indes: Inwieweit mit Klugheit zu jenen Zeiten ein eigener Weg möglich gewesen wäre, muss hier offen bleiben; es gibt aber Beispiele dafür).

Interessant, aber wenig aufgeklärt bleibt in diesem Zusammenhang die Rolle der Frauen im Dritten Reich. Inwieweit waren sie Mittäter, indem sie den Nationalsozialismus und dessen Ziele verinnerlicht hatten? Waren viele nicht auch stolz, dass ihre Männer und Söhne für die »gute Sache« in den Krieg zogen?

(vgl. den »Heiligen Krieg« der radikalen Islamisten; ohne die Frauen, die ihre Männer und Söhne dafür hergeben, würde er im Sande verlaufen).

Natürlich kann Jupiter-Pluto ganz einfach auch auf einen Verwandten verweisen, der dem eigenen, engen, bedrückenden Zuhause entfloh, der vielleicht ins ferne Ausland (etwa in die USA) auswanderte, aber auch dort das Glück nicht fand und schließlich fern der Heimat starb. Keiner in der Familie sprach darüber. Überspitzt kann man sagen, auch hier hat das Sippengewissen, das zu viel Weite und Fremdes ausschließen will, sein Ziel auf verschlungenen, unsichtbaren Pfaden erreicht.

Derartige, unbewusst im Hintergrund ablaufende Muster gilt es zu erkennen, damit die Opfer sich nicht weiter fortsetzen. Doch um die Lösung können wir nur bitten, indem wir die Vergangenheit und die Menschen achten, die darin verstrickt sind. Hat die Mutter z. B. den Vater früh verloren oder ihren geliebten (jüngeren) Bruder, so könnten wir sagen: »Lieber Großvater (Onkel …), du gehörst dazu. Ich achte dein Schicksal, aber ich lasse es bei dir. Ich kann dir nicht helfen. Bitte segne mich, wenn ich mein Glück annehme, in Dankbarkeit.« Und zur Mutter gewandt: »Liebe Mama, ich achte deine Trauer, aber ich kann dir den Vater (den geliebten Bruder) nicht ersetzen. Ich gehe nun meinen Weg und werde erwachsen, bitte gib mir deinen Segen.« So oder so ähnlich.

Ist bei Jupiter-Pluto ein Drama mit dem ersten Mann der Mutter verbunden (siehe Beispiel oben), so müssen wir diesen als ersten Mann in den Blick nehmen und achten!

Grundsätzliches zu Pluto in Verbindung mit Saturn, Uranus und Neptun

Während wir bei der Kombination Plutos mit Jupiter in der Regel zumindest den »Zwitterplaneten« Jupiter (an der Schnittstelle zwischen menschlich-persönlicher Sphäre und geistigem Streben) personifizieren können, sollten wir die Verbindungen Plutos mit Saturn und seine Aspekte mit den transsaturnischen Planeten Uranus und Neptun in Aufstellungen systemisch nur äußerst vorsichtig deuten, vor allem, wenn wir nicht sicher sind, ob die Beschäftigung mit diesen Energien unseren Klienten tatsächlich nützt. Auch ist zu beachten, dass die Langsamläufer nur in relativ langen Zeiträumen prägnante, wichtige Aspekte zueinander bilden, die dann für ganze Generationen gelten. Dennoch spiegeln sich solche Generationenthemen natürlich in den Geschichten und Schicksalen konkreter Menschen wider.

Anzumerken ist auch, dass hier nicht nur die direkten Planetenaspekte (die oft, wie wir wissen, Beziehungen zwischen konkreten Personen reflektieren) systemisch von Bedeutung sind; manchmal liefern uns auch die analogen Häuserkonstellationen interessante Hinweise – insbesondere, wenn es um die Themen Opfer (Pluto) und Verlust (Neptun) geht. Zum Beispiel Saturn in Haus 8 (wer hat seine eigene Bestimmung ganz in den Dienst der Sippe gestellt?). Oder nehmen wir Pluto in Haus 12: die verlorene Macht bzw. die verlorene Selbstbestimmung. Oder Neptun in Haus 8: Das geopferte Vertrauen bzw. die Unterdrückung der spirituellen Sehnsucht zugunsten der Sippe. Entsprechendes gilt auch für alle persönlichen Planeten, einschließlich Jupiter als Verbindungsglied, die in den »Schicksalshäusern« stehen. Beispiel Jupiter in Haus 12 (das verlorene Glück bzw. der verlorene Onkel / Großvater).

Pluto-Saturn

Die Verbindung dieser schicksalhaften Kräfte lässt darauf schließen, dass die natürliche Ordnung, die sich aus den Gesetzen des Lebens ergibt, einer »Ideologie« geopfert wird. Grundsätzlich verführt Pluto den Menschen, die natürlichen Grenzen, die ihm gesetzt sind, zu überschreiten. Er raubt Kronos die Zeit, pfuscht in Saturns Handwerk, indem er die Gesetze des Lebens eigenen Bedingungen zu unterwerfen versucht – so, als könnte er sie durch seine Magie quasi aufheben (deshalb Vorsicht, wenn dich jemand unter Zeitdruck setzen will!). Mit Pluto-Saturn im Geburtsbild laufen wir Gefahr, die eigene Bestimmung einer vermeintlich größeren, mächtigeren Kraft zu opfern.

Psychologisches Muster. Als Kind haben wir die Erfahrung verinnerlicht, über uns schwebe ein Damoklesschwert, das uns jederzeit vernichten kann. Diese Angst vor bedrohlichen, unkontrollierbaren Geschehnissen bekämpfen wir auch später noch als Erwachsene mit allen Mitteln. Das geht so weit, dass wir sagen: »Lieber vernichte ich dich, ehe du mich vernichtest.« Es gibt keine Kompromisse: »Entweder du bist für mich, oder du bist gegen mich!«

Ausgangspunkt unserer Furcht, von unerwarteten Schicksalsschlägen getroffen zu werden, ist, dass wir als Kind tatsächlich den schmerzlichen Verlust unserer Sicherheit erleben mussten – weil zum Beispiel geliebte Menschen plötzlich starben. Dann fühlt sich unsere kindliche Seele betrogen, betrogen um »etwas von wesentlicher Bedeutung«. Zugleich spüren wir, dass wir es hier mit mächtigen Kräften zu tun haben, die wir nicht beherrschen können.

Positiv gesehen können solch frühe Begegnungen mit den Schattenthemen des Seins im späteren Leben bewirken, dass wir uns nachhaltig mit Tabubereichen der Gesellschaft (bzw. ihren kollektiven Verdrängungen) auseinandersetzen. Wir entwickeln ein untrügliches Gespür für unbewusste moralische »Mechanismen«, die unseren Lebensalltag bestimmen. Diesem verborgenen Macht- und Regelwerk wollen wir auf den Grund gehen – auch, weil es dadurch ein Stück seiner Bedrohlichkeit verliert und wir die Illusion von Kontrolle erneut erringen. Insbesondere »verfolgen« uns Themen wie Sexualität, Tod, Macht und Ohnmacht, Fremd- und Selbstbestimmung. Auch sind wir fasziniert von der »Macht des Geldes«. Eigentlich inszenieren wir mit Saturn-Pluto ein faustisches Drama. Aus Angst vor dem ohnmächtig Ausgeliefertsein, davor, dass uns »der Teufel holt«, schließen wir mit ihm einen Pakt: »Ich verkaufe dir meine Seele (= meine Bestimmung), dafür gibst du mir Macht!«

Systemische Deutung: Saturn-Pluto bedeutet, dass Familienmitglieder einst die natürliche Ordnung und damit auch ihre persönliche Bestimmung dem Sippengewissen geopfert haben. Diesem Verzicht fühlen auch wir uns verpflichtet. D. h., wir glauben, den Platz, der uns zusteht, einem »größeren Auftrag« opfern zu müssen. Anders gesagt, das, wozu wir »berufen« sind, ist besetzt durch Leitbilder der Sippe, die vorgeben, wie das Leben zu sein hat – wobei Einzelschicksale unbedeutend sind, wenn es um das Wohl des Ganzen geht. Dahintersteht eine *Vorstellung* von Ordnung und Bestimmung – nicht die Ordnung selbst. Dieser Sippenkodex, der die eigene Bestimmung ersetzt, geht im Zweifel »über Leichen«, sprichwörtlich und manchmal sogar buchstäblich. Z. B. wenn nur auf diese Weise das Überleben einer Gruppe (einer familiären Linie) gesichert scheint. Wie heißt es treffend? Der Zweck heiligt die Mittel. Das kann so aussehen, dass die andere Seite schlecht gemacht wird und verdeckt auf ihr Scheitern hingearbeitet wird. Wir oder die! Also wir! Viele Menschen mit signifikanten Saturn/Pluto-Aspekten haben Familienmitglieder, die in kollektive »Vernichtungsbilder« verstrickt waren, etwa in die Judenverfolgung zur Zeit des Nationalsozialismus.

Tatsächlich verweist Saturn-Pluto auf Geschehnisse, die entweder mit der Ausbeutung oder dem Ausschluss einer anderen »Gruppe« zu tun haben – bis hin zu deren Vernichtung. Letztlich ging und geht es dabei stets darum, die eigene Ordnung durchzusetzen, weil diese lebenswerter als die andere erscheint; und dies zu jedem Preis, der möglich ist! Das bedeutet aber auch, es lastet eine alte, meist unbewusste Schuld auf diesen Generationen! Manchmal hat auch eine einzelne Person aus der Ahnenreihe eine konkrete Schuld auf sich geladen.

Diese Schuld nimmt die später Geborenen in die Pflicht. Aus Loyalität zu den Früheren opfern auch sie ihre Bestimmung. Damit holen sie gewissermaßen das Schicksal Früherer in ihre Zeit, in ihr derzeitiges Leben. Sie identifizieren sich mit dem Sippengewissen und verzichten dafür auf das in ihnen angelegte individuelle Lebensziel. Wir können auch sagen, sie übernehmen die Verantwortung für diese alte Schuld, das alte Unrecht usw., als ob sie etwas gut machen könnten. Die Folgen sind oft eine unumstößliche Fixierung auf Prinzipien ebenso wie eine zumeist große, tiefe Schwere, die wir aber nicht eingestehen dürfen!

Auf diese Weise stellen wir uns, die wir mit Saturn-Pluto konfrontiert sind, in den Dienst Plutos. Weil wir glauben, nur wenn wir seinen Bildern folgen, sei unser Überleben gesichert. Zwangsläufig heißt das, dass wir diejenigen verdächtigen, bekämpfen und auszuschließen trachten, die unsere Ansichten nicht teilen. Bei Schwierigkeiten sind nur die anderen schuld. Und unsere Vorstellungen beanspruchen Allgemeingültigkeit, Zweifel ausgeschlossen. Dahinter steckt, um es noch einmal zu betonen, die Angst, dass unbeherrschbare Kräfte am Werk sind, die uns zerstören wollen. Im Grund aber wiederholen wir dadurch lediglich ein altes, frühes Überlebensmuster, das heute aber keinen Sinn mehr hat. Nicht nur das. Wir wiederholen auch die alten Schuldgefühle. So kommt es, dass wir uns selbst in harmlosen Alltagssituationen plötzlich irgendwie zutiefst schuldig fühlen, etwa wenn in der Nachbarschaft eine Polizeisirene heult oder wenn wir in eine Verkehrskontrolle geraten.

Noch einmal sei betont, dass wir sehr achtsam vorgehen müssen, wollen wir Saturn und Pluto mit konkreten Personen in Verbindung bringen. Meist ist es klüger, auf Zuordnungen zu verzichten. Indes können wir, wie Erfahrungen zeigen, durchaus vermuten, dass die beiden Kräfte hinter Saturn und Pluto oft durch die Großmütter repräsentiert werden, die hinter den Kulissen und auf einer der Ratio verborgenen Weise auf die Geschicke einwirken. Diese Großmütter stehen in gewisser Weise für Täter und Opfer. Das heißt, eine Seite, erfahrungsgemäß meist die der Mutter (Mütter geben das Leben!), dominiert und setzt sich durch, auf Kosten der anderen. Dieses Opfer kann konkret sein, etwa wenn eine Großmutter stellvertretend für deren Sippe quasi als persona non grata aus dem Familienverbund ausgeschlossen wurde, durch böse Nachrede oder ähnliches. Jedenfalls lautet das unumstößliche Urteil: »Unser Weg ist richtig, eurer falsch.« Wobei die, die zurückstehen müssen, die Täter verurteilen – um wenigstens moralisch besser dazustehen. Sie sind sozusagen die Guten und Bedauernswerten, die anderen die Bösen. Natürlich ist ihnen nicht bewusst, dass sie in diesem »Spiel« brav mitspielen und jeder der beiden Seiten als Projektionsfläche der jeweils anderen dient. Das ist quasi der Pakt. Den Preis zahlen auch noch die Nachkommen. Denn sie tragen dieses Ungleichgewicht, das Außerkraftsetzen der Ordnung, mit in ihre Beziehungen. D. h., ein Partner wird sich als Opfer fühlen, während der andere versucht, die Oberhand zu behalten, sich dabei aber in der Seele schuldig fühlt (auch wenn er das Gefühl lange verleugnet). Wobei die Dynamiken, die hier wirken, kaum wirklich zu entwirren sind.

Doch wir sollten uns davor hüten, zu urteilen. Unter diesen Vorzeichen sind wir in unseren Beziehungen nämlich nicht »Herr unserer Selbst«. Was also können wir tun? Wir können dem zustimmen, was war und wie es war. Dann haben wir die Chance, unseren eigenen Weg zu finden, einen Weg, der durch viele Täler führt; doch auch für die Unbill, die uns widerfährt, können wir danach niemandem mehr die Schuld geben. Weil wir nun die Verantwortung für uns selbst und unseren Weg übernommen haben.

Bei direkten Aspekten könnten wir z. B. Saturn und Pluto (etwa in Person der beiden Großmütter) folgendermaßen würdigen: » Ich lasse es bei euch, es ist viel zu schwer für mich. Ich kann das nicht mehr tragen ... Bitte schaut mich freundlich an, wenn ich nun meinen eigenen Weg gehe.« Speziell zu Saturn können wir sagen: »Liebe ..., was war, ist viel zu groß für mich, und ich mische mich nicht mehr ein. Du konntest damals nicht anderes, als dich aufzugeben, mit allen Konsequenzen für deine Familie. Ich kann anders. Bitte segne mich, wenn ich nun mein eigenes Schicksal (meine eigene Berufung) annehme und die volle Verantwortung dafür übernehme, und nur dafür.« Und zu Pluto gewandt: »Liebe ..., ich weiß, du konntest nicht anders.

Ich stimme zu ... Und ich mische mich nicht mehr ein, es ist viel zu groß für mich. Ich lasse die Schuld bei dir. Da gehört sie hin. Bitte segne mich, wenn ich meinen eigenen Weg gehe. Dafür werde ich die Verantwortung übernehmen, für nichts sonst ... Das Gute, zum Beispiel deine innere Stärke und die Fähigkeit, den verborgenen Dingen auf den Grund zu gehen, nehme ich gerne an ...« So oder so ähnlich ...

Die Ablösung ist oft lang und schwer. Manchmal gelingt sie nicht. Der Grund dafür erscheint simpel, denn die Identifizierung mit den alten Vorstellungen (dem Pakt) verleiht Sicherheit und Macht. Und wir werden uns einsam und schuldig fühlen, wenn wir die Bindung an unser Sippengewissen aufgeben. Doch ist die Aufgabe eindeutig: Lerne, offen und neugierig (Merkur) zu leben (Sonne) – ohne zu urteilen!

Ergänzend sei vermerkt, dass bei Saturn-Pluto sicherlich *alle* direkten Aspekte von 30° bis 180° bedeutsam sind, wenn auch mit unterschiedlichem Herausforderungscharakter. Zu beachten ist ebenso, dass natürlich auch Saturn in Haus 8 und Pluto in Haus 10 ähnliche Erfahrungen beinhalten, jedoch sind diese nicht unmittelbar auf persönliche Beziehungsmuster zurückführbar. Wir können hier, etwa bei Saturn in Haus 8, nur sagen, dass es wohl eine Großmutter gab, die Ihre Bestimmung dem Sippenkodex opferte (das Herrschersystem, etwa Herrscher Haus 8 in Haus 10, wirkt mit Einschränkung aufgrund seiner Abstraktion am schwächsten).

Verdichtet ...

Wenn wir unsere Bestimmung opfern (Saturn-Pluto), erhalten wir als Gegenleistung Macht und Kontrolle über unser Leben. Dies soll uns vor unbeherrschbaren, existenzbedrohenden Schicksalsschlägen schützen. Des Weiteren bleiben wir zugehörig. Das ist der Deal. Gerät unser

Lebenskonzept in Gefahr, sind die anderen Schuld. Entsprechend werden sie bekämpft. Damit wiederholen wir ein altes Muster unserer Familie, das da lautet: Wir oder die! So werden die anderen, die Familie der Frau oder des Mannes, bekriegt, weil sie vermeintlich das Überleben der eigenen Sippe gefährden. Das ist auch eine Geschichte des Urteils: Wir sind »gut«, die anderen »böse«. Doch jeder beansprucht für sich das »Gut«-Sein. Dieses Abkommen wird weitergetragen, solange es nicht aufgehoben wird. Ähnliches geschieht auch zwischen Völkern.

Der erste Lösungsschritt kann nur so aussehen, dass wir vom Urteil (Saturn) lassen. Tun wir dies, können wir die Projektionen von »gut« und »böse«, von Opfer und Täter, zu uns zurücknehmen. D. h., in dem Augenblick, in dem wir aufhören, dem »anderen« die Schuld für das »Böse« zu geben, übernehmen wir Eigenverantwortung – für alles, was geschieht. Dann sind wir in der Lage, unsere Bestimmung anzunehmen, unseren eigenen Weg zu gehen und dafür die Verantwortung zu übernehmen. Der Preis ist, dass wir »schuldig« werden gegenüber dem System, denn wir haben einen Vertrag gebrochen. Dafür haben wir das Leben.

Dann erkennen wir vielleicht, dass es letztlich keine Schuld gibt. Die Familien mit ihren Vertretern sind so, wie sie sind, immer »richtig«. Sie zeigen uns im Außen den Weg, den wir im Innern gehen müssen.

Pluto-Uranus

(Im weiteren Sinn auch Uranus in Haus 8 bzw. Pluto in Haus 11). Als Kind haben wir gelernt: Aus der Reihe tanzen ist verpönt und wird nicht geduldet. Haben wir dennoch unsere Grenzen ausgetestet, wurden wir gerügt oder bestraft. Das heißt nicht, dass wir uns nicht hervorheben und besser sein durften als die anderen. Doch musste dieses »besser sein« der Sippe dienen und durfte keinesfalls den Zusammenhalt gefährden. Das war die Bedingung. In der Folge waren wir hin- und hergerissen zwischen dem Drang, der eigenen Individualität Raum zu geben und dem Gefühl der Verpflichtung gegenüber der Familie. Diesen Zwiespalt spüren wir auch heute noch. Und wir können ihm nicht wirklich entfliehen. Denn selbst wenn wir auf Distanz gehen zu unserer Familie – die innere, tiefe Bindung bleibt.

Systemisch gesehen bedeutet diese Konstellation: Freiheit und Unabhängigkeit wurden dem Sippengewissen geopfert. Wir können auch sagen, dass unser Bedürfnis nach Individualität besetzt ist durch ein früheres, fremdes Schicksal. Deshalb können wir auch nicht wirklich »frei« sein, ohne diese »Verstrickung« in Achtung aufzuheben. Doch dazu braucht es Mut, denn wenn wir uns dieser Fessel entledigen, fühlen wir uns schuldig gegenüber dem Sippengewissen. Verleugnen wir aber unseren Drang nach Freiheit, werden wir schuldig uns selbst gegenüber. Nicht umsonst beschreibt Pluto-Uranus das wohl größte Dilemma des Menschseins an sich: Freiheit versus Bindung, oder: Wie frei kann der Mensch sein?

Grundsätzlich versucht das unbewusst im Hintergrund wirkende Sippengewissen jegliches Ausscheren aus dem Muster der gewohnten Rituale (was früher gut war, ist auch heute gut!) zu verhindern – weil »das Andere« den Zusammenhalt und damit letztlich das Überleben gefährden könnte. Das geht so weit, dass die Sippe den Außenseiter ausgrenzt, einfach verschweigt oder gar zur eigenen Auslöschung treibt.

Uranus repräsentiert diesen Unangepassten bzw. das berüchtigte »schwarze Schaf«, das es in jeder Familie gibt. Es konfrontiert die Sippe mit diesem verdrängten Anteil und wird deshalb bekämpft. In der Regel erkennen wir Uranus in einem Ahnen (Großvater oder Großonkel, manchmal, wenngleich selten, auch im Urgroßvater) oder in einem Onkel, dem zum Beispiel aufgrund seines exzentrischen Lebensstils – vielleicht war er ein Tunichtgut, ein Seitenspringer oder ein Hallodri – die Zugehörigkeit verweigert wurde. Nicht selten verfielen diese Menschen, weil man sie in ihrer Besonderheit nicht achtete, dem Alkohol. Manchmal wussten diese Personen keinen anderen Ausweg, als sich selbst zugrunde zu richten oder sich gar das Leben zu nehmen. Pluto mit an Bord, das heißt immer auch Dramatik!

Noch einmal: Uranus-Repräsentanten stören angeblich den Sippenzusammenhalt; sie entsprechen nicht den Wertvorstellungen der Familie und werden deshalb als gefährlich empfunden. Passen sie sich nicht an, müssen sie entfernt werden! Wie auch immer.

Doch das Schicksal des Außenseiters lebt weiter in einem Nachkommen, solange es nicht geachtet wird. Die Seele stellt sich nämlich immer auf die Seite der Schwächeren. So imitiert ein Späterer den Früheren, indem auch *er* glaubt, keine Bindung und Verpflichtung zu ertragen. Er identifiziert sich mit dem Schicksal des Ausgegrenzten, aus Liebe und Solidarität: Sieh' her, ich mach's wie du! Auch er stellt sich außerhalb der Norm, bis die Familie auch von ihm »nichts mehr wissen will«. Doch die Freiheit, die er damit endlich zu gewinnen glaubt, ist keine. Denn solange er seine Herkunftsfamilie ablehnt, bleibt er an sie gebunden.

Damit haben wir ein vermeintliches Paradoxon, das da lautet: Wahre Freiheit ist nur dann möglich, wenn wir unsere Bindungen anerkennen. Also kann die Lösung nur lauten: Wir müssen der Person, die »aus dem Rahmen fiel«, wieder ihren Platz geben. Sie darf anders sein – und trotzdem bleibt sie ein Teil unserer Familie. Wenn sie wieder hereingenommen wird, können wir die Identifikation mit ihr lassen und die Flügel ausbreiten, ohne unsere Herkunft zu leugnen (beachte: natürlich kann es auch mehrere Uranus-Repräsentanten auf verschiedenen Ebenen in unserer Familie geben). Zum Beispiel könnten wir sagen: »Lieber Onkel ... (Großvater), was immer die Familie über dich denkt, für mich gehörst du dazu. Du bist mein lieber Onkel

(Großvater), ich bin dein Neffe (Enkel); ich achte, was und wie du es gemacht hast. Auch mein Weg ist ein besonderer, aber er ist anders als deiner. Ich werde frei und unabhängig sein, soweit mir das möglich ist – ohne die Bindung an meine Herkunft zu leugnen. Bitte schau mich lächelnd an, wenn ich das tue.«

Auch in diesem Fall erkennen wir Pluto oft im Bild einer Großmutter (manchmal auch einer Urgroßmutter), die quasi als Sprachrohr des Sippengewissens dient. Sie ist denn auch meist diejenige Person, die im Hintergrund heimlich »die Fäden zieht« und dafür sorgt, dass »die Scholle rein bleibt«. Z.B. erkennt sie Hallodris auf einen Blick. Also instruiert sie ihre Tochter dahingehend, welcher Mann »der richtige« ist und welcher nicht. Ignoriert die Tochter die Mahnung und geht dann der Mann fremd oder entpuppt sich als Tunichtgut, sagt die Mutter: Ich hab's ja gewusst! Im tieferen Sinne empfinden diese Frauen das männliche Ur-Prinzip, das immer Neues schöpfen will, als gefährlich für die Ur-Natur des Menschen, die ihrer Überzeugung nach vor allem anderen aus Bindung und Verpflichtung besteht.

Dennoch ist auch diese Haltung zu achten. Denn es gab ganz sicher Zeiten, in denen das Beharren auf Verpflichtung wahrhaftig das Überleben der Sippe sicherte. So könnten wir der Oma z.B. sagen: »... Ich weiß, du hast in gutem Glauben gehandelt und konntest nicht anders. Ich achte das, aber ich muss meinen eigenen Weg gehen. Bitte gib mir deinen Segen.«

In diesem Zusammenhang erscheint auch kaum verwunderlich, dass insbesondere diejenigen Frauen und Männer, die während der Uranus/Pluto-Konjunktion in der Jungfrau (zwischen 1963 und etwa 1968) geboren wurden, mit solchen oder ähnlichen Themen unweigerlich konfrontiert sind. So gibt es unter den Frauen dieser Generation überdurchschnittlich viele alleinerziehende Mütter, die sich von ihren Männern getrennt haben. Wenn wir so wollen, wiederholen sie damit auf anderer Ebene unbewusst das Schicksal ihrer Großeltern im Krieg. Während die Frauen zu Hause blieben und die Kinder großzogen, mussten die Männer in den Krieg ziehen und starben auf den

Schlachtfeldern. Sie wurden quasi für ein größeres Ziel geopfert, das auf Einzelschicksale keine Rücksicht nahm (manche zogen auch »freiwillig« in den Krieg, um Volk und Führer zu dienen – wobei der freie Wille eine Selbstlüge war, der Druck in der Heimat war viel zu groß; dennoch schwärmen die Großväter der Kriegsgeneration heute noch von der Kameradschaft untereinander, selbst unter schlimmsten Verhältnissen.). Im übertragenen Sinn könnten wir sagen: Das ur-männlich kreativ individuell Schöpferische wurde abgewürgt und auf dem Altar der völkischen Ideologie geopfert.[43] Folgerichtig wurde alles »Abartige« als gefährlich erachtet und ausgelöscht.

Dies alles rührt erneut an die heikle Frage, inwieweit die Frauen damals verstrickt waren in die Blut-und Boden-Ideologie des Dritten Reiches. Waren sie nicht nur Opfer, sondern auch Täter im Hintergrund? Oder: Inwieweit fühlten sie sich verpflichtet, ihren Teil beizutragen, um das Überleben der arischen Rasse gegen alle Feinde ringsherum – so wie es die Propaganda weismachte – zu sichern? Und inwieweit billigten sie das Opfer der Männer als schicksalsgegeben – es musste sein, für einen höheren Zweck?

Vielleicht helfen uns diese Gedanken, die hintergründige Thematik der allein erziehenden Frauen unter Pluto-Uranus ein wenig besser verstehen, in dem Sinne, dass auch sie ihre Männer in gewisser Weise einer größeren Sache »geopfert« haben. Gebraucht und benutzt für den Fortbestand der Sippe (= zum Kinder zeugen) konnte man alsbald auf sie verzichten. Sie hatten ausgedient. Stattdessen hieß es: Frau braucht Mann nicht, um Kinder zu erziehen. Das aber hat mit »frei sein« nichts zu tun. Im Gegenteil: In Wahrheit haben diese Frauen wie schon ihre Großmütter ihre eigene, innere Freiheit verraten – zugunsten einer Verpflichtung der Sippe gegenüber.

Es tut gut, sich hier den unbewussten, möglichen Parallelen

43 Die grundlegende Deutung von Pluto-Uranus unter anderem als »Zerstörung des Männlichen« stammt meiner Erinnerung nach von Wolfgang Döbereiner. Ich darf ergänzen: Zerstörung deshalb, weil dem Männlichen der Platz (Wert) abgesprochen wird (Sonne / Stier-Venus).

zu stellen. Dazu gehört, dass die Frauen dieser Generation z. B. ergänzend sagen könnten: »… Liebe Großmutter, ich muss die Männer nicht mehr fortschicken (oder gehen lassen). Ich kann meine Aufgabe auch erfüllen, wenn ich in der Beziehung und an der Seite meines Mannes bleibe. Bitte segne mich, wenn ich meinen eigenen Weg gehe …« Und zum Großvater gewandt: »… Lieber Opa, ich muss nicht auf eine Beziehung (die auch verpflichtet), verzichten, um in meiner Seele frei zu sein.«

Männer der Uranus/Pluto-Generation wiederum könnten sich so ausdrücken: »Ich muss nicht mehr gehen und radikal mit der Familie brechen. Freiwillig erkenne ich nun meine Bindungen und Wurzeln an, ohne dafür meine Unabhängigkeit in vielen Dingen aufzugeben …«

Pluto-Neptun

Direkte Aspekte finden sich insbesondere bei *den* Personen, die während des Sextils in den 50er Jahren (bis 1956) und ab Mitte der 70er Jahre bis etwa 1986 geboren wurden (Sextil = die Chance, neue Wege zu beschreiten). Die analoge Grundthematik erkennen wir aber, wenngleich mit unterschiedlichen Erfahrungen, in den betreffenden Lebensbereichen, bei Neptun in Haus 8 und Pluto in Haus 12. Generell bedeutet Pluto-Neptun, dass unser unschuldiges, grenzenloses Vertrauen ins Leben schon früh bitter enttäuscht oder gar zerstört wurde. Auch unsere große Fantasie, unsere Tagträumerei wurden abgewehrt, als dumm und unangebracht entwertet und beiseite gewischt. Vermutlich fanden unsere Eltern und auch andere Familienmitglieder unser »merkwürdiges« Verhalten (»das Kind ist heute wieder nicht bei der Sache …«) nicht ganz geheuer – weil es nicht in ihre Vorstellungswelt passte und sich ihrer Kontrolle entzog. Vielleicht spürten sie auch, dass unser Zugang zu einer anderen, jenseitigen Welt ihre Überzeugungen (etwa, dass der Zusammenhalt der Familie über alles geht) gefährlich erschüttern könnte. Kaum verwunderlich also, dass wir verinnerlicht haben: Sich vertrauensvoll einer anderen, nicht beherrschbaren Welt zu öffnen, darf nicht sein. Also müssen wir den Wunsch danach und unsere Begabung dafür unterdrücken. Kein Wunder deshalb auch, dass wir Ängste entwickelten für alles, was fremdartig, ungewohnt und unheimlich war. So fürchteten wir uns, je nach Umgebung, in der wir aufwuchsen, zum Beispiel panisch vor Ratten, Schlangen, Spinnen und Würmern (sogenannte Phobien). Und wie um unsere Angst zu schüren, schickten uns die Eltern in den Keller, um Wein zu holen, obwohl wir uns in der kalten, feuchten Dunkelheit fast »in die Hose machten«. Ohnehin hatten wir ständig das Gefühl, dass im Dunkeln Gefahren lauern; so musste in unserem Zimmer auch immer das Licht brennen, bevor wir einschliefen. Gar völlig verunsichert fühlten wir uns, wenn sich die Erwachsenen über unsere Ängste lustig machten. Etwa dann, wenn sie uns mal wieder mutterseelenallein zu Hause ließen, oder uns zur Strafe und Disziplinierung in unseren Zimmern einschlossen, was unsere bedrohlichen Fantasien noch verstärkte. Kurzum, unsere Eltern ließen es uns allzu oft spüren, dass sie mit unserem Anderssein (»das Kind ist heute wieder völlig abwesend …«) nur schwer umgehen konnten, ja unser Verhalten insgeheim und manchmal auch offen missbilligten.

Da muss uns nicht wundern, wenn wir später als Erwachsene unter allen Umständen darauf achten, die Kontrolle zu behalten. Sollten wir sie verlieren, könnten wir in einem tiefen Keller von unheilvollen Mächten verschlungen werden. Also sind wir erst einmal grundsätzlich zutiefst misstrauisch. Verständlich, dass wir meist auch große Schwierigkeiten haben, uns vertrauensvoll auf andere einzulassen (etwa in der Sexualität; deshalb ist zum Beispiel Tantra im Sinne von »Heilung der Sexualität« hier ein recht guter, therapeutischer Weg).

»Hinter diesen Ängsten verbirgt sich die Furcht vor dem Tode«, wie Claude Weiss in diesem Zusammenhang schreibt[44].

44 Claude Weiss, *Karmische Horoskopanalyse*, Wettswil 1994, S. 246.

Deshalb könnten wir uns von ihnen nur befreien, wenn wir das Schlimmste akzeptieren, was passieren kann – nämlich zu sterben. Vielleicht machen wir diese Erfahrung tatsächlich infolge einer schweren Krankheit, die uns mit dem Unausweichlichen konfrontiert, oder indem wir andere Situationen großer physischer und psychischer Bedrohung durchstehen. Interessant ist, dass Pluto-Neptun auch die typische Chefarzt-Konstellation ist. Weil die Ärzte sich ihren eigenen Ängsten nicht stellen, müssen sie Krankheit und Tod stellvertretend im Außen bekämpfen. Niederlagen können sie nicht akzeptieren.

Systemisch: Mit Pluto-Neptun wurde einst das Ur-Vertrauen ins Leben und in die göttliche Fügung geopfert zugunsten des Sippengewissens, für welches das Überleben der Familie oberste Priorität hat, koste es, was es wolle. Alles, was hier stört – spirituelle Neigungen, Esoterik, Chaos, das Unerklärliche und »Verrückte«, auch Krankheit und Tod – dürfen nicht sein, werden furchtsam ausgeschlossen, tabuisiert, weggesperrt, verleugnet und abgewertet. Fatal ist, solange keine Heilung stattfindet (im Sinne, dass auch das Dunkle, Unerklärliche, der Tod zum Leben gehören), bleiben auch wir als Nachfahren darin verstrickt, indem auch wir unser Vertrauen ins Leben abtreten an eine bestimmte Vorstellung darüber, wie »es« sein soll, damit wir die Kontrolle behalten. Dafür lügen wir auch, verschleiern und manipulieren.

Mehr noch als die anderen Transsaturnier entzieht sich Neptun meist konkreten Zuordnungen. Und doch dürfen und sollten wir nachfragen. Oft erfahren wir dann von einer Ahnin (Urgroßmutter, Großmutter, Großtante, Tante), die dem Wahnsinn verfiel ob eines schweren Schicksals, verbunden mit einem unermesslichen Verlust; vielleicht wurde sie in die Psychiatrie gesteckt, oder sie ging ins Kloster, oder sie wurde einfach totgeschwiegen. Möglicherweise war diese Frau auch nur »sonderbar«, beschäftigte sich mit »merkwürdigen Dingen«, möglicherweise hatte sie hellseherische Fähigkeiten, galt deshalb als »verrückt« oder litt tatsächlich an Wahnvorstellungen. Nicht selten sind Frauen auch einfach verschwunden, etwa als Folge eines tragischen, oft mit Zwang und Gewalt verbundenen Ereignisses – so als habe es diese Frauen nie gegeben, als sei es ein verinnerlichtes Bestreben der Familienseele, diese unliebsamen und störenden Personen und die damit verbundenen Geschehnisse aus dem kollektiven Sippengedächtnis zu streichen. Es ist dann sehr schwer bis aussichtslos, die Mauer des Schweigens zu durchbrechen und hinter das Geheimnis zu kommen. Dennoch haben die Nachkommen das Recht nachzuforschen. Entzieht sich aber die Wahrheit, müssen wir sie im Dunkeln lassen und das Geheimnis achten. Es ist gut und dient zu unserem Schutz, wenn wir nicht alles wissen.

Entscheidend aber bleibt, dass um diese Menschen nicht getrauert wurde! Nicht zuletzt deshalb hinterlassen sie ein Loch im System der Familie: Es fehlt etwas! Wir Späteren wollen dieses Loch wieder füllen, indem unsere tiefste Seele sich solidarisiert mit diesen verschwiegenen Personen. Wir leiden mit den Unterdrückten, haben oft düstere Ahnungen bis hin zu Wahnvorstellungen, fühlen uns allenthalben fremd in dieser rüden Welt, in der nur Macht und Geld zählen. Doch zugleich haben wir große Angst, einzutauchen in das Nichtsichtbare, das nicht beherrschbar erscheint. Unsere Abwehr resultiert aus der Furcht, unser Vertrauen könnte wieder einmal missbraucht werden.

In diesem Sinne sind Menschen mit Neptun-Pluto auch nicht wirklich im Leben angekommen, sondern bleiben an das Jenseits bzw. »an die Toten gebunden« (Ingrid Zinnel). Sie verschreiben ihr Leben den Toten – aus Liebe und Solidarität. Dies im magischen Glauben, dadurch etwas heil und geschehenes Unrecht gut machen zu können. Es ist dies eine sehr starke, tiefe und unbewusste Verpflichtung Verstorbenen gegenüber – bis hin zum inneren Streben, selbst aus dieser Welt zu verschwinden. Das kann im Alltagsleben so aussehen, dass diese Personen sich in völliger Selbstlosigkeit verpflichtet fühlen, anderen zu helfen.

Zwar versuchen sie immer wieder Vertrauen in die Welt der Realitäten zu bekommen und sich an konkrete Dinge (z.B. auch Partner) zu binden, scheitern aber immer wieder, solange die alte Anhaftung an die jenseitige Welt, die Welt der Toten, nicht gelöst ist (dies gilt ähnlich für analoge Konstellationen; neben Pluto in Haus 12 und Neptun in Haus 8 gibt auch Pluto als Herrscher von Haus 12 einen Hinweis auf solche Bindungen, und man kann nachfragen, mit welch früherem verstorbenen Familienmitglied der Klient identifiziert ist; steht ein Planet im Skorpion in Haus 12, so ist das ein bedeutsamer Fingerzeig, dem man nachgehen kann).

Noch ein Hinweis: Wie wir wissen, kann Neptun im Aspekt mit der Sonne auch die erste, sehnsuchtsvolle und doch unerfüllte Liebe des Vater widerspiegeln (siehe Seite 174). In Kombination mit Pluto endete diese Geschichte vermutlich schlimm, und das Herz des Vaters bleibt an diesen tragischen Verlust der Geliebten gebunden.

Der erste Schritt, es leichter zu machen, ist immer: Zustimmung. Finden wir Zuordnungen zu Neptun, können wir z. B. sagen: »Liebe … (Tante, Großmutter, Großtante, Urgroßmutter, Geliebte des Vaters …), ich fühle mich sehr mit dir verbunden. Dein Schicksal berührt mich, manchmal möchte ich ganz zu dir kommen. Es fällt mir schwer, mich meines Lebens zu freuen, da du so wenig von dem deinen hattest …« Der zweite Schritt folgt, wenn wir bereit sind, das Opfer (das niemandem hilft) zu lassen. »Liebe …, du hast immer einen Platz in meinem Herzen, aber ich kann nichts für dich tun. Ich achte dein Schicksal, und lasse es ganz bei dir, damit ich wieder Vertrauen ins Leben habe …« Oder: »Du bist dort, ich bleibe noch eine gute Weile hier; wenn meine Zeit gekommen ist, komme ich auch. Bis dahin wird mein Leben reich und erfüllt sein …« Erst wenn wir der nicht geduldeten Person in der Sippe (nicht geduldet, weil sie angeblich den Zusammenhalt der Sippe gefährdete) einen Platz in unserem Herzen geben, ihr Schicksal ehren, es aber zugleich bei ihr lassen – wir können sie nicht retten –, kehren wir ganz in dieses Leben zurück. Wir finden uns wieder selbst – im Diesseits!

Zu beachten ist andererseits aber ebenso: Wer nicht vertrauen kann, hat zugleich die »Macht« verloren, die tiefe, unbedingte Kraft, den eigenen Weg zu gehen. Daher ist in jedem Fall auch Pluto zu würdigen. Ihn vertritt, wie wir wissen, meist eine Großmutter oder Ahnin im Hintergrund, die im guten Glauben, das Rechte zu tun, den Ausschluss der »Unruhestifterin« betrieb. Gibt es eine solche Person im System, können wir zum Beispiel sagen: »Liebe ..., ich weiß, du konntest damals nicht anders. Ich achte das, aber heute kann und darf ich mit ganzer Kraft meinen eigenen Weg gehen – ohne Angst vor dem Mysteriösen, dem Unerklärlichen, dem Chaos, das mit zum Leben gehört, im Vertrauen auf die göttliche Führung, die mir tiefe Einsichten gewährt. Bitte schau mich freundlich an.« So oder so ähnlich.

Wenn wir keine eindeutigen Zuordnungen finden, können wir in Aufstellungen natürlich auch nur mit den Symbolträgern Neptun und Pluto kommunizieren, indem wir ihre Energien achten und würdigen und in uns aufnehmen – denn sie gehören ja zu uns.

Jupiter-Saturn

»Schuster bleib bei deinen Leisten.« »Bescheidenheit ist eine Zier.« »Mit den anderen können wir nicht mithalten.« »Das Leben ist ein Jammertal.« Solche oder ähnliche Reduktionen des Erlebens auf den Mangel waren die Essenz der Botschaft, die wir als Kind von den Eltern vermittelt bekamen. Wir können auch sagen: Zu verzichten wird zum allein sinnvollen Maßstab des Seins erklärt. Glück, Erfolg und die Fülle des Lebens (das Schöpfen aus dem Vollen) werden dagegen als unerreichbar erklärt und deshalb abgewertet. Dass wir es unter diesen Vorzeichen als Erwachsene schwer haben, dieses Gebot zu durchbrechen (weil mit Schuldgefühlen verbunden), liegt auf der Hand. Doch dabei ist wichtig zu erkennen, dass die Eltern selbst nur das weitergeben, was sie von ihren Eltern gelernt haben. So steckt hinter der Überzeugung des »Verzichten-müssens« in der Regel eine Großmutter, die unter harten Entbehrungen ihre Kinder großziehen musste.

Das ist die eine Seite. Die andere ist, dass unsere Seele in Jupiter oft den Großvater sieht, dem Glück, Reichtum, Erfüllung, ja sogar jedwede Chance auf persönliches Wachstum versagt blieben. Der nüchterne Realismus in Gestalt der Großmutter, seiner Frau, hielt ihn am Boden. Im Ringen um das tägliche Brot für die Kinder blieb kein Platz für Romantik und für eigene Bedürfnisse erst recht nicht. Und falls der Großvater seinem Drang nach Weite und persönlicher Erfüllung doch einmal nachgab – schicksalhafte Ereignisse und tiefe Schuldgefühle ließen ihn die Freiheit nicht genießen und bald meist reumütig zurückkehren.

Ich hatte eine Klientin, deren Großeltern einen Hof bewirtschafteten. Der Opa indes war kein einfacher Bauer, er interessierte sich auch für Dinge außerhalb der Landwirtschaft. Vor allem schwärmte er von Amerika. Jedoch hätte er seine Frau, seine Kinder und den Bauernhof nie im Stich gelassen. Das war für ihn die Wirklichkeit, die seinen Bewegungsradius stark beschränkte! Quasi ersatzweise baute er nebenher kleine und größere Leiterwagen, in denen er seine Enkel umherfuhr, die er aber auch an Nachbarn weiterverkaufte. Später bekam er eine steife Hüfte und konnte sich nicht mehr bewegen.

Auch Jupiter in Steinbock verweist oft auf einen Großvater, der auf Glück und persönliche Entwicklung verzichten musste. Doch der Verzicht ist hier weniger mit konkreten anderen Personen verbunden, sondern fußt auf einem kollektiven Glaubenssatz, den die Familie sich meist schon seit Generationen auf die Fahne geschrieben hat. Herrscht Steinbock über Haus 2, so geht es dabei eindeutig um Geld und Besitz, den »man nicht haben darf«, bzw. der »einem nicht zusteht«.

Was können wir tun? Wir können zum Beispiel zu unserem Großvater sagen: »Lieber Opa, es tut mir leid, dass du dein Glück nicht annehmen konntest und auf vieles verzichten musstest. Aber es wird nichts besser (... ich helfe dir nicht), indem ich ebenfalls im Mangel lebe. Bitte segne mich, wenn ich mich als Mensch entfalte, Erfüllung finde und glücklich bin.«

Natürlich ist auch die Bodenhaftung und einschränkende »Instanz« der Großmutter zu würdigen. Für sie hatte einst absolut Vorrang, dass die Kinder versorgt waren mit Kleidung und Essen (vor allem im Krieg musste sie oft alleine die Kinder großziehen). Für eigene Bedürfnisse und Wünsche war da kein Raum; das prägte. Heute aber ist Verzicht für uns kein Gebot der Notwendigkeit mehr. Heute dürfen wir ohne Schuldgefühle unseren Wünschen und Zielen folgen, in Eigenverantwortung und innerhalb der Grenzen, die uns gegeben sind. Darauf haben wir ein Anrecht. Dann wird uns die Oma sicher zulächeln.

Jupiter-Uranus

Als Kind erfuhren wir uns oft orientierungslos, ohne festen Halt. Zwar mögen die Eltern zuweilen stolz gewesen sein auf ihr Kind, das so klug, aufgeschlossen und rastlos neugierig war. Meist jedoch reagierten sie wohl recht genervt auf unsere allzu lebhafte Umtriebigkeit. Zumal wir uns nur schwer disziplinieren ließen. Wobei Vater und Mutter nicht ahnten, dass wir ihnen im Grunde lediglich spiegelten, was in ihrem eingefahrenen Alltagstrott fehlte: Bewegung, Überraschung, Aufregung, Veränderung, Aufbruch.

Tatsächlich repräsentiert Jupiter-Uranus eine große, vorwärtsdrängende Energie, die stets das Neue, Unbekannte erstrebt und das Verharren an einem Ort (physisch und psychisch) kaum aushält. Es ist, als ob wir Erfüllung, persönliches Wachstum und Erfolg im Jetzt geradezu meiden. Kommen wir dem zu nahe, rennen wir schon wieder weiter.

Bei unseren Erkundungen schießen wir gerne und oft über das Ziel hinaus, weil wir Grenzen einfach nicht erkennen und wahrhaben wollen. Ohnehin glauben wir, wir hätten nur dann Glück und Erfolg, wenn wir Neues wagen, das Abenteuer lieben (möglichst in der Ferne), und uns von allen Normen und Verhaltensregeln der Gesellschaft distanzieren. Wobei wir meinen, auf Nähe, Geborgenheit und Zugehörigkeit durchaus verzichten zu können. Wirkliche, innere Bedürfnisse, Wünsche und Gefühle erscheinen uns nicht wichtig, da sie unseren großen Visionen vermeintlich im Wege stehen.

Und auch wenn wir tief im Inneren den Wunsch verspüren, dazuzugehören, einen Platz auf dieser Welt zu haben, an dem wir endlich ausruhen können – so recht wahrhaben wollen wir dies nicht. Jupiter-Uranus, das ist ein Energiemix aus Feuer und Luft. Die träge Erde und das emotionale Wasser sind, wie wir glauben, überhaupt nicht unser Ding (beachte die entsprechenden Spiegelenergien Krebs-Mond und Stier-Venus).

Zugleich ist bei harten Jupiter-Uranus-Aspekten davon auszugehen, dass beide Energien nicht wirklich frei gelebt werden können, solange sie miteinander verwoben sind. Wer steht für Jupiter in der Familie? Welcher Opa oder Onkel zeichnete sich aus durch jungenhaften Charme, war gebildet, reiste gerne – oder hatte andere »jupiterhafte« Interessen, von denen er sich aber immer wieder distanzierte? Und wer spielt die Rolle des unangepassten Uranus, der vergebens dem Sinn hinter all seinem irrlichternden Tun nachjagte? Wer also diente uns (manchmal in verschiedenen Generationen) unbewusst oder bewusst als Vorbild für unser eigenes, auffälliges und oft widersprüchliches Verhalten? Ein Verhalten, das vermuten lässt, wir sollten auf diese Weise die Exzentrik wie auch den Optimismus beider Männer in der Familie[45] in Erinnerung halten. Wenn wundert es da, wenn wir zuweilen glauben, etwas ganz Besonderes zu sein (im Übrigen: Wenn wir Frau sind, geben und kleiden wir uns gerne männlich-burschikos, oft mit Kurzhaarschnitt). Und doch spüren wir, dass wir im Kern nicht glücklich dabei sind, stets unseren An-

45 Manchmal, wenngleich sehr selten, repräsentieren auch Frauen in der Familie die Rolle der Abenteurer und klugen Erneuerer. Vielleicht weil es an Männern mangelte oder diese anderweitig gebunden waren.

spruch des Außergewöhnlichen und des »Hansdampfs in allen Gassen« pflegen zu sollen – und dabei auch noch fröhlich sein zu müssen. Das heißt nichts anderes, als dass wir alte Probleme ins heute tragen, die nicht gelöst sind. Was können wir tun? Auch hier gilt es zuvorderst, den frühen Repräsentanten beider Energien in unserer Familie dankbar zu sein für ihren Spiegel und ihr Tun zu würdigen. Denn sie haben uns zwei wertvolle geistige Fähigkeiten »vererbt«, die gelebt werden sollen. Doch wir müssen die alten Erfahrungen nicht unreflektiert imitieren: Wir dürfen »es« anders machen! Und wir dürfen dabei auch unseren Platz finden, an dem wir zur Ruhe kommen. Wir brauchen nicht länger unentwegt »auszubrechen«, um Erfüllung zu finden. Die Einsicht wächst, wenn wir immer wieder innehalten und auf unsere inneren Bedürfnisse hören – und sie ernst nehmen.

Jupiter-Neptun

Glück, Erfolg, Erfüllung und persönliches Wachstum sind verloren gegangen. Als Kind wurden wir mit unserem Optimismus, unserem Lachen und unserem Glauben an das Gute nicht wahrgenommen. Man hat uns und unser Strahlen ignoriert. Also haben wir aufgehört, an uns und an das Gute zu glauben. Stattdessen wurden wir misstrauisch.

Vielleicht repräsentiert Jupiter hier einen Großvater oder einen Onkel, den wir nie gekannt haben, weil er früh gestorben oder einfach verschwunden ist. Möglicherweise hat man ihn auch verraten. Ebenso kann sein, dass man ihn einsperrte, oder er ging in der Psychiatrie »verloren«. Vielleicht war es auch die Sehnsucht nach einer unerfüllbaren Liebe, die ihn fortgehen und niemals zurückkehren ließ (in Verbindung mit Mond ist Jupiter zuweilen auch der erste Geliebte der Mutter, der aber an eine andere Frau – seine Mutter? – gebunden war, und damit unerreichbar blieb). Die Regel ist, niemand weiß etwas über diesen Mann – oder will etwas wissen! Das heißt, er wurde niemals anerkannt, und sein Tod wurde nicht betrauert. Unsere

Seele aber, die ihn oft auf nahezu mystische Weise idealisiert, bleibt mit ihm verbunden. Und wie um die Erinnerung an ihn nicht wirklich verlöschen zu lassen, versagen wir uns ebenfalls Glück, Erfolg und Erfüllung; stets verlieren wir, was wir uns aufgebaut haben – als ob wir unbewusst alles tun, um am Ende doch wieder mit leeren Händen da zu stehen.

Eine Lösung ist möglich, wenn wir der verlorenen Person wieder einen Platz in unserem Herzen geben und zum Beispiel sagen: »Lieber …, ich weiß jetzt, dass durch meine Verluste und Misserfolge nichts besser geworden ist. Bitte gib mir deinen Segen, damit ich Erfüllung finden kann. Mein Bedürfnis nach Wachstum in diesem Leben ist sehr real und darf sein.«

Bleibt noch Neptun entsprechend zu würdigen – selbst wenn wir keinerlei Ahnung haben, wer sich dahinter verbergen mag. Wir können aber vermuten, es ist eine Frau, deren Geschichte eng mit dem Leben eines Mannes verstrickt ist, dem es versagt blieb, sein Dasein auszukosten und Erfüllung zu erfahren.

Vielleicht können wir jetzt wieder Vertrauen schöpfen, dass unser Leben einem göttlichen Plan folgt. Wir bekommen Zugang zu einem universellen Wissen und dürfen hinüberschauen in die jenseitige Welt, die alles enthält und aus der alles entsteht. Wir erkennen die kosmischen Zusammenhänge und lernen, der Fügung des Schicksals zu vertrauen. Jupiter will immer schon das Göttliche erkennen, darauf zielt sein Streben. Wenn er angekommen ist, hat sich sein weltliches Wissen mit göttlicher Weisheit verbunden. Das ist Einsicht.

Saturn-Uranus

Mit Saturn-Uranus im Horoskop wird uns als Kind beigebracht: Nur wer nach moralischen Gesichtspunkten handelt, ist ein guter Mensch. Wer aber aus der Reihe tanzt, ist ein schlechter Mensch. Zum wichtigsten Maßstab des Lebens wird deshalb die Anerkennung, die wir von der Gesellschaft bekommen. Diesen Maßstab verinnerlichen wir. Und so ordnen wir unsere Individualität, unsere Freiheit, das, was anders sein will und nach Veränderung strebt, den Normen des »Anständigen« unter. Oft entwickeln wir auch übergroßen Ehrgeiz innerhalb des gesellschaftlichen Lebens, weil wir besser sein wollen als die anderen.

Dahinter steht im Grunde der griechische Mythos von Kronos und Uranos. Gaia war der chaotischen, schöpferischen und ungezügelten Kraft ihres Gatten Uranos müde geworden. Und so hielt sie ihren Sohn Kronos an, seinen Vater Uranos mit einer Sichel zu entmannen. Die weitere Geschichte ist in diesem Zusammenhang weniger von Bedeutung. Entscheidend bleibt, hinter Kronos (Saturn) steckt gewissermaßen als Auftraggeberin eine Frau!

Was bedeutet dies auf die Familie bezogen? Vermutlich gab oder gibt es auch hier eine Art moralische Instanz, die dafür sorgt, dass »alles seine Ordnung haben soll« und niemand ausschert bzw. über die Stränge schlägt – weil dies den Zusammenhalt der Familie gefährden könnte und sich überdies »einfach nicht gehört«.

In der Regel repräsentiert eine strenge Großmutter (meist mütterlicherseits) diese normative Instanz mit unantastbaren Grundsätzen. Es ist dies eine Großmutter, die im Grunde das männliche Urprinzip des schöpferischen Chaos abwertet, weil es ihr verantwortungslos und sittenwidrig erscheint – und die notwendige Ordnung in der Familie stört. Warum tut sie das? Nun, vermutlich hat sie mit unserem Großvater entsprechend eigene »böse« Erfahrungen gemacht. Vielleicht weil dieser sie sitzen ließ mit dem Nachwuchs, oder häufig fremdging – woraus Kinder mit verschiedenen Frauen entstanden – , oder weil er sich einfach nur als unzuverlässig und verantwortungslos entpuppte. Kein Wunder, dass die Großmutter ihrer Tochter immer wieder hinter die Ohren schreibt: Männer sind Schweine! Lass dich nicht ein auf sie! Sie werden dir sowieso untreu und lassen dich im Stich! Bleibe lieber bei mir, da bist du gut aufgehoben und sicher! Im Kern fordert sie also im übertragenen Sinne die Entmannung des (kreativen) Mannes in jedem von uns – der Mythos lässt grüßen.

Frauen, die unter solchen Wertmaßstäben aufwachsen, haben es daher meist recht schwer in ihren Partnerschaften. Einerseits fühlen sie sich ungemein angezogen von unangepassten, außergewöhnlichen Männern (Projektion!), andererseits tun sie dann unbewusst alles dafür, um sie in der Ehe nach und nach zu entmannen. Manchmal im wahrsten Sinne des Wortes, das heißt, die Männer werden schließlich impotent, meist freilich nur im Zusammensein mit der eigenen Frau. Die Konsequenz ist: Die Partner gehen fremd oder reißen aus. Also genau, wie die Mama gesagt hat! Männer sind halt Schweine.

Männer mit Saturn-Uranus können sich nur schwer den traditionellen Maßstäben der Familie entziehen. Da sie mitbekommen haben, dass das »Nichtnormale« nicht anerkannt wird, verdrängen sie ihre individuelle Kreativität; dafür begegnen ihnen die »Freaks« und die Unangepassten im Außen. Dort können sie dann abgewertet und verurteilt werden.

Grundsätzlich ist eine Loslösung aus diesem lebensfeindlichen, starren Regelwerk möglich, wenn wir der Großmutter Respekt zollen und sie nicht verurteilen. Dazu ist wichtig, ihre Leistung anzuerkennen. Denn der Ordnung absolute Priorität einzuräumen, das hat auch Kraft und mag einst sehr notwendig gewesen sein, um die Familie zusammenzuhalten, zu versorgen und irgendwie »durchzubringen«. Dazu musste man sich eben, so gut es ging, den Bedingungen anpassen! Wenn wir also genau hinsehen, spüren wir auch, dass uns diese verlässliche Klarheit und Eindeutigkeit der Oma auch eine gewisse Sicherheit gab und wir uns bei ihr gut versorgt fühlten. Wir erfuhren ebenso, was Disziplin bedeutet und was es heißt, Verantwortung zu tragen. »Alles andere« musste damals zurückstehen! Heute dürfen wir auch dieses »andere«, unsere kreative, spontane und im besten Sinne »verrückte« Seite zeigen – ohne Schuldgefühle und ohne Strafe befürchten zu müssen. Auf diese Weise ehren wir zugleich unseren Großvater, der ausbrach aus der Norm und dafür die Anerkennung der Familie (und die der Gesellschaft) aufs Spiel setzte. Andererseits und im Gegenzug sind wir nun aber auch bereit, Verantwortung zu übernehmen und uns den realen Aufgaben und Pflichten in dieser Welt zu stellen – kurz, die Realitäten anzuerkennen.

Saturn-Neptun

Mit Saturn-Neptun haben wir Probleme, sichere Strukturen im Leben zu finden. Dazu gehört, dass wir oft an Konzentrationsschwächen leiden oder fürchten zu versagen; man spricht hier auch von der »Aussteigerkonstellation«, die uns sogar immer wieder Prüfungen und Ausbildungen abbrechen lässt. Überdies haben wir große Angst vor Ablehnung und Zurückweisung, was dazu führen kann, dass wir geradezu eine Sucht nach Anerkennung entwickeln (wobei wir dann alle alternativen Lebensformen, Chaoten, Esoteriker usw. verurteilen und bekämpfen – weil wir unser eigenes Chaos nicht anschauen wollen). Hintergrund ist meist, dass uns als Kind jegliche Orientierung fehlte, wir keinerlei verlässliche Strukturen und Ordnungen vorfanden, denen wir trauen konnten und die uns Sicherheit hätten geben können. Also lautet unser Motto: Vertraue niemandem, auch dir selbst nicht!

Systemisch müssen wir fragen: Wer oder was ist im Dienst der Gesellschaft, der Moral verloren gegangen, auf-, abgegeben oder ausgesetzt worden? Und wer ist in diesem Zusammenhang wem gegenüber schuldig geworden? Meist erlitt jemand in unserer Familie einen großen Verlust, verbunden mit viel Leid und Schmerz. Dieser Verlust wurde niemals gewürdigt, und um die Toten wurde nie getrauert. Die Folge ist, dass wir uns letztlich verantwortlich fühlen für all das Schlimme in der Welt – das ist unsere Sühne, durch die wir den Schmerz der Vergangenheit zu heilen trachten. Das allerdings ist ebenso Anmaßung wie Illusion, was einen hohen Preis einfordert. Denn auf diese Weise verlieren wir unsere *eigene* Bestimmung. Auch blockieren wir, wenn wir vor der Eigenverantwortung flüchten, die notwendige Trauer, statt uns dem früheren Leid und der möglichen Schuld zu stellen.

Wenn wir zurückblicken, können wir sagen: In der Generation unserer Ahnen ist die (natürliche) Ordnung verlorengegangen, und obwohl wir damit nichts zu tun haben, spüren wir die Leere, verbunden mit Schuld. Die Folge ist, Loyal wie wir sind, wollen wir diese Lücke füllen, indem wir selbst unsere innere Ordnung aufgeben; stattdessen glauben wir, uns für alles andere im außen verantwortlich fühlen zu müssen. Das aber ist, wie wir eigentlich wissen, unmöglich, abseits jeder Wirklichkeit. An diesem schmerzvollen Zwiespalt können wir manchmal verzweifeln. Was zu Realitätsverlust führen kann (auf die extremen Ausprägungen – Wahnvorstellungen, Paranoia –, soll hier nicht eingegangen werden).

Es ist dabei unwichtig, ob wir Zuordnungen zu Personen in unserer Sippe finden. Es sei denn, wir wissen von diesen Personen, etwa von einer Großmutter, die »verlorenging« und um die nicht getrauert wurde. Dann müssen wir ihren Tod würdigen und ihr einen Platz in unserem Herzen geben. Dies gilt auch für Neptun, wer immer sich dahinter verbergen mag.

Allgemein geht es darum, die Vergangenheit zu lassen, wie sie war. Und vor allem die Schuld bei denjenigen zu lassen, zu denen sie gehört. Wir könnten z. B. sagen: »... Es wird nichts besser, wenn ich nur für andere lebe und meine Bestimmung dafür aufgebe. Denn ich weiß jetzt, dass ich die Welt nicht heilen kann. Ich bin nur für mein eigenes Heilwerden verantwortlich, und das tue ich, so gut ich kann. Ich vertraue dabei den Gesetzen des Lebens; auf diese Weise darf und kann ich meiner Bestimmung vertrauen ...«

Uranus-Neptun

Haben wir stringente Uranus/Neptun-Aspekte in unserem Horoskop (dazu gehört in diesem Fall auch Uranus in Haus 12), so können wir davon ausgehen, dass in einer früheren Generation unserer Sippe das Besondere, Neue und Originelle, das Unangepasste, das Bedürfnis, die Normen zu sprengen oder auch nur das »Anders-Sein« gewissermaßen verlorengingen. Also können wir fragen: Wer wurde einst »ausgeschlossen«, zum Außenseiter erklärt, zur Persona-Non-Grata, weil er sich einfach nicht fügen konnte? Vielleicht hat sich diese Person – aus Verzweiflung, weil ihre Genialität nicht anerkannt wurde – dem Suff ergeben oder landete gar in der Psychiatrie.

Nun ist es so, dass wir als Nachkommen mit Neptun-Uranus durch unser oft eigenartiges, aufmüpfiges und zuweilen extremes Verhalten unbewusst an diesen Menschen erinnern wollen – an das untergegangene, nicht gewürdigte genial Ungewöhnliche. Tatsächlich haben wir, im Unterschied zu »normalen« Menschen, Zugang zu anderen Dimensionen, zu einer jenseitigen Welt, aus der uns »verrückte«, innovative oder gar revolutionäre Ideen zufallen. Doch unsere Eltern wie auch die Gesellschaft mit ihren Normen und Maßstäben kann mit unserem Anderssein nicht umgehen. Für sie sind wir so »nicht richtig« und sie versuchen uns zu disziplinieren, damit wir in der Welt nicht anecken. Denn aus uns soll ja einmal »etwas Vernünftiges« werden. Kein Wunder, dass wir selbst glauben, unsere Unruhe und unser unermüdlich sprudelnder Ideenfluss würden nur stören und wir müssten sie verstecken. Manchmal fürchten wir uns sogar vor unseren eigenen Veranlagungen, zum Beispiel, wenn die Fantasie wieder einmal mit uns durchgeht. Weil wir aber nie zur Ruhe kommen, haben wir Mühe, Vertrauen zu entwickeln und die Dinge so zu nehmen, wie sie sind. Es ist, als ob wir diese Erfahrungen durch unseren chaotischen Aktionsdrang abwehren müssten.

Was können wir tun? Wie immer gilt es, den nicht geachteten Mitgliedern unserer Familie wieder einen Platz in unserem Herzen zu geben. Das heißt, es gilt, die Person (vielleicht ein Großvater?) oder die Personen, wer immer sie waren, als Querdenker, als Vertreter von Freiheit und Originalität zu würdigen. Somit wird, was verlorenging, wiedergefunden. Ergänzend könnten wir etwa sagen: »... Lieber ..., damals hatten dein freier Geist und dein Genie keine Chance. Es musste wohl so sein, wie es war. Es ging wohl nicht anders. Heute darf ich die Fähigkeiten, die du nicht kreativ ausdrücken durftest, in mein Leben integrieren – auf meine ganz eigene individuelle Art und Weise, und ich kann sie nutzen zu meinem Wohl und zum Wohle aller, ohne Angst davor zu haben, meinen Platz in der Familie zu verlieren …«

Natürlich müssen wir auch Neptun entsprechend anerkennen, als eine Energie, repräsentiert vielleicht durch eine Person (die Großmutter?), die selbst nicht geachtet war, also nicht dazugehörte, und doch, sich in ihr Schicksal ergebend, jeder Veränderung misstraute, ja, die vielleicht sogar den Menschen, der ihr Wege aus dem Leid aufzuzeigen vermochte, aus ihrem Leben ausschloss und verleugnete (Projektion!). Oder aber sie band diesen nahen Menschen etwa durch Krankheit und Siechtum an sich, so dass er seine Freiheit aufgeben musste. Es gibt viele Möglichkeiten – und für alles, was unbewusst geschah, mag die Sippenseele gute Gründe gehabt haben. Doch diese Motive zählen heute für uns nicht mehr. Aber noch einmal sei zur Vorsicht gemahnt: Gerade im Umgang mit der »ungreifbaren« Energie Neptuns sollten wir uns vor Spekulationen hüten. Denn diese Energie ist, wie wir wissen, nur selten eindeutig bestimmten Personen und Geschehnissen zuzuordnen.

In diesem Kontext sei an die Diskussion Ende der 90er Jahre erinnert, bei der es um die sogenannten Indigo-Kinder ging. Diese Kinder, geboren zur Zeit der Uranus/Neptun-Konjunktion zwischen 1992 und 1994, galten als extrem verhaltensauffällig; sie waren zwar ungewöhnlich intelligent und begabt, konnten aber nicht stillsitzen und sich nicht konzentrieren. In der Esoterikszene wurden diese »Zappelphilipe« dennoch als »Retter der Welt« gepriesen. Die Gesellschaft indes zeigte sich irritiert. Damals erhielten erstmals pathologische Begriffe wie das sogenannte »Aufmerksamkeitsdefizitsyndrom« größere Beachtung in der Öffentlichkeit. Viele Eltern wussten sich unter diesen Umständen nicht anders zu helfen, als ihre »widerspenstigen« Sprösslinge mit der Sedativdroge Ritalin ruhig zu stellen.

Nachtrag: Grundsätzlich repräsentieren die Schicksalsplaneten Saturn, Uranus, Neptun und Pluto Kräfte, die im Hintergrund unseres Alltags wirken, die wir deshalb auch am wenigsten im Griff haben. So ist uns z.B. nicht bewusst, warum wir immer wieder in das gleiche Muster verfallen oder stets aufs Neue mit den gleichen Dramen konfrontiert sind. Komprimiert steht:

Saturn für Urteil und Schuld bzw. Schuldzuweisung
Uranus für Distanz und Überhöhung
Neptun für Aufgabe und Verlust
Pluto für Bindung und Opfer.

Erst wenn wir diese Kräfte und die Menschen, die sie im außen vertreten, in den Blick nehmen, können wir ein Stück wirkliche Freiheit erfassen. Wobei wir zugestehen müssen, dass Pluto und Neptun, die am weitesten entfernten Planeten, die beiden Energien sind, denen wir uns oft am meisten ausgeliefert fühlen, die uns damit zugleich am stärksten vom Leben und dadurch auch von unserer Bestimmung fernhalten: Pluto durch die engste Bindung und Neptun durch die völlige Haltlosigkeit. Das Finden des eigenen Weges, Lösung und Heilung sind da oft lang und hart. Und mit dem Willen ist da wenig auszurichten. Wenn wir das Opfer (Pluto) aufgeben oder die Leere (Neptun) füllen dürfen – dann ist das ein großes Geschenk.

Chiron

Die Rolle von Chiron in der systemischen Betrachtung ist meines Wissens nicht geklärt, vor allem nicht, was mögliche Zuordnungen betrifft. Hier fehlen schlicht die Erfahrungswerte. Grundsätzlich können wir nur sagen, dass wir dort, wo Chiron steht, auf eine Grundverletzung hingewiesen werden. Im Sinne von: Wo fühle ich einen tiefen Schmerz? Wo werde ich in diesem Schmerz nicht gesehen? Oder auch: Wo fühle ich mich »falsch«? Bildet Chiron einen signifikanten Aspekt speziell mit einem persönlichen Planeten, dann ist diese Wunde oft körperlich an dieser Person sichtbar; dies gilt ebenso, wenn Chiron im ersten Quadranten und überdies noch in einem Erdzeichen oder in einem Erdhaus steht.

Wilfried Schütz indes sieht in der Verwandtschaft Chirons zum Schützen die zentrale Bedeutung des Kentauren, was mit Einschränkung oben Gesagtem nicht widerspricht. Nach Schütz sind wir dort, wo Chiron steht, in »falsche« Glaubenssätze verstrickt. Mit Chiron z.B. in Haus 1 in den Fischen, sind wir davon überzeugt, dass wir nur dann sinnvoll leben, wenn wir unser Selbst im Dienen aufgeben. Dieses Paradox, diese »verletzte Wirklichkeit«, spüren wir und leiden daran. Wir wissen, es ist falsch, aber wir wissen nicht, wie wir da »rauskommen«. Genau das ist die chironische Wunde. Die Aufgabe besteht also darin, unsere »sinnlosen« Überzeugungen als nicht wirklich zu erkennen. Tun aber können wir nichts. Wir können nur hinschauen und unsere Wunde achtsam und liebevoll annehmen. Das gibt uns Kraft, und die Wunde heilt vielleicht. Eine Narbe aber bleibt. Noch ein Beispiel dazu: Steht Chiron im Skorpion (oder in Haus 8), so sind wir unbewusst davon überzeugt, dass »das Leben nur durch Opfer sinnvoll wird«. Wir spüren, dass dieser Glaubenssatz für uns »wahr« ist, und doch mit der Wirklichkeit nichts zu tun hat. Denn es ist *nur* ein Glaubenssatz, der uns abspaltet vom Leben und trotzdem sind wir darin gefangen. Eben das ist der tiefe Schmerz, den wir in uns spüren und der uns oft verzweifeln lässt. Wir halten an unseren Überzeugungen fest, wohlwissend, dass sie nicht wahr sind und uns weh tun. Im Grund steckt dahinter der Versuch, die schmerzvolle Diskrepanz zwischen Wirklichkeit und dem Wunsch, darüber hinauszuwachsen, durch vertraute Glaubenssätze zu überbrücken und damit erträglich zu machen. Damit aber bleibt die Wirklichkeit hinter dem Bild der Wirklichkeit verborgen.

Ich selbst vermeide es in meinen Sitzungen, Chiron mit Personen in der Familie in Verbindung zu bringen. Ich gehe auch nicht näher auf die dahinterstehende Thematik ein. Ich habe nur erfahren, dass es den Klienten sehr berührt und zugleich beruhigt, wenn ich ihn bitte, einen Lieblingsgegenstand (der mit Erinnerungen erfüllt ist) auf das Chiron-Symbol zu legen. Warum das so ist, weiß ich nicht – aber die Wirkung ist erstaunlich!

Zur inneren Widersprüchlichkeit Chirons – seine Bahn verläuft zwischen Saturn und Uranus – und zum Symbolcharakter seiner Kentaurengestalt, halb Mensch, halb Tier (Pferd!), verweise ich auf die entsprechende Literatur (siehe Anhang).

Lilith

Da Lilith nach gängiger Meinung als zweiter Brennpunkt der Ellipse gilt, die der Mond auf seiner Bahn um die Erde beschreibt (also keinen realen Körper, sondern einen Energiepunkt beschreibt, der gewissermaßen ein »Loch« füllt), kann sie auch nicht auf irgendeine Weise personifiziert werden. Allerdings verweist sie meist auf ein Tabu in dem Bereich, in dem sie im Horoskop steht. Befindet sich Lilith z.B. 3. im Haus in den Fischen, so verweist das auf ein Geheimnis im Umfeld der Geschwister und wir könnten die Frage stellen: Wurde hier vielleicht ein totgeborener Bruder oder eine totgeborene Schwester verschwiegen, oder ein anderweitig verschwundenes Kind? Oder bei Lilith in Haus 2: Wo gab es ein Tabu im Zusammenhang mit Erbschaften, mit nicht geachtetem Besitz? Oder Lilith in Haus 5: Gab es in der Familie abgetriebene Kinder, die verschwiegen wurden und werden?

Psychologisch gesehen könnten wir auch schlicht sagen: Dort, wo Lilith steht, ist der Mond in den Schatten gefallen (siehe auch die Bezeichnung »Schwarzmond«), was bedeutet, dass wir in diesem Lebensumfeld unsere Erfahrungen und davon ausgehend auch unsere wahren Bedürfnisse nicht »sichtbar« machen, sie stattdessen verleugnen und im Dunkeln lassen. Wir tun dies solange, bis das Tabu dahinter aufgedeckt oder zumindest gewürdigt wird.

Transite

Transite generieren eine bestimmte Zeitqualität, die Themen auslösen, die für uns derzeit wichtig sind und mit denen wir uns »jetzt« befassen sollen – ob wir dies mögen oder nicht. Manche Transite fördern uns, andere spüren wir kaum oder gar nicht (zumindest nicht bewusst). In diesen Fällen sind die Themen, die durch sie transportiert werden, für uns derzeit offenkundig nicht wirklich relevant. Andere Planetenübergänge fordern uns hingegen merklich bis drastisch heraus, indem sie von uns zum Beispiel verlangen, bisher Unterdrücktes endlich zu leben, gewohnte Verhaltensweisen zu prüfen, Veränderungen einzuleiten, Altes vielleicht sterben zu lassen, endlich nach Außen in die Begegnung zu gehen und Ähnliches. Das ist nicht immer einfach – und oft mit Schmerzen, Dramen oder Verlusten verbunden.

Systemisch gesehen können wir sagen: Transitplaneten erinnern durch ihren »Auftritt« oft an Themen und damit auch an Personen in der Familie, deren Leben und Schicksal im Guten wie im Bösen wieder einmal angesehen werden will. Zum Beispiel erzählt uns die Mutter genau zur Zeit eines Uranus-Transits über Mars von ihrem Bruder, der in die USA ausgewandert ist, weil er weit weg von zu Hause »ein neues Leben anfangen wollte«. Oder wir erleben bei einem Pluto-Transit über unseren Radix-Mond das intensive Gefühl, wieder einmal unausweichlich in die Opferrolle gedrängt zu sein. Möglicherweise werden wir zu dieser Zeit aufgrund bestimmter Ereignisse an das schwere Schicksal einer Großmutter erinnert, die früh verstarb. Wenn wir aufmerksam sind, begegnen wir unter dem »Einfluss« von Transiten gewissermaßen unserer weit zurückliegenden oder auch nahen Vergangenheit wieder, einer Vergangenheit, die unwillkürlich und stets auch mit bestimmten Personen verbunden bleibt.

Zur Aufstellungsarbeit mit dem Horoskop

Auch bei Horoskopaufstellungen sind, wie bei jeder Aufstellungsvariante, einige wichtige Punkte zu beherzigen:

- Es ist nicht immer nötig, allen Planeten entsprechende Personen zuzuordnen. Schon gar nicht müssen alle Planeten auf einmal aufgestellt werden. In der Regel genügt es, bei einer bestimmten Thematik zu bleiben. Weniger ist dann meist mehr. Denn es kann nicht immer um die volle Lösung gehen, kleine Schritte und Impulse reichen oft.
- Unbedingt langsam vorgehen, dabei zu allererst auf die inneren Prozesse des Klienten achten. Wobei der Klient Beobachter bleiben darf, das heißt er braucht nicht in jedem Fall selbst in die Rolle zu gehen.
- Analog zur klassischen Familienaufstellung gilt: Bei Interventionen äußerst behutsam vorgehen und den Klienten mitbestimmen lassen. Feedback einholen (»Wie geht es dir dabei?« oder »Ist das okay für dich?« oder »Ist der Abstand o.k., oder brauchst du mehr?«)
- Manchmal ist es wichtig, bestimmte Persönlichkeitsanteile des Klienten bzw. ihn selbst in einer bestimmten Rolle durch Ressourcen zu unterstützen, etwa indem der Großvater (Jupiter, Uranus) oder die väterliche Reihe vorrübergehend hinter die Sonne gestellt oder der Lieblingsonkel (Jupiter, Uranus) als Bezugspunkt in den Blick genommen werden, etwa dadurch, dass wir einen Stuhl neben den Klienten platzieren und ihm damit ein gutes Gefühl geben. Gelegentlich ist auch sinnvoll, die Geschwister zur gegenseitigen Stärkung neben-

einander in Reihe aufzustellen, vor allem, wenn sie bei den Eltern nicht sicher sind.[46] Vgl. dazu die entsprechende Literatur zum Thema System- und Familienaufstellungen.

Auch erscheint mir wichtig, dass der Aufsteller therapeutische Erfahrung besitzt. Denn auch bei der Arbeit mit dem Horoskop besteht die Gefahr einer Re-Traumatisierung, nämlich dann, wenn die gewohnten Stabilisierungsstrategien des Klienten überfordert werden und zusammenzubrechen drohen. Wir müssen wissen: Menschen, die durch grenzverletzende, schlimme Ereignisse, oft im Kleinkindalter und daher unbewusst, traumatisiert worden sind, fallen häufig schon bei scheinbar geringsten Anlässen in autonome Reaktionsmuster – nach Peter Levine[47] in Übererregung, körperliche Anspannung, Dissoziation, Leugnung und Immobilisierung (Einfrieren). Man kann auch sagen, der Körper geht in eine Kampf- bzw. Fluchtreaktion oder in die Erstarrung; wobei beide Grundmuster letztlich Folgen einer Übererregung des autonomen Nervensystems darstellen[48]. Erste Anzeichen sind oft ein flacher Atem, oder das Gesicht wird blass und fahl. Falls wir derartiges wahrnehmen, ist es wichtig, den Klienten bewusst und tief ein- und ausatmen zu lassen.

Grundsätzlich sollten wir aber *vor* der Aufstellung in jedem Fall klären, ob der Klient für die systemische Arbeit mit dem Horoskop überhaupt offen ist, ob er im eigentlichen Sinne »teilnehmen« kann, um einen Schritt weiterzugehen. Falls ja, gilt es sehr behutsam vorzugehen und den Prozess auch immer wieder zu verlangsamen, da instabile Personen nicht noch mehr

46 Es gibt auch Möglichkeiten (etwa bei Störungen im Babyalter), die Gruppe als stabilisierende Ressource mit einzubeziehen, z.B. indem die Teilnehmer den Klienten tragen und schaukeln, oder indem alle summen oder primäre Laute von sich geben.

47 Z.B. Peter A. Levine: *Vom Trauma befreien*, München 2007.

48 Johannes B. Schmidt: *Der Körper kennt den Weg. Tauma-Heilung und persönliche Transformation*, München 2008.

Dynamik brauchen, sondern eher eine Beruhigung und gesicherten Boden, auf dem sie stehen können. Vermutet der Berater (Therapeut) eine traumatische Labilität des Klienten, kann er sein Horoskop auch erst einmal »neutral« aufstellen lassen, also ohne die Planetensymbole bestimmten Personen zuzuordnen. Oder er vermeidet Zuordnungen nur bei jenen Planeten, die mit starken Affekten verbunden sind. Das gilt primär für Pluto und auch Neptun. Dadurch entsteht eine gewisse Abstraktion und Distanz, die das »Dabeibleiben« für den Klienten merkbar erleichtern.

Nehmen wir als Beispiel Mars-Pluto. Hier wird bei frühen traumatischen Erfahrungen etwa als Baby oder Kleinkind die eigene reale Kraft und natürliche Aggression abgespalten; Abwehrreaktionsmuster sind dann entweder Erstarrung (Immobilisierung), oder indem »falsche« Stärke nach außen bis hin zu Wutausbrüchen oder Gewalttätigkeit demonstriert wird, und dies, obgleich man sich innerlich schwach fühlt und sich danach sehnt, einfach loslassen zu dürfen. Beide Automatismen dienen als Schutz des Selbst vor der Zerstörung durch andere.

Hier mag es oft genügen, den Planeten Pluto als Repräsentanten des traumatischen Ereignisses behutsam mit ins Spiel zu bringen. Auf diese Weise können wir die Gefahr einer Überforderung reduzieren. Denn eins muss uns hier ebenso klar sein: Ist ein Klient traumatisiert, lässt sich die Wiedergewinnung innerer Stärke meist nur über längere therapeutische Prozesse erreichen, und meines Erachtens nicht durch eine einmalige Aufstellung. In diesem Kontext sollte es sich für uns auch strikt verbieten, mit psychotischen oder psychosegefährdeten Klienten zu arbeiten, es sei denn, wir sind ausgebildete Psychiater und mit solchen Extremen vertraut.

Noch einige Anmerkungen: Grundsätzlich ist die traumatische Erfahrung (Haus 8, Pluto, Skorpion) im Körper (Haus 2, Stier-Venus) gespeichert (Pluto!); d. h, wir haben es hier stets mit der Achse 2 – 8 zu tun, also mit im wahrsten Sinne existentiellen Überlebensmustern und -strategien! Die Reaktion erfolgt über das autonome Nervensystem (Haus 3, Zwillings-Merkur), und zwar immer dann, wenn sie durch bestimmte Informationen oder Stimulanzien von außen ausgelöst wird. Dies sind allerdings (siehe oben) Fehlinformationen, die der realen Situation unangemessen sind.

Selbst wenn die Ursachen unseres »unwirklichen« Verhaltens weniger dramatisch sind – generell gilt: Wenn wir uns in unserem Körper nicht sicher fühlen und ihn nicht als wertvolle Basis unserer Existenz betrachten können, bleiben wir in unserer Entwicklung (= Individuationsprozess) stecken. Anders ausgedrückt: Wer nicht bei sich zu Hause ist, kann auch niemanden einladen! Oder: Wer keine gute Beziehung zu sich aufbauen kann, kann auch nicht in Beziehung treten (Haus 7, Waage-Venus). Daraus folgt, dass es notwendig ist, erst einmal die volle *Verkörperung* zu erlangen, das heißt, seinen Körper wieder in Besitz zu nehmen, um bei sich selbst anzukommen. In diesem Zusammenhang wird verständlich, warum wir bei gespannten Pluto/Venus-Aspekten immer auch beachten sollten, dass dahinter möglicherweise Übergriffe in der Kindheit stecken, die das körperliche Sicherheits- und Wertgefühl des Kindes beeinträchtigten und damit auch seine späteren Beziehungen belasten.

Ein weiterer Hinweis mag in diesem Kontext interessant sein: Frühkindliche Entwicklungsstörungen bis etwa zum 3. Lebensjahr haben ihre Entsprechung in Blockaden primär der körperlichen Anlagen in den ersten drei Häusern. Laut Sigmund Freud durchläuft der Mensch nach der Geburt eine orale (Haus 1), anale (Haus 2) und genitale Phase (Haus 3). Das Kind steckt hier in körperlichen Wachstumsprozessen und hat, da es nicht bewusst reflektieren kann, kaum Chancen, auf traumatische Erfahrungen anders als mit dem Körper abwehrend zu reagieren. Wobei wir wissen müssen, dass, wenn die Störung sich als Bewegungsstörung in Haus 3 manifestiert, diese immer zu einer Rückkopplung auf den Körper führt (Haus 2), dort gespeichert und bei bestimmten Reizen erneut ausgelöst wird (Haus 3). Im

Übrigen gehen manche Psychologen davon aus, dass Traumatisierungen schon im Embryonalstadium, also im Mutterleib (Haus 12, Fische, Neptun), möglich sind und später durch entsprechende körperliche Reaktionen wieder ausgelöst werden können (wobei der Embryo nur wenig »Schutzmöglichkeiten« hat, die häufigste ist, dass er die Blutzufuhr unterbindet). Darüber hinaus wissen Familienaufsteller, dass Traumatisierungserfahrungen natürlich auch aus früheren Generationen weitergetragen werden können. So zeigen zum Beispiel Klienten körperliche Erstarrungs- oder Fluchtsymptome, die ihren Ursprung jenseits des eigenen Erlebens haben. Damit soll an ein vergangenes, nicht gewürdigtes Schicksal erinnert werden.

Literatur

Arroyo, Stephen: *Astrologie, Karma und Transformation*, München 1980

Bauer, Erich: *Die Kraft der Ahnen. Familienschicksale im Horoskop*, Kreuzlingen/München 2000

Blos Peter: *Adoleszens: eine psychoanalytische Interpretation*, Stuttgart 1995

Bly, Robert: *Die kindliche Gesellschaft. Über die Weigerung, erwachsen zu werden*, München 1997 (u. a. Erläuterung über die kindlichen Entwicklungsstufen bei Buben und Mädchen)

Bowlby, John: *Elternbildung und Persönlichkeitsentwicklung*, Heidelberg 1992

Döbereiner, Wolfgang: *Astrologisches Lehr- und Übungsbuch. Münchner Rhythmenlehre. Bände 1 – 6*; München 1981 – 1984

Dürr, Hans Peter: *Auch die Wissenschaft spricht nur in Gleichnissen«*, Freiburg, Basel, Wien 2004

Fass, Holger: *Praxisbuch Horoskopaufstellungen*, Tübingen 2008

Greene, Liz: *Schicksal und Astrologie*, München 1985

Greene, Liz: *Abwehr und Abgrenzung*, Mössingen 1998

Hadry, Dr. Hans-Peter: *Wie Aphrodite auf den Holzweg kam …*, München 2002

Hellinger, Bert: *Ordnungen der Liebe*, Heidelberg 1994

Hellinger, Bert: *Zweierlei Glück. Die systemische Psychotherapie Bert Hellingers*, Heidelberg 1993

KAST, VERENA: *Abschied von der Opferrolle*, 13. Auflage, Freiburg 2012

LEVINE, PETER: *Vom Trauma befreien. Wie Sie seelische und körperliche Blockaden auflösen*, München 2007

MADELUNG, EVA: *Quantenphysik und Synchronizität – Jung und Pauli im Gespräch, praxis der systemaufstellung 2*/2007, S. 22

MEIER, C. A.: *Wolfgang Pauli und C. G. Jung, ein Briefwechsel 1932 – 1958*, Heidelberg 1992

merCur – Trends aus Astrologie, Psychologie und Gesundheit, Ausgabe 4 / 02, München

MEYER, HERMANN: *Astrologie und Psychologie – eine neue Synthese*. München 1981

ORBAN, PETER: *Astrologie als Therapie*, München 1995

ORBAN, PETER / ZINNEL, INGRID: *Der Tanz der Schatten*, München 1996

PREKOP, JIRINA: *Erstgeborene. Die besondere Geschwisterposition*. München 2006

REINHART, MELANIE: Chiron – *Heiler und Botschafter des Kosmos*, Wettswil 1992

SCHMIDT, JOHANNES B.: *Der Körper kennt den Weg. Trauma-Heilung und persönliche Transformation*, München 2008

SCHÜTZ, WILFRIED: *Das Menschenspiel. Astrologie als Schlüssel zu Religion und Spiritualität*, Tübingen 2012

SCHÜTZ, WILFRIED: *Ganzheitliche Astromedizin. Eine astrologische Gesundheitslehre*, Tübingen 2006

TRAUGOTT, HANNELORE: *Lilith – Eros des Schwarzen Mondes*, Wettswil 1995

WEISS, J. CLAUDE: *Karmische Horoskopanalyse, Bd. I + II*, Wettswil 1994, 1997

ZINNEL, INGRID: *Familienkonstellationen im Horoskop. Verstrickungen und Lösungen aus astrologischer Sicht*, 4. Auflage. Tübingen 2010

Über den Autor

Friedrich A. Maier (1948), Diplom-Volkswirt und Journalist. Er war lange Jahre Redakteur bei einem Wirtschaftsmagazin und zuletzt Herausgeber der Zeitschrift »merCur – Trends aus Astrologie, Psychologie und Gesundheit«. Ausbildung in psychologischer Astrologie bei Hermann Meyer (IPA); Leiter des Instituts für systemische Astrologie Syastro in München (www.syastro.de); langjährige Erfahrungen in Familienaufstellungen mit dem Horoskop.

Standardwerke der Astrologie

INGRID ZINNEL

Familienkonstellationen im Horoskop

Verstrickungen und Lösungen aus astrologischer Sicht
264 Seiten, kartoniert, 10 Abbildungen

ISBN 3-925100-938

Das Buch von Ingrid Zinnel bietet eine Zusammenführung der Astrologie mit der Arbeit des Familienstellens nach Bert Hellinger. Auf einfühlsame Weise ermöglichst sie den Lesern, systemische Strukturen im Horoskop zu erkennen und Familienkonstellationen zu erforschen. Dabei ist es ihr wichtig, nicht nur Verstrickungen aus dem Horoskop herauszulesen, sondern auch gleichzeitig Lösungswege aufzuzeigen. In einem einleitenden Kapitel werden zunächst die Grundsätze der systemischen Familientherapie erläutert. Anschließend wird das Horoskop als Familienbild aufgeschlüsselt. Dabei stellt die Autorin die Planeten als Symbole ins Zentrum einer Analogiekette. So lassen sich beispielsweise Verstrickungen anhand der Pluto-Stellung erkennen. Neptun verweist auf Familiengeheimnisse und Bindungen aus dem Jenseits, Uranus auf die Ausgegrenzten innerhalb der eigenen Sippe. Der Autorin ist es aber auch wichtig, nicht nur Verstrickungen herauszulesen. Vielmehr zeigt sie dem Leser immer auch Lösungswege und gibt Anweisungen für Lösungs-Rituale.

Ein wertvolles Buch für alle Leser, die den Schatz der Familiengeschichte und ihrer Herkunft mit Hilfe der Astrologie ausgraben, verstehen und bearbeiten möchten. *Meridian*

Standardwerke der Astrologie

ANITA CORTESI

Kinder-Horoskope deuten und verstehen

Astrologie als Schlüssel zum Kinderherzen

380 Seiten, Paperback, 14 Abbildungen, ISBN 978-3-925100-57-4

Anita Cortesi kann sich auf wunderbare Weise in die Hoffnungen, Sehnsüchte und Bedürfnisse von Kinderherzen einfühlen und diesen Ausdruck geben. So werden beispielsweise die zwölf Archetypen des Tierkreises aus der Sicht des Kindes dargestellt, so als würde das Widder-, Stier-, ...-Kind direkt zum Leser sprechen. Cortesis Buch ist jedoch keines der üblichen Sonnenstands-Kinderbücher, sondern wesentlich astrologischer und psychologischer aufgebaut. Neben einer Einführung in die Entwicklungspsychologie geht die Autorin auch auf den Nutzen und die Gefahren bei der Deutung von Kinderhoroskopen ein, stellt eine ganze Familie mitsamt Horoskopen und Familiendynamik ausführlich dar, schildert Projektionsmechanismen im Familiensystem und wendet sich somit nicht nur an astrologisch interessierte Eltern, sondern auch an beratend tätige Astrologen. Den Hauptteil des Buches bilden jedoch die einzelnen Kapitel zu den Deutungsbausteinen des Kinderhoroskops, angefangen von den vier Elementen, den zwölf Aszendententypen, der Bedeutung der Mondknoten bis hin zu jedem einzelnen der zehn Planeten sowie Chiron. Jede Planetenthematik wird ausführlich und unter Berücksichtigung von entwicklungspsychologischen Gesichtspunkten dargestellt.

»Wer das gelesen hat, der wird sowohl Kinder als auch seine eigene Kindheit mit anderen Augen sehen, seine eventuell vorhandenen Ängste in Bezug auf ›schwierige‹ Konstellationen relativieren und den ihm anvertrauten Kindern bzw. Klienten neue Potentiale und Entwicklungsmöglichkeiten aufzeigen können.« *Meridian*

Standardwerke der Astrologie

LIZ GREENE

Schicksal und Astrologie

Die Familie im Spiegel des Horoskops

432 Seiten, Hardcover, 5. überarb. Aufl., 23 Abbildungen

ISBN 978-3-89997-148-4

Besteht ein erkennbarer Zusammenhang zwischen Horoskopen von Familienmitgliedern über mehrere Generationen hinweg? Liz Greene geht dieser Frage anhand von Fallbeispielen nach. Ebenso analysiert sie Lebensläufe und Horoskope von Menschen, die vom Schicksal stark gezeichnet zu sein scheinen. In Verbindung hiermit untersucht die Autorin, was Schicksal eigentlich bedeutet. Haben wir einen freien Willen oder sind es die Götter oder die Erbanlagen, die uns bestimmen? Novalis sagte, Schicksal und Seele seien zwei Namen für das gleiche Prinzip. Mit diesem Buch können Sie einen Zugang zu Ihren eigenen Schicksalskräften finden.

»Die Bedeutung und die Verbindung der einzelnen Horoskope von Familienmitgliedern über mehrere Generationen hinweg werden hier anschaulich dargestellt. Mittels praktischer Beispiele und einer breiten Schilderung der Methodik bietet Liz Greene ein Füllhorn an Informationen für alle, die die inneren Abhängigkeiten und Verstrickungen im Familiensystem durch klare Analyse begreifen möchten. Sie holt bei ihren Ausführungen sehr weit aus und zeigt, wie man die Problematik immer mehr einkreist, bis man zum archetypischen Schlüssel gelangt, der das jeweilige Familiensystem aufschließt.«

Astrologie Heute Nr. 133